Aplicabilidade da Lei Federal de Processo Administrativo

Aplicabilidade da Lei Federal de Processo Administrativo

2017

Bruno Santos Cunha

APLICABILIDADE DA LEI FEDERAL DE PROCESSO ADMINISTRATIVO

AUTOR: Bruno Santos Cunha
DIAGRAMAÇÃO: Almedina
DESIGN DE CAPA: FBA
ISBN: 978-858-49-3234-4

Dados Internacionais de Catalogação na Publicação (CIP)
(Câmara Brasileira do Livro, SP, Brasil)

Cunha, Bruno Santos
Aplicabilidade da lei federal de processo administrativo / Bruno Santos Cunha. -- São Paulo : Almedina, 2017.
Bibliografia.
ISBN: 978-85-8493-234-4
1. Administração pública 2. Processo administrativo federal 3. Processo administrativo federal - Leis e legislação - Brasil I. Título.

17-06246 CDU-35.077.3(81)

Índices para catálogo sistemático:

1. Brasil : Processo administrativo federal : Leis : Direito administrativo 35.077.3(81)

Este livro segue as regras do novo Acordo Ortográfico da Língua Portuguesa (1990).

Julho, 2017

EDITORA: Almedina Brasil
Rua José Maria Lisboa, 860, Conj. 131 e 132, Jardim Paulista | 01423-001 São Paulo | Brasil
editora@almedina.com.br
www.almedina.com.br

AGRADECIMENTOS

A apresentação deste trabalho demarca o fim de um projeto que ultrapassa o ambiente estritamente acadêmico. É que, para além das extensas atividades relativas à conclusão dos estudos inerentes ao Curso de Mestrado na USP, entre 2011 e 2014, inúmeras foram as novidades e descobertas, boas e ruins, vividas no período. Tudo isso a se iniciar, de forma quase épica, por uma viagem de cerca de 3.000km entre Recife e São Paulo com uma casa nas costas (ou, melhor dizendo, um carro-casa na estrada) e sem muita ideia do que aquilo tudo poderia me trazer e do que encontraria pela frente.

Agora, no fim do trajeto – e já sem dúvidas sobre o crescimento pessoal alcançado e na esperança de que o presente trabalho possa ser minimamente útil aos que se dedicam ao estudo da Administração Pública e do direito administrativo –, importa agradecer aos que me incentivaram e ajudaram nessa jornada, a quem dedico eventual sucesso que possa obter e a quem peço desculpas pelos incontáveis deslizes invariavelmente cometidos pelo caminho:

À Universidade de São Paulo, por sua Faculdade de Direito do Largo de São Francisco, instituições pelas quais revigorei minha admiração, agora como aluno.

Ao meu orientador, Thiago Marrara, que, em sua juventude, passa a seus orientandos uma maturidade acadêmica e científica que nos conforta nas horas mais angustiantes. Obrigado por sua dedicação e incentivo. Mais do que isso, obrigado pela amizade e pelas palavras por demais bondosas do prefácio desta obra.

Aos membros da banca examinadora ocorrida na Faculdade de Direito do Largo São Francisco, no dia 30.4.2014, pelos valiosos conselhos e pelas sugestões de novos olhares para o tratamento de meu objeto de estudo. À Titular da Cadeira de Direito Administrativo da USP, Professora Odete Medauar, expoente e referência nacional e internacional na temática do processo administrativo, agradeço, para além das intervenções durante o exame público da dissertação, pelos ensinamentos e discussões entusiasmantes nas terças-feiras de "*Processualidade no Direito Administrativo*" no decorrer de 2011. À Professora Daniela Campos Libório Di Sarno, da PUC/SP, por apontar, durante e após a defesa pública do trabalho, novos horizontes para o tratamento da processualidade administrativa.

À minha *alma mater*, a Universidade Federal de Santa Catarina, onde ingressei com 2 anos de idade, em 1983, e permaneci até 2009, passando, como aluno, pelo Maternal, pelo Colégio de Aplicação e por sua Faculdade de Direito, e, como professor, pela mesma Faculdade de Direito na qual me graduei.

Aos colegas de ingresso no Mestrado, que muito me ajudaram na adaptação inicial ao Curso, à Faculdade e à Cidade de São Paulo. Fernando Machado, Natalia Moretti, Gabriel Mundim e Thiago Stuchi: obrigado pela amizade e apoio, na Academia e fora dela, na esperança de que possamos manter por muito tempo os laços criados em São Paulo.

À Procuradoria do Município do Recife – que me concedeu licença para estudos durante os créditos no 1º semestre de 2011 e no final da escrita, a partir de outubro de 2013 –, onde utilizo e vivo, diariamente, o direito administrativo, ao lado de meus estimados colegas de advocacia pública.

Aos colegas da Associação dos Procuradores do Município do Recife – APMR, instituição que tive a honra de presidir, por 2 anos, justamente no período de estudos do Mestrado.

Aos colegas de Urbano Vitalino Advogados, que entenderam e suportaram no último ano, de forma ímpar, o período nevrálgico de escrita e conclusão deste trabalho.

À minha família, pelo suporte e amor incondicional, mesmo de longe, em Florianópolis.

Em especial à minha mãe, por despertar em seus filhos a paixão pela leitura, pelo estudo e pela academia.

E, por fim, à Claudia, minha mulher, por tudo. Absolutamente tudo.

Muito obrigado.

PREFÁCIO

Ao longo da fase de grandes transformações que marcam o direito administrativo brasileiro a partir de 1990, a edição da Lei de Processo Administrativo Federal (LPA) representa um dos eventos normativos de mais alta importância. É verdade que muitas leis essenciais foram editadas naquela década, como a de licitações, a de concessões, as de serviços públicos diversos e de criação de agências, as de disciplina do terceiro setor etc., mas nenhuma parece ter alcance tão amplo e conteúdo tão impactante quanto a LPA.

Suas normas foram desenhadas de tal forma que praticamente todo tipo de processo administrativo passou a ser por ela influenciado, desde processos de seleção (como concursos e licitações), passando por processos punitivos (na esfera disciplinar ou de polícia) até os processos liberatórios ou de outorga (como os de licenciamento ambiental ou de autorização de concentrações econômicas). A Lei fez igualmente surtir efeitos variados para a disciplina dos atos administrativos, já que normatiza institutos clássicos, como a motivação, a anulação, a revogação, a convalidação e a confirmação, e interessantes novidades, como a revisão de atos sancionatórios.

Embora o legislador tenha sido explícito ao esclarecer que se trata de lei federal, aplicável a princípio às entidades da Administração Direta e Indireta da União no exercício de função administrativa, isso não bastou para assegurar ao intérprete clareza quanto aos limites de sua incidência. No plano horizontal, diversas indagações despontaram: a LPA se aplica ao Ministério Público Federal e ao Tribunal de Contas da União? A LPA rege atos de concessionárias de serviços públicos federais? A LPA disciplina ações da administração paraestatal e de entes do terceiro setor? Em que medida as tais "normas básicas" da LPA permeiam os processos federais já amplamente disciplinados, como o processo fiscal, o processo disciplinar entre outros? Como conciliar, em outras palavras, a ideia de "norma básica" e de subsidiariedade?

Essas dúvidas não esgotam a problemática. A edição da LPA federal influenciou muitos Estados e Municípios a elaborarem leis do gênero e, alguns deles, como o Distrito Federal, simplesmente absorveram a lei da União em semelhança ao que fez a cidade-estado de Berlim em relação à LPA federal da Alemanha. Ainda assim, há muitos entes, sobretudo Municípios, que não dispõem de leis próprias e, mesmo aqueles que fizeram a lição de casa, ora se deparam com lacunas parciais.

Diante da ausência de leis estaduais e municipais ou de lacunas parciais, indagações diversas brotaram na doutrina e nos Tribunais a respeito do impacto da LPA em nossa estrutura federativa tripartite. Por exemplo, o poder de anulação de atos viciados em relação a interessados de boa-fé decai na falta de lei estadual ou municipal? A ausência de normas de impedimento e suspeição nos Estados e Municípios abre espaço à utilização das normas federais sobre o assunto? Qual é a técnica jurídica que permite superar tais lacunas? Aplica-se ou não a LPA federal nesses casos? É possível defender a nacionalização dessa Lei diante da distribuição de competências legislativas da Constituição da República?

Foi no intuito de responder aos dois blocos de perguntas expostos acima que nasceu a dissertação de mestrado de Bruno Santos Cunha. As inúmeras e complicadas questões indicadas foram analisadas, enfrentadas e solucionadas por ele de modo direto e claro, o que lhe permitiu obter o título de mestre em direito do Estado pela Faculdade de Direito de São Paulo da USP (FD). Ao longo de pesquisa de fôlego, de conteúdo original e extremamente útil à resolução de casos concretos, o autor empregou sua experiência de professor, procurador e advogado, além de notório especialista em processo administrativo, na busca de respostas adequadas a incontáveis dúvidas que atormentam juristas e administradores públicos. Não há dúvidas, pois, que o trabalho agora trazido a público representará um grande passo na construção da teoria brasileira do processo administrativo e na consolidação de uma cultura de proteção de direitos e de transparência no Estado.

THIAGO MARRARA
Professor de Direito Administrativo da USP (FDRP).
Livre-docente pela USP e Doutor pela Universidade de Munique (LMU).

SUMÁRIO

INTRODUÇÃO

A sistematização em lei específica das normas concernentes ao processo[1] administrativo é tendência que se alastra pelos mais variados entes da federação brasileira. Neste cenário – e em termos legislativos concretos –, é de ver-se que a Lei Complementar nº 33/1996 do Estado de Sergipe[2] pode ser vista como uma das precursoras, em âmbito nacional, de um movimento de unificação e coordenação legislativa do processo administrativo em torno de um documento legal formal.

Adiante, a produção legislativa da matéria processual administrativa é alargada com a edição de duas importantes leis: a Lei Federal nº 9.784/1999 e a Lei nº 10.177/1998 do Estado de São Paulo. Mais tarde, outros Estados e até mesmo os Municípios aderem ao movimento de produção de diplomas legislativos próprios abrangendo o processo administrativo.

Tais diplomas representam, em verdade, leis gerais sobre processo administrativo e regulamentação da atuação administrativa, as quais, como se prenunciava quando de suas edições, causariam – e efetivamente causaram –, impacto e significativa transformação no direito administrativo brasileiro, cujos efeitos seriam sentidos nos anos seguintes.[3]

[1] A eventual distinção entre processo e procedimento será oportunamente abordada a fim de subsidiar possíveis interpretações e entendimentos sobre o alcance e aplicabilidade da Lei Federal nº 9.784/99.

[2] Tal lei, que institui o Código de Organização e de Procedimento da Administração Pública do Estado de Sergipe, muito além de disciplinar o processo administrativo no âmbito estadual, pode ser vista como um código de Administração Pública, visto que regula, entre outros aspectos, preceitos referentes à atuação e organização administrativa, bens públicos, concursos públicos, atos administrativos, instrumentos de gestão, servidores públicos, etc.

[3] É o que enfatizava Carlos Ari Sundfeld em uma das primeiras manifestações doutrinárias sobre as então editadas Leis de Processo Administrativo Federal e do Estado de São Paulo. Vide:

Exemplo de tais efeitos se dá com a instauração, no direito administrativo, de uma série de estruturas e canais de contato entre Administração e administrados no exercício da função administrativa, servindo o processo administrativo como instrumental e arcabouço para tal concepção dialógica. Além disso, a própria regulamentação da atuação administrativa, em termos amplos, é vislumbrada como efeito imediato da edição das leis de processo.

Diante de um quadro de produção legislativa crescente na seara do processo administrativo, alinhado, também, ao aumento de produção doutrinária acerca da matéria, é inegável que o ambiente trazido pela Constituição Federal de 1988 pode ser visto como um dos grandes propulsores desta construção legislativa no tocante à processualidade administrativa, sobretudo quando se tem em vista a positivação expressa do processo administrativo no art. 5º, LV, da CF/88, que, em leitura cruzada com o anterior inciso LIV do mesmo artigo, instaura genuína cláusula de devido processo legal para a Administração, no sentido de instrumentalizar a maneira ou forma ideal de agir administrativo, especialmente em relação aos administrados.

Some-se a isso, ainda, que tal ambiente constitucional – tido como germe para as nascentes leis de processo administrativo –, é temperado, no âmbito político, jurídico e econômico, por manifestações que culminam por consagrar verdadeira reforma nos poderes públicos e, por conseguinte, na atuação administrativa.

Em específico, os movimentos de Reforma do Estado, de desestatização, de atração de particulares para o exercício de função administrativa, de contratualização e procedimentalização/processualização da atividade administrativa, de redução da intervenção direta e do serviço público em favor da regulação e de busca de eficiência, entre outros, demarcam a necessidade de um sistema processual administrativo capaz de atender, à luz da Constituição e dos direitos fundamentais, às especificidades contemporâneas da relação entre Administração e particulares e à própria conformação constitucional das atividades administrativas cotidianas.

É neste quadro, pois, que o presente trabalho pretende analisar a extensão e os limites de aplicabilidade da Lei Federal nº 9.784/99 (LPAF), a qual, de forma expressa, regula o processo administrativo no âmbito da Administração Pública Federal. A partir de tal lei, instaura-se a discussão sobre seu regime geral de aplicabilidade, partindo-se dos critérios legais de sua incidência expressamente expostos. Ao final, o que se debate é a questão da aplicabilidade da LPAF para além da União Federal, sobretudo com o intento de se verificar uma possível

SUNDFELD, Carlos Ari. Processo e procedimento administrativo no Brasil. In: SUNDFELD, Carlos Ari; MUÑOZ, Guillermo Andrés (Coord.). *As leis de processo administrativo*: lei federal 9.784/99 e lei paulista 10.177/98. São Paulo: Malheiros, 2006. p. 17.

nacionalização de sua incidência e sua extensão aos chamados entes subnacionais.

Em face da LPAF, como pedra angular, são instauradas as premissas investigativas deste estudo, já que o que se busca é o debate acerca de sua aplicabilidade no Brasil. Como pano de fundo, é de ver-se que tais premissas apontam para a valorização processual administrativa como veículo próprio do agir administrativo em ambiente democrático, seja na perspectiva de tutela e relação com os administrados, seja na consecução dos fins próprios da Administração.

Assim é que, em termos metodológicos, o que se pretende é debater o tema da aplicabilidade da Lei Federal nº 9.784/99 a partir dos seguintes apontamentos básicos: a) como se dá a interação da lei com a processualidade administrativa; b) qual a fórmula ou regime geral de sua aplicabilidade e, bem assim, os critérios de incidência legalmente expostos; c) a possibilidade de aplicabilidade federativa da lei, com sua extensão, para além da União, aos entes subnacionais.

Para tal, restam trilhadas, no Capítulo I, as noções de processualidade administrativa e de sua amplitude conceitual dentro do quadro constitucional brasileiro, chegando-se, ao final, ao espectro normativo da LPAF. Nesse caminho, as questões conceituais de processo, procedimento e da processualidade ampla são analisadas a fim de demarcar a abrangência da Lei Federal nº 9.784/99 como verdadeira ordenadora, em sentido geral, da marcha de atuação administrativa, pautando requisitos mínimos para instauração, instrução e decisão relativos à formação e posterior execução da vontade funcional da Administração Pública, a incluir em seu quadro normas tecnicamente processuais e não processuais que, em síntese, regulamentam o *modus operandi* da função administrativa, tutelando a consecução de suas finalidades.

Inicia-se o Capítulo II com a apresentação da fórmula ou regime geral de incidência da LPAF no seu plano político original de extensão exclusivamente federal, utilizando-se, para tal, dos critérios legais de normas básicas e da subsidiariedade (arts. 1º e 69 da LPAF). A partir de então, são apresentados exemplos práticos que subsidiam a análise da interpenetração entre o quadro normativo da LPAF e de leis que tratam de processos administrativos específicos (processo disciplinar, fiscal, desapropriatório, licitações, etc.).

Adiante, o debate acerca da aplicabilidade da LPAF é travado em função da determinação subjetiva ou objetiva de sua incidência, levando-se em consideração os critérios normativos do art. 1º e seus parágrafos. No ponto, investiga-se a possibilidade de uma uniformização processual que leve em conta o exercício de função administrativa, isto é: a função administrativa como suporte material para a utilização de um arcabouço unitário de processualidade administrativa a despeito de caracteres subjetivos.

Em outras palavras, discute-se a amplitude de aplicação da LPAF a partir da matéria administrativa veiculada (função administrativa). Ou seja: a matéria administrativa, alinhada ao exercício de função administrativa, por qualquer pessoa, pública ou privada, como base para uma veiculação objetiva e unitária da processualidade administrativa exposta pela LPAF. Ao final, o embate e o escalonamento entre a aplicabilidade subjetiva e objetiva da lei subsidiam a análise dos variados sujeitos expostos à LPAF em sua atuação regular, sobretudo com base na estrutura organizacional da Administração Pública e das proposições constantes do Anteprojeto de Lei Orgânica da Administração Pública Federal e Entes de Colaboração.

Em seguida, no Capítulo III, a aplicabilidade da processualidade administrativa da LPAF será debatida em termos geopolíticos, federativos e jurídico-positivos, de forma a se investigar a possibilidade de patamares de tratamento processual administrativo unificado perante as diversas facetas e expressões de atividade administrativa em todas as entidades políticas (União, Distrito Federal, Estados e Municípios). O que se busca debater, assim, é a própria topografia constitucional e federativa da processualidade administrativa da Lei Federal nº 9.784/99, com foco em uma virtual nacionalização processual administrativa, suas premissas, consequências e repercussões.

Por certo, o caráter sóbrio, geral e principiológico da Lei Federal nº 9.784/99 – em muito ligada à aplicação de inúmeros princípios constitucionais atinentes à relação entre Administração e cidadão-administrado e à própria conformação constitucional da realização de função administrativa – é que a torna a pedra angular do presente estudo, principalmente quando se extrai da própria expressão legal – e de sua aplicação, conforme será visto –, o intento de proteção dos direitos dos administrados e do melhor cumprimento dos fins da Administração (art. 1º).

Importa mencionar, ao final, que o estudo engloba predominantemente o exame da doutrina nacional do direito e do processo administrativo e, de forma especificada, acerca da Lei Federal nº 9.784/99, com suas repercussões e decorrências práticas. A doutrina estrangeira é utilizada, de forma amplamente subsidiária, apenas naquilo que se relaciona à determinação da atividade processual da Administração, sobretudo na medida em que a doutrina nacional busca no exterior as origens e as significações preambulares da matéria aqui estudada.

Bem assim, a análise da jurisprudência acerca da utilização da LPAF é manejada a fim de evidenciar o efetivo alcance, extensão e aplicabilidade de seu quadro normativo. Em especial, a análise é focada nas decisões dos Tribunais Superiores – Supremo Tribunal Federal e Superior Tribunal de Justiça –, sobretudo pelo fato de apresentarem jurisdição territorial de cunho nacionalizado.

Trilhados tais passos em suas linhas mestras, é no transcurso do presente trabalho que as discussões aqui pontuadas e iniciadas serão desenvolvidas.

Capítulo 1
A Processualidade Administrativa e a Lei Federal nº 9.784/99 (LPAF)

A trajetória recente da Administração Pública e do próprio direito administrativo pode ser vista como base para que se tenha em evidência, hoje, a figura e o instrumental do processo administrativo, sobretudo a partir do claro alinhamento da atividade administrativa aos direitos fundamentais dos cidadãos.

De fato, a nítida consolidação constitucional do processo administrativo no presente momento demonstra que, ainda que não seja disposto historicamente como um dos temas clássicos do direito administrativo, sua evolução e crescimento nos últimos anos encontra campo fértil quando se leva em conta a centralidade do cidadão e do atendimento aos seus direitos na ordem jurídica, o que alça o tema, atualmente, a uma das bases fortes do direito administrativo.[4]

Desta feita – e a título inicial –, importa traçar breve panorama do instituto até que se possa chegar ao patamar atual da matéria sob a ótica constitucional.

1.1. Direito administrativo e processo administrativo

Em linhas gerais, é possível determinar como marco inicial para os estudos sistematizados acerca do Direito Administrativo o período histórico que abrange a estruturação e formatação do Estado Moderno (fins do século XVIII e início do século XIX), com a concentração do poder político na pessoa detentora de autoridade (soberano). Assim, a par de configurações jurídico-políticas anteriores – tidas como pré-estatais –, vale anotar que, em tal período, marcado pelas monarquias absolutistas, o Estado era organizado em função da já aludida autoridade e soberania, com uma sociedade polarizada entre o soberano e os súditos.

[4] É o que bem anota Odete Medauar na apresentação de recente obra coletiva sobre o tema, salientando o enfoque maior no processo administrativo como significativo indicador da evolução do próprio direito administrativo. Sobre o tema: MEDAUAR, Odete; SCHIRATO, Vitor Rhein (Orgs.). *Atuais rumos do processo administrativo*. São Paulo: Revista dos Tribunais, 2010. p. 5.

Em tal contexto, fácil vislumbrar uma construção social "estratificada, fechada e sujeita apenas a um direito cogente, que vertia exclusivamente de uma só fonte: a pessoa detentora de soberania".[5] Ademais, é de se dizer que a vontade soberana era a própria vontade do monarca, infensa a qualquer espécie de controle. Tinha-se, pois, a noção de um Estado-Polícia, que impunha normas aos indivíduos e que a elas não se submetia, inviabilizando a atuação dos administrados na participação e condução dos assuntos de Estado. A legitimação da ação estatal, pois, era justificada com a própria condição de autoridade investida em seu condutor.

Diante disso, o início da construção do Direito Administrativo e de seu instrumental – a levar em conta o pano de fundo acima relatado – deu-se com forte apego à figura do Estado impositor, autocentrado, imperativo, forte nos poderes e prerrogativas da Administração e, com isso, alheio ao administrado e a seus direitos. De qualquer sorte – e em uma linha evolutiva a partir da questão da soberania –, vê-se que as revoluções liberais burguesas, em resposta ao poder absoluto então existente, buscaram a despersonalização de tal poder, sobretudo com base nas teorias contratualistas, segundo as quais a vontade geral substituiria a vontade do soberano para melhor expressar as finalidades estatais, o que daria azo, mais tarde e de forma paulatina, a uma maior participação dos administrados no contexto das decisões administrativas.

É que, na esteira de propostas mais humanistas e liberais – alinhadas à instauração de ambientes sociais democráticos –, o conceito de cidadão ganharia força no sentido de legitimação do poder estatal, agora entendido como produto de uma organização política que tem como base o próprio povo, em detrimento da figura de um soberano que em si enfeixasse o poder político.

Adiante, a emergência do chamado *Welfare State* (Estado Social, com sua burocracia notadamente prestacional) em complementação ao liberalismo individualista então vigente (Estado Liberal, com sua burocracia-guardiã) trouxe a necessidade de uma reformulação da atuação estatal, eis que as novas tarefas da Administração não poderiam ser amoldadas a estruturas e métodos até então tradicionais, baseados em um Estado autoritário que apenas se preocupava em não se imiscuir nas liberdades dos cidadãos.

Nesta mesma linha, bem anota Diogo de Figueiredo Moreira Neto que

> estava dado o grande abalo: a velha ordem soberana, tão importante que havia sido para um Direito concebido como monopólio do Estado e destinada a tutelar apenas a sociedades fechadas, formadas por súditos, sempre dependentes dos direitos que lhes fossem generosamente outorgados pelos respectivos Estados, tornou-se incompatível,

[5] MOREIRA NETO, Diogo de Figueiredo. *Poder, direito e estado*: o direito administrativo em tempos de globalização. Belo Horizonte: Fórum, 2011. p. 27.

> em sua vetusta formulação, com a generalizada premência de um reconhecimento expresso e eficaz de direitos transestatais. Em suma, a velha ordem soberana precisaria ser revista para adequar-se às novas sociedades abertas, que o pluralismo estava criando, e compatibilizar-se com os conceitos emergentes, com ela conflitantes, de cidadania e de direitos humanos.[6]

Em que pese o salto histórico – e nesta apertada síntese –, a efetiva concretização deste novo escopo estatal traz consigo um nítido conteúdo de justiça material, implicando a substituição de uma legalidade estrita e da atuação mecanizada da Administração pela legitimidade ou juridicidade (sujeição ao Direito, não apenas à legalidade estrita)[7], baseada nos paradigmas de finalidade, eficiência e resultados, a evidenciar verdadeiro direito fundamental à boa administração pública, construído não apenas no sentido de detecção da ilegalidade formal, mas para implementação de ações corretivas e concertadas no sentido de alcance de resultados e de melhora de desempenho da atuação administrativa em termos materiais.

Tem-se como imperativa, pois, a necessidade de releitura da atuação administrativa, sendo imprescindível que tais ações tragam consigo aspectos procedimentais e de responsividade afetos à boa administração, com o colorido dos direitos fundamentais e norteados pelas finalidades estatais. Em suma, o que se tem é que

> o antigo conceito de ação pública – por tradição, burocrático, monolítico, centralizado e conduzido pela fé cega no exercício da imperatividade – tende a ceder ante a nova concepção de gestão pública – criativa, flexível, descentralizada e negociada, orientada pela consensualidade, pela visibilidade e pelo controle de resultados.[8]

De fato, na esteira da consagração de um novo modelo de Administração Pública – ora dito consensual, no âmbito de um Estado caracterizado como gerencial (ou, até mesmo, pós-gerencial, para alguns)[9] –, vê-se que a ideia de

[6] MOREIRA NETO, 2011, p. 28.

[7] Nesse quadro, Paulo Otero salienta a tomada de um novo referencial que sintetiza o conjunto das fontes de Direito limitativas da atividade desenvolvida pela Administração Pública. Há, pois, um núcleo do ordenamento jurídico-administrativo que não se esgota na lei e que, bem assim, traduz o limite da atuação das estruturas decisórias da Administração e das formas jurídicas que exteriorizam essa mesma atuação. Nesse sentido: OTERO, Paulo. *Legalidade e administração pública*: o sentido da vinculação administrativa à juridicidade. Coimbra: Almedina, 2003. p. 15-16.

[8] MOREIRA NETO, 2011, p. 30.

[9] ARRUDA NETO, Pedro Thomé de. Reforma do Estado e evolução dos modelos de gestão pública no Brasil: a democracia deliberativa como fundamento de uma nova administração pública cons-

administração é informada e contextualizada no âmbito do chamado "Estado em rede" e da "governança pública".[10]

Em específico, o Estado em rede pode ser evidenciado a partir do final do século XX como o Estado da era da informação, da revolução tecnológica, da crise do capitalismo e de uma nova estrutura social global que produz uma nova cultura também global. Esta nova cultura denota uma sociedade que se organiza por uma lógica difusa e expansiva, que demanda do Estado uma notável capilarização funcional e uma busca de canais de diálogo, eis que o Estado não pode mais ser pensado como "uma organização autocentrada, hermética e incomunicável".[11]

Bem assim, a Administração consensual é manifestada em um ambiente de governança pública, um modelo que exige que "os governos sejam mais eficazes em um marco de economia globalizada, atuando com capacidade máxima e garantindo e respeitando as normas e valores próprios de uma sociedade democrática".[12] Sobre o tema, Bruno Miragem informa que a ideia matriz de governança é orientada por uma lógica distinta daquela tradicionalmente afeta ao Direito; neste sentido,

> enquanto este se exprime por intermédio de imperativos, comandos obrigatórios provenientes de autoridade, a governança parte da ideia do pluralismo, interatividade e participação, com a finalidade de obter compromissos aceitáveis das partes envolvidas. A governança aplicada ao setor público vai promover desde as esferas locais, a institucionalização de mecanismos de participação no processo de tomada de decisão dos agentes públicos, bem como a transparência das informações.[13]

Ainda no ponto, Jacques Chevallier assinala que se a governança transborda os contornos jurídicos clássicos, ela não escapa, no entanto, da influência do direito[14], sendo notória a incidência e as implicações jurídicas na atuação estatal com base no instrumental de governança. Na espécie, o autor aborda a imbrica-

titucional. *Revista de direito administrativo*. Rio de Janeiro: Editora FGV, nº 253, p. 133-158, jan./abr. 2010.

[10] Oliveira, Gustavo Justino de. *Direito administrativo democrático*. Belo Horizonte: Fórum, 2010. p. 213.

[11] Oliveira, 2010, p. 214.

[12] Oliveira, 2010, p. 215.

[13] Miragem, Bruno. *A nova administração pública e o direito administrativo*. São Paulo: Revista dos Tribunais, 2011. p. 61-62.

[14] Chevallier, Jacques. A governança e o direito. *Revista de direito público da economia*. Belo Horizonte, ano 3, nº 12, p. 129-146, out./dez. 2005. Disponível em: <http://www.bidforum.com.br/bid/PDI0006.aspx?pdiCntd=33300>. Acesso em: 18 junho 2012.

ção necessária entre o Direito e governança sob dois vieses: a contratualização e a procedimentalização/processualização[15] da atividade administrativa.

Em primeiro plano, a contratualização constitui instrumental privilegiado de formalização da governança, trazendo, como um dos fundamentos da mesma, a juridicização da abordagem contratualista e consensual da ação pública. Indica Chevallier que tal contratualização implica relações jurídicas não mais marcadas pelo unilateralismo e coerção, mas com base em acordos e aproximações volitivas. Assim, se de um lado pressupõe-se que "seja levada em consideração a existência de atores autônomos (dos quais se deve obter a cooperação), de outro, passa-se por um processo de negociação visando a definir os contornos de uma ação comum. Encontra-se aqui, portanto, a lógica que caracteriza a governança".[16]

No que toca à procedimentalização, faz-se alusão à formalização de regras claras para a interação dos atores sociais, com o fito de, a partir da processualidade administrativa, instaurar uma instância de debates na qual restem definidos o início dos processos, a seleção dos participantes e as formas de negociação tendentes a um acordo possível. Ademais, ainda que se leve em conta as relações notadamente impositivas ou o quadro interno de atuação administrativa e de planejamento das ações estatais, o que se vislumbra é um marco de legitimação da atuação estatal a partir de caracteres normativos objetivos e impessoais, com a possível interação dos atores envolvidos, em nítida abertura dialógica em termos de participação e controle.

É que a concertação entre as partes envolvidas (Administração e administrados) representa um modo de interação interpessoal tendente a subsidiar e a colorir tal relação com mecanismos mais aptos ao diálogo e ao consenso, isto é, com "a substituição das relações baseadas na subordinação ou comando por relações fundadas na discussão e na troca".[17] Como bem enfatiza Bruno Miragem, exsurge, para tal, a caracterização prática de um modelo de Administração Pública gerencial e vinculado à obtenção de resultados, com

> sua legitimidade firmemente apoiada na eficiência da atuação administrativa, o que além de resultados sociais e economicamente mensuráveis, resta associado à processualidade da ação administrativa, a assegurar a crescente participação dos cidadãos nos processos de tomadas de decisão públicos, sob o resguardo inafastável do respeito aos direitos e garantias individuais e sociais.[18]

[15] Aqui vista enquanto processualização da atividade administrativa, em sentido amplo, conforme será abordado adiante, de forma a representar o *modus procedendi* inerente à função administrativa.

[16] CHEVALLIER, 2005.

[17] OLIVEIRA, Gustavo Justino de. *Contrato de gestão*. São Paulo: Revista dos Tribunais, 2008a. p. 46.

[18] MIRAGEM, 2011, p. 63.

Neste quadrante, pois, ganha relevo o instrumental do processo administrativo como mecanismo democrático para concretização do direito e, bem assim, como veículo de legitimação do poder estatal, tornando o administrado um artífice participante da ambiência política e jurídica estatal.[19] É que o contato e a interação cotidiana entre a Administração e o administrado são operados pela via do processo administrativo, sendo que tal instrumental afigura-se, assim, como o "palco da vivência diária do poder, e por isso, uma ferramenta essencial na construção e manutenção do projeto de Estado Democrático de Direito".[20]

Assim é que a procedimentalização encontra atuação bifronte, instituindo-se o devido processo legal no ambiente administrativo[21], a um só tempo, como forma de tutelar os particulares contra desmandos dos agentes estatais e, bem assim, como meio de impedir atuações administrativas imprudentes, a gerar efeitos ruinosos ao patrimônio público.[22]

Em outras palavras, o que se vê é que a procedimentalização da atividade administrativa traz consigo uma pluralidade de fins[23], sendo possível anotar, dentre tais escopos, o de controle e legitimação do poder, de realização da democracia, de aperfeiçoamento da atividade estatal e, até mesmo, de redução de

[19] ROCHA, Cármen Lúcia Antunes. Princípios constitucionais do processo administrativo no direito brasileiro. *Revista de direito administrativo.* Rio de Janeiro: Renovar, nº 209, p. 189-222, jul./set. 1997. p. 221.

[20] GUEDES, Demian. *Processo administrativo e democracia*: uma reavaliação da presunção de veracidade. Belo Horizonte: Fórum, 2007. p. 146. Em sentido análogo, OLIVEIRA, 2010, p. 19-32.

[21] No ponto, é de ver-se que a incidência do devido processo legal no ambiente administrativo decorre de imperativo constitucional, a partir da conjugação do que dispõem os incisos LIV e LV do art. 5º da CF/88, e lança luzes sobre todas as manifestações do exercício de função administrativa, conforme será visto adiante. Em sentido convergente, interessante é a expressão do Superior Tribunal de Justiça sobre a matéria específica da Lei Federal nº 9.784/99: *A Lei 9.784/99 é, certamente, um dos mais importantes instrumentos de controle do relacionamento entre Administração e Cidadania. Seus dispositivos trouxeram para nosso Direito Administrativo, o devido processo legal. Não é exagero dizer que a Lei 9.784/99 instaurou no Brasil, o verdadeiro Estado de Direito.* (STJ – MS 8946/DF, Relator Ministro HUMBERTO GOMES DE BARROS, Primeira Seção, julgado em 22/10/2003, publicação em 17/11/2003).

[22] JUSTEN FILHO, Marçal. *Curso de direito administrativo.* 8. ed. Belo Horizonte: Fórum, 2012. p. 298. No mesmo sentido a lição de Romeu Felipe Bacellar Filho ao assentar que "a procedimentalização do agir administrativo, a fixação de regras para o modo como a administração deve atuar na sociedade e resolver os conflitos configura, assim, condição indispensável para a concretização da democracia. Sem a fixação do procedimento administrativo, impossibilita-se qualquer relação estável entre administração e cidadãos, em que cada um saiba até onde vai o poder do outro e como este poder será exercido". Vide: BACELLAR FILHO, Romeu Felipe. *Processo administrativo disciplinar.* 3. ed. São Paulo: Saraiva, 2012. p. 134.

[23] Marçal Justen Filho bem enuncia os fins visados pela procedimentalização e sua imposição constitucional, tendo-se em vista, sobretudo, sua condição de instrumento inafastável de realização de garantias constitucionais democráticas. Para, veja-se: JUSTEN FILHO, 2012, p. 296-304.

encargos do Poder Judiciário, ao passo que a procedimentalização propicia uma melhor composição de interesses e busca de correção na atividade estatal, diminuindo a necessidade de intervenção jurisdicional.[24]

No que toca especificamente ao alinhamento entre a processualidade administrativa e a realização democrática, importa anotar que tal imbricação encontra eco jurisprudencial em paradigmático e recente julgamento do Supremo Tribunal Federal. Nesse sentido, ao declarar a inconstitucionalidade de previsões normativas que versavam sobre a necessidade de garantia de instância administrativa – a implicar a formulação da Súmula Vinculante 21[25] –, o STF bem assentou a conexão lógica entre a referida processualidade e a atuação administrativa em ambiência democrática. Nas razões declinadas em voto-vista que houve por orientar o sentido da decisão tomada, o ministro Joaquim Barbosa assim aduziu:

> O procedimento administrativo é uma das formas de se realizar o Direito Administrativo. As relações entre Estado e administrados devem desenvolver-se legitimamente não apenas no âmbito judicial mas também no âmbito da própria Administração, que está vinculada ao dever de realizar as diversas normas constitucionais e, especialmente, as normas constitucionais administrativas. A consecução da democracia, de último modo, depende da ação do Estado na promoção de um procedimento administrativo que seja: (i) sujeito ao controle dos órgãos democráticos, (ii) transparente e (iii) amplamente acessível aos administrados.
>
> [...] Em conclusão, Senhora Presidente, entendo que a ampliação do acesso ao procedimento administrativo reforça, para usar termo de Jürgen Habermas, um "patriotismo constitucional" que desobstrui os canais representativos – um dos quais, a Administração – e, assim, fomenta a construção de um republicanismo fundado em civismo político balizador do Estado de Direito.[26]

Visto, em brevíssima perspectiva, o trilhar do direito administrativo e o despontar da procedimentalização – aqui versada em termos de processualidade administrativa –, há de se partir para a análise da amplitude conceitual a ser dada ao processo administrativo no presente trabalho, de forma a subsidiar, adiante, a investigação acerca da aplicabilidade da Lei Federal nº 9.784/99.

[24] Tendo-se em vista, neste ponto, a inafastabilidade da jurisdição (art. 5º, XXXV, CF/88).

[25] STF – Súmula Vinculante 21 – É inconstitucional a exigência de depósito ou arrolamento prévios de dinheiro ou bens para admissibilidade de recurso administrativo (STF – Súmula Vinculante 21, Tribunal Pleno, aprovação em 29/10/2009, publicação em 10/11/2009).

[26] STF – RE 388.359/PE, Relator Ministro Marco Aurélio, Tribunal Pleno, julgado em 28/3/2007, publicação em 22/6/2007.

1.2. Amplitude conceitual do processo administrativo

Tarefa das mais árduas no presente trabalho está na definição da amplitude do conceito de processo administrativo.

De fato, ainda que, em linhas gerais, o objetivo final aqui buscado resida na definição da extensão e da aplicabilidade objetiva, subjetiva e federativa da LPAF, é certa a impossibilidade de que o tratamento logístico da processualidade administrativa por ela descrita se furte em considerar as distintas e plurais concepções acerca de seu instituto base: *o processo administrativo*. Assim, uma vez definida a abordagem e a abrangência material a ser dada ao instituto, resta possível a investigação sobre sua aplicabilidade.

Em primeiro plano – e conforme já adiantado –, importa destacar que a temática do processo administrativo não é tida como uma das matérias clássicas a compor a disciplina do próprio direito administrativo em suas raízes originárias.[27] Neste quadro, não se inclui entre as matrizes iniciais da disciplina o estudo sistematizado da atuação processualizada da Administração Pública.

No ponto, Odete Medauar menciona que a ampliação do espaço do processo administrativo no direito administrativo é dada, sobretudo, a partir da década de 60 do século XX, em sintonia com uma série de fatores, dentre os quais é possível destacar: 1) a reivindicação de democracia administrativa; 2) a diminuição da distância entre o Estado e a sociedade; 3) uso crescente, pela Administração, de instrumentos contratuais e a adoção de medidas consensuais e negociadas; 4) proteção e operação de direitos fundamentais a partir da Administração; e, 5) melhoria na relação entre Administração e particulares, com a garantia de direitos antes da tomada de decisões.[28]

É nesse quadro, por exemplo, que se estabelece a discussão sobre a manutenção da figura do ato administrativo como centro de gravidade do Direito Administrativo, sobretudo levando-se em consideração uma crise da noção de ato administrativo, que decorre, de um lado, da diminuição da atividade administrativa notadamente impositiva, autoritária e unilateral e, de outro, da absorção do ato administrativo em um quadro de formas de atividade mais complexas e articuladas. Ganha força, então, a noção de procedimento como alternativa

[27] MEDAUAR, Odete. *O direito administrativo em evolução*. 2. ed. São Paulo: Revista dos Tribunais, 2003. p. 220.

[28] Ainda segundo a autora, "o processo administrativo figura entre os temas que tiveram *aparição fugaz* na primeira metade do século XX. A consulta a manuais ou cursos de Direito Administrativo, publicados na década de 60 ou 70 e mesmo 80 do século XX, revela que a maioria não tratava do processo administrativo". Vide: MEDAUAR, Odete. *A processualidade no direito administrativo*. 2. ed. São Paulo: Revista dos Tribunais, 2008. p. 144-146.

dogmática ao ato e, bem assim, como novo conceito central do Direito Administrativo.[29]

Conforme evidencia Vasco Pereira da Silva em seu já clássico '*Em busca do acto administrativo perdido*', esta nova perspectiva procedimental representaria, em suma, duas vantagens significativas em relação à tradicional doutrina da centralidade do ato administrativo:

> a) A possibilidade de uniformização do tratamento dogmático de toda a actividade administrativa, pois o procedimento constitui fenómeno comum a todos os domínios da Administração Pública e encontra-se, por isso, em condições de "fazer a ponte" entre a actuação de gestão pública e de gestão privada;
>
> b) A possibilidade de entender a integralidade da actividade da Administração, assim como do seu relacionamento com os privados, ao longo do tempo, e não apenas no "momento" da prática do acto administrativo.[30]

De toda sorte, ainda que se tenha como inegável o crescimento do tratamento processual da atividade administrativa, é indubitável, também, que a própria noção de processualidade é permeada historicamente por distintas concepções acerca do instituto *processo administrativo*, a indicar o alcance da expressão e, por conseguinte, a abrangência da noção de processualidade no ambiente administrativo.

[29] Silva, Vasco Pereira da. *Em busca do acto administrativo perdido*. Coimbra: Almedina, 1995. p. 301-302. Em trabalho específico sobre a contratualização da função pública, Luísa Cristina Pinto e Netto aponta a noção de relação jurídico-administrativa como central no Direito Administrativo, sem descurar da processualidade atinente à questão; para referida autora – e diante de pressupostos análogos aos ditados por Vasco Pereira da Silva –, "urge substituir o ato administrativo como centralidade do Direito Administrativo pela relação jurídico-administrativa, sem prejuízo do procedimento administrativo. A relação jurídico-administrativa permite valorizar o particular como sujeito de direito em face da Administração e auxilia na superação das raízes autoritárias da disciplina da função pública". Vide: Netto, Luísa Cristina Pinto e. *A contratualização da função pública*. Belo Horizonte: Del Rey, 2005. p. 303.

[30] Silva, 1995, p. 303. A segunda das vantagens significativas da perspectiva procedimental apontada por Vasco Pereira da Silva é bem representada na já clássica alegoria de Celso Antônio Bandeira de Mello, a saber: "Enquanto a análise do ato administrativo corresponde à adoção de uma perspectiva fotográfica, a análise do procedimento implica uma visão cinematográfica da atuação administrativa. Nela a atenção se verte para o movimento constituído pela sucessão de atos que se orientam para a desembocadura em um ato administrativo final. Destarte, acompanha-se todo o caminho evolutivo, isto é, o itinerário a ser vencido para que a Administração possa chegar idoneamente ao resultado proposto". Vide: Bandeira de Mello, Celso Antônio. Prefácio. In: Moreira, Egon Bockmann. *Processo Administrativo*: princípios constitucionais e a lei 9.784/99. 3. ed. São Paulo: Malheiros Editores, 2007. p. 7.

Tanto é assim que a própria nomenclatura (*nomen juris*) e designação técnico-formal inerente à processualidade administrativa comporta vasta discussão, a implicar, por certo, infindáveis embates doutrinários acerca dos institutos em questão e das definições vocabulares a eles atribuídas.[31]

Sem pretender adentrar de forma percuciente na temática – que, em si, foge ao conteúdo substancial do trabalho aqui realizado –, necessário que se apresente, ainda que de forma sintética, as discussões havidas na matéria, sobretudo para que se possa formar uma noção de processualidade administrativa – em especial aquela constante da LPAF – a ser trabalhada no restante do presente estudo.[32]

1.2.1. Histórico conceitual do processo administrativo e a noção de processualidade ampla

Em termos históricos, é possível delimitar como marco para o início das controvertidas acepções acerca do processo administrativo uma série de fatos e acontecimentos que, em princípio, se alinham ao próprio ciclo histórico de autonomização do direito administrativo. A instauração da chamada justiça administrativa[33] na França pós-revolucionária e, bem assim, a criação do Conselho de Estado, podem ser vistas como o primeiro ponto ensejador de dúvidas, sobretudo

[31] Entre tais embates, ressalta-se, entre outros, a própria noção de processo enquanto instituto jurídico amplo, apropriado no âmbito da Teoria Geral do Direito e de uma Teoria Geral do Processo; o cotejo do processo administrativo com o processo jurisdicional; o embate entre processo e procedimento, etc.

[32] De qualquer forma, a discussão sobre as distintas acepções da processualidade administrativa será retomada sempre que se mostrar importante para a investigação acerca de sua aplicabilidade e, em especial, da Lei Federal nº 9.784/99.

[33] Ressalta-se, aqui, a utilização do termo *justiça administrativa*, em um sentido amplo, a fim de designar "um sistema de mecanismos e de formas ou processos destinados à *resolução judicial das controvérsias* nascidas de *relações jurídicas administrativas*. [...] A designação de 'justiça' administrativa', que preferimos aqui à designação tradicional de 'contencioso administrativo', tem a vantagem evidente de denotar o carácter *jurisdicional* que actualmente qualifica o sistema". Vide: Andrade, José Carlos Vieira de. *A justiça administrativa*: lições. 11. ed. Coimbra: Almedina, 2011. p. 7-9. Ainda sobre o tema, bem assenta García de Enterría que a "justiça administrativa foi uma criação jurídica inteiramente nova, sem paralelo nas bases históricas que sustentam todo o direito ocidental [...]. Surge, pois, subitamente, com a Revolução Francesa, no próprio ano de 1789; consolida-se no século XIX; tem um espetacular desenvolvimento no transcorrer do século XX [...]. A justiça administrativa apresenta, com efeito, algo inteiramente novo, que dará sustentação à Revolução Francesa, a saber, a tentativa de, com surpreendente lucidez e resolução, tornar real um dos princípios básicos formulados por Rousseau: instituir 'uma forma de governo que situe a lei acima do homem'". Para tal, veja-se: Enterría, Eduardo García de. *As transformações da justiça administrativa*: da sindicabilidade restrita à plenitude jurisdicional. Uma mudança de paradigma? Belo Horizonte: Fórum, 2010. p. 5-6.

ante a orientação dual para o tratamento jurídico das controvérsias surgidas a partir da Administração e dos particulares.

De fato, com o estabelecimento da justiça administrativa – a tutelar as controvérsias oriundas das relações jurídico-administrativas –, a Administração não mais se sujeitaria ao Judiciário, já que este, em decorrência da rígida afirmação do princípio da separação de poderes[34], restaria limitado aos conflitos entre particulares, encontrando-se os tribunais ordinários impedidos de conhecer dos litígios entre os particulares e Administração.[35]

Na linha de Vasco Pereira da Silva, a fase inicial da justiça administrativa apresenta o chamado 'pecado original', com a instauração de uma justiça administrativa intimamente ligada à Administração, na forma de um contencioso privativo da mesma. Tal fase ficou conhecida como a do sistema do 'administrador-juiz', na qual era a própria Administração que julgava os litígios administrativos. De toda sorte – e ainda que escape ao âmbito deste trabalho –, válido apontar que o sistema de controle da Administração, por intermédio da justiça administrativa, evoluiu no tempo no sentido de uma progressiva autonomização dos órgãos fiscalizadores em relação à Administração, até que se chegasse a uma efetiva jurisdicionalização plena do contencioso administrativo.[36]

[34] Em apertada síntese, é de se notar que já em 1790, por intermédio da Lei de 16-24 de Agosto, restou assente que "as funções judiciárias são distintas e permanecerão sempre separadas das funções administrativas. Os juízes não poderão, sob pena de prevaricação, perturbar, seja de que modo for, as operações dos corpos administrativos, nem citar perante si os administradores por motivo de suas funções". Cinco anos mais tarde, em 1795, repetiu-se tal disposição por intermédio do Decreto 16 do Frutidor do ano III: "proíbe-se reiteradamente aos tribunais conhecerem dos atos da administração, seja de que espécie forem, sob pena de sanções". Mais tarde, em 1799, é a criação efetiva do Conselho de Estado, por meio da Constituição, que finaliza tal construção, eis que o mesmo fora incumbido da consultoria jurídica do Executivo e da preparação de um projeto de solução para os litígios nos quais a Administração era parte, excluindo o Judiciário, no todo, da tutela da Administração. Nesse sentido: 1) WEIL, Prosper. *O direito administrativo*. Coimbra: Almedina, 1977. p. 11-14; 2) ENTERRÍA, 2010, p. 24-28.

[35] SILVA, Vasco Pereira da. *Para um contencioso administrativo dos particulares*: esboço de uma teoria subjectivista do recurso direto de anulação. Coimbra: Almedina, 1997. p. 18.

[36] SILVA, 1997, p. 17-20. No mesmo norte – e já salientando a referida autonomização da justiça administrativa ora corrente –, a cátedra de Eduardo García de Enterría, para quem "somente agora, pela primeira vez em toda a sua longa história o juiz contencioso administrativo, ao ganhar essa plenitude jurisdicional, tornou-se capaz, com efeito, de outorgar aos cidadãos uma justiça plena e efetiva. Esta é a formidável atualidade da técnica contenciosa administrativa de proteção do cidadão [...]. A subjetivação definitiva da justiça administrativa, que rompeu o mito histórico de sua suposta objetividade, com a qual se mascarava uma superioridade formal da Administração sobre o cidadão, considerado ainda como súdito, que devia ceder ante a suposta superioridade dos 'interesses gerais' geridos pela Administração, já é um ganho definitivo – e por isso, definitivamente irrenunciável – de nosso tempo" (ENTERRÍA, 2010, p. 105-107).

Por certo, é dessa dualidade jurisdicional – a dita jurisdição comum e o contencioso administrativo (justiça administrativa) – que emerge grande parte das discussões originárias sobre o alcance da processualidade administrativa.

Bem sintetizando a questão, Odete Medauar enfatiza que

> um dos focos de resistência ao uso do termo processo para identificar a processualidade administrativa encontra-se na doutrina e legislação dos ordenamentos dotados de jurisdição dupla, visto que a expressão *processo administrativo* vem aí reservada para o âmbito do chamado *contencioso administrativo*. Já se ponderou que nos ordenamentos com jurisdição una não se justifica o receio da confusão terminológica com o chamado *contencioso administrativo*; e que nos ordenamentos dotados de jurisdição dupla as expressões *processo jurisdicional-administrativo* ou *processo da jurisdição administrativa* poderiam perfeitamente especificar a processualidade no âmbito da jurisdição administrativa.[37]

Seguiu-se, a partir de então, a uma primeira dualidade no que toca à processualidade administrativa: por um lado, tida como instrumental para o exercício da jurisdição administrativa – e, aqui, como verdadeiro processo jurisdicional; por outro, a fim de designar, em última análise, a marcha exercida perante a própria Administração no bojo da função administrativa.

Importa anotar, ainda na temática, que essa concepção dualista de jurisdição houve por induzir os estudos acerca da atuação administrativa e, bem assim, de sua natureza procedimental e processual. É a partir da investigação da atuação administrativa (função administrativa e, portanto, fora do ambiente jurisdicional) que se chega, então, às novas celeumas acerca da processualidade administrativa.

Mais um entrave nesse campo de observação – e já em um segundo momento – é bem retratado pela opção de condicionar o fenômeno processual ao ambiente jurisdicional e, com isso, negar a existência de verdadeira processualidade na função administrativa. Em decorrência, restaria modulada para o âmbito administrativo a ocorrência de marcha eminentemente procedimental tendente à conclusão de atos administrativos.

Odete Medauar explana a questão apontando as justificativas havidas para que, em descompasso com uma noção de processualidade ampliada, se vislumbre a exclusividade jurisdicional do processo e a reserva para a função administrativa do instituto/vocábulo *procedimento*.[38] Nessa linha, aponta, entre outros motivos que dificultavam a percepção do esquema processual na atividade administrativa,

[37] MEDAUAR, 2008, p. 47.

[38] Em muitos casos, chegou-se a delimitar a função administrativa como veiculadora de *mero procedimento* em sua atividade, como informa Cândido Rangel Dinamarco. Nesse sentido: DINAMARCO, Cândido Rangel. *A instrumentalidade do processo*. 5. ed. São Paulo: Malheiros, 1996. p. 70.

a precedência histórica da construção processual vinculada à jurisdição e a centralidade da noção de ato administrativo na função administrativa, sem se atentar para os momentos que o precedem e vislumbrando apenas "a garantia *a posteriori* dos direitos dos administrados, representadas pelo controle jurisdicional".[39]

Nesse quadro, é certo que a fragilidade da atuação processual administrativa facilmente trazia consigo, como válvula de escape, a revisibilidade jurisdicional das decisões tomadas em seu bojo. Mas tal revisibilidade não seria capaz de, por si, inaugurar um cenário para o regular transcurso da função administrativa e, assim, para a tomada de boas decisões administrativas em arquétipo processual.

De toda sorte, é a partir da ênfase na investigação do próprio atuar administrativo que se instaura e se difunde a ideia de processualidade nos poderes estatais, independentemente da função objetivamente exercida (jurisdicional, legislativa ou administrativa).

No campo doutrinário, Adolf Merkl, em 1927, é comumente apontado como responsável por uma originária alusão à indistinta ocorrência do fenômeno processual na presença da lei, da sentença e do ato administrativo[40], de forma a desencadear verdadeiro núcleo comum de processualidade nas atuações estatais. De acordo com o jurista austríaco, a função de administrar, como todo obrar humano consciente, distingue um caminho e uma meta[41], sendo certo que os atos administrativos representam metas que não podem ser alcançadas senão por determinados caminhos.[42]

Ainda em tal quadrante, é nítida a noção de Merkl ao estabelecer que o direito processual administrativo representaria, pois, um caso particular do direito processual geral, eis que, na expressão do autor, constituem direito processual todos os elementos do ordenamento jurídico total que regulam a via de produção de atos jurídicos a base de outros atos, ou, em termos tradicionais, a partir da aplicação de preceitos jurídicos.[43]

Em sentido análogo – e nesse trilhar histórico –, o jurista italiano Feliciano Benvenuti destaca a relação entre o exercício de função administrativa, o proce-

[39] MEDAUAR, 2008, p. 19.

[40] MERKL, Adolf. *Teoría general del derecho administrativo*. México: Nacional, 1980. p. 278.

[41] Em específico, Merkl alude a um *fieri* e um *factum*. Ao analisar o binômio apresentado por Merkl, Odete Medauar o identifica a 'algo que está se realizando e algo realizado', 'a um fazer e o feito', 'ao operar e ao resultado da operação'. A partir disso, indica que "a processualidade exprime o vir a ser de um fenômeno, o momento em que algo está se realizando. No âmbito do Direito, quando existe esse período em que atuações evoluem, sobressai uma situação dinâmica, e, portanto, uma situação de vínculos processuais. A processualidade denota, assim, o aspecto dinâmico de um fenômeno que vai se concretizando em muitos pontos no tempo" (MEDAUAR, 2008, p. 28).

[42] MERKL, 1980, p. 279.

[43] MERKL, 1980, p. 281.

dimento e o processo (vistos, por ora, em termos amplos de processualidade). Para tal, indica que a função, em seu exercício, seria o momento de diferenciação, individualização e concretização do poder em ato, isto é, a atuação, o caminho ou a modificação jurídica abstratamente preordenada de poder em ato concreto.[44]

Assim, pois, ter-se-ia o processo como uma das vias de atuação e expressão da função administrativa, a implicar a aplicação de normas gerais de processo também ao processo administrativo, já que processo e função, nesse sentido, são inseparáveis na medida em que representam o aspecto formal e material do fenômeno de exercício no tempo de um poder.[45]

Ainda no patamar internacional, importante é o trabalho de Alberto Xavier na investigação do processo como fenômeno geral do Direito, relacionando-o, pois, às funções do Estado em torno de uma noção ampla da processualidade. O autor português, também com base na já citada obra do italiano Feliciano Benvenuti, aponta a nítida existência de distintos quadros processuais dependentes da natureza da função em que situados (jurisdicional, administrativa ou legislativa).

Com isso, Alberto Xavier evidencia o caráter instrumental do processo a partir da função exercida e de sua adequação aos fins ou interesses que tem por objetivo realizar, afirmando, por derradeiro, que

> o processo é uma via jurídica pela qual se procura garantir uma correta formação e expressão de uma vontade funcional; e que, por outro lado, a função é a atividade pela qual um certo poder se concretiza num ato. Processo e função são dois aspectos da mesma realidade, e ambos os conceitos têm como elemento essencial a vontade ou o ato. Logo, é racional que se caracterize a função e o processo respectivo pela natureza do ato a cuja produção se destinam: a função e o processo legislativo têm por fim a prática de atos de criação do Direito; as funções e os processos jurisdicionais e administrativos têm por fim a aplicação do Direito, respectivamente através de atos jurisdicionais e administrativos.[46]

Repercutindo e sintetizando o ambiente português, Diogo Freitas do Amaral aponta a discussão havida acerca da natureza processual do agir administrativo.[47]

[44] BENVENUTI, Feliciano. Funzione amministrativa, procedimento, processo. *Rivista trimestrale di diritto pubblico*. 1952. p. 121.

[45] BENVENUTI, 1952, p. 121 e ss.

[46] XAVIER, Alberto. *Do procedimento administrativo*. São Paulo: Bushatsky, 1976. p. 30.

[47] Sem negar a natureza processual do agir administrativo, conforme será visto, o autor enuncia que "durante muitos anos a terminologia prevalecente em Portugal foi a de 'processo administrativo gracioso' (expressão oriunda da época em que os súbditos solicitavam ao Rei a *graça*, ou favor, de lhes conceder certos direitos ou mercês); hoje, porém, a designação mais correcta e adequada ao Estado de Direito parece-nos ser a de *procedimento administrativo*". Vide: AMARAL, Diogo Freitas de. *Curso de direito administrativo*. 2. ed. vol. II. Coimbra: Almedina, 2011. p. 323. Alberto Xavier

Em tal seara, a dúvida consiste em saber se há ou não verdadeiro processo, em sentido técnico, na atividade administrativa.

Diante disso – e ainda de acordo com o administrativista português –, duas são as teses levantadas: a processualista (preconizada por Marcello Caetano, Marques Guedes, Rui Machete e Alberto Xavier) e a antiprocessualista (perfilhada por Afonso Queiró e Rogério Soares).[48] Aderindo à primeira concepção, Diogo Freitas do Amaral revela que "sempre que a lei pretenda disciplinar a manifestação de uma vontade funcional [...] e desde que o faça ordenando o encadeamento sequencial de actos e formalidades para obtenção de uma solução ponderada e adequada, aí teremos processo".[49]

No ambiente nacional, a questão da ampla processualidade foi trabalhada por diversos autores[50], em medidas e escalas distintas. Vale apontar, de início, a posição de Manoel de Oliveira Franco Sobrinho que, alinhado à concepção generalista de Merkl, indica "que onde existem *fins administrativos*, existe por certo evidenciação de *meios*, meios que são consequência imediata desses fins em razão do interesse público ou da administração".[51] Mais do que isso, o autor afirma que, "no caso, então, o procedimento, ou processo no significado legal ou técnico do vocábulo, está na forma pela qual a Administração realiza os seus próprios fins".[52]

Ademais – e em passagem específica acerca da matéria –, Franco Sobrinho é enfático ao dizer que "o fenômeno *procedimento como processo* é comum a todas as funções estatais, não se limitando apenas às implicações jurisdicionais-judiciárias".[53]

Mais adiante, Odete Medauar e Romeu Felipe Bacellar Filho trilham opinião análoga, com a adoção de uma processualidade ampla que, em si, abarca a processualidade inerente à função administrativa.

assim discute a temática: "A expressão *processo administrativo gracioso* [...] tem a vantagem, nos sistemas de inspiração francesa, de qualificar inequivocamente o processo administrativo frente ao processo jurisdicional que decorre perante os tribunais do contencioso administrativo. Nos sistemas de Direito Administrativo de tipo 'judiciário' já o termo não se torna necessário, ficando a realidade bem retratada pela simples expressão *processo administrativo*. O uso consagrou porém a expressão *procedimento administrativo*. Ora, desde que ela não surja teoricamente comprometida, inculcando a rejeição da natureza processual ao fenômeno em causa, não vemos razão para a rejeitar" (Xavier, 1976, p. 134).

[48] Amaral, 2011, p. 332-333.

[49] Amaral, 2011, p. 334.

[50] Cite-se, para além daqueles que serão versados no corpo principal do presente estudo, os importantes trabalhos nesse sentido de Themistocles Brandão Cavalcanti e José Cretella Júnior.

[51] Franco Sobrinho, Manoel de Oliveira. *Introdução ao direito processual administrativo*. São Paulo: Revista dos Tribunais, 1971. p. 10.

[52] Franco Sobrinho, 1971, p. 11.

[53] Franco Sobrinho, 1971, p. 97.

Em trabalho específico sobre a matéria, Odete Medauar acentua, por diversas vezes, a existência da processualidade ampla, a implicar a existência de verdadeiro núcleo comum de processualidade, a partir do qual irradiam os distintos esquemas processuais específicos da função que a processualidade traduz e do ato final a que tende.[54]

Na mesma esteira, Romeu Felipe Bacellar Filho, que imputa um caráter de identidade constitucional do fenômeno processual como subsídio para a noção de processualidade ampla. Assim, evidencia que o processo representa instrumento constitucional de atuação de todos os poderes estatais, o que enseja a formação de um núcleo constitucional comum de processualidade e, a seu lado, núcleos distintos derivados da função exercida e dos objetos debatidos.[55]

Por derradeiro, importa destacar a apropriação do fenômeno jurídico do processo, em termos amplos, pela teoria geral do processo e dentro da própria teoria geral do direito, de forma a confirmar o manejo processual no desenvolvimento da função administrativa, jurisdicional ou legislativa.[56]

1.2.2. Processo e procedimento administrativo: a processualidade administrativa

A partir da noção de processualidade ampla acima apresentada – isto é, afeta a todas as distintas funções estatais –, importa discutir aquela que se apresenta como uma de suas principais decorrências: a fenomenologia e teoria por detrás das concepções de processo e procedimento administrativo.[57] Em outras palavras,

[54] MEDAUAR, 2008, p. 27-32.

[55] BACELLAR FILHO, 2012, p. 53-57.

[56] No que toca à apropriação do fenômeno jurídico do processo por uma teoria geral do processo e, bem assim, pela teoria geral do direito, é de se destacar a recente e profunda investigação realizada por Fredie Didier Júnior sobre a matéria. Em específico – e para além da concepção da processualidade administrativa em um patamar de teoria geral do processo –, o autor indica que o processo é categoria da teoria geral do direito, sendo que o estudo do gênero é imprescindível para que se possa desmembrá-lo em espécies distintas. Assim, "o processo jurisdicional é apenas uma das espécies de processo. Há, ainda, o processo legislativo, o processo administrativo e o processo negocial. Há processos estatais (legislativo, administrativo, jurisdicional) e processos não estatais (arbitral, p. ex.). Há processos jurisdicionais (estatal e arbitral) e não jurisdicionais (legislativo e administrativo)". Vide: DIDIER JUNIOR, Fredie. *Sobre a teoria geral do processo, essa desconhecida.* Salvador: Juspodivm, 2012. p. 76-81.

[57] No ponto, válido mencionar algumas obras que, com profundidade, abrangem a temática da noção de processo e procedimento administrativo, fazendo o cotejo de diferentes opiniões e analisando as implicações da celeuma. Entre outras, recomenda-se: 1) BACELLAR FILHO, Romeu Felipe. *Processo administrativo disciplinar.* 3. ed. São Paulo: Saraiva, 2012; 2) MEDAUAR, Odete. *A processualidade no direito administrativo.* 2. ed. São Paulo: Revista dos Tribunais, 2008; 3) SILVA, Vasco Pereira da. *Em busca do acto administrativo perdido.* Coimbra: Almedina, 1995; 4) XAVIER, Alberto. *Do procedimento administrativo.* São Paulo: Bushatsky, 1976; 5) MARTINS, Ricardo Mar-

o que se discute, especialmente no ambiente administrativo, é uma possível concepção técnica de processo e de procedimento que aparte tais institutos, ainda que, conforme será visto, restem incluídos na noção de processualidade administrativa que se pretende instaurar para a investigação da aplicabilidade da LPAF.

Em breve síntese, o ideário geral acerca da distinção entre processo e procedimento administrativo pode ser remontado ao já citado jurista italiano Feliciano Benvenuti. De fato, é no alinhamento da função administrativa com os patamares processuais e procedimentais que Benvenuti demarca a distinção acima aludida.[58]

Para o referido autor, a atividade de cunho procedimental restaria ligada ao desenvolvimento do ato administrativo, afeta à história causal do mesmo, sendo a estrada por meio da qual o poder é concretizado em ato, como manifestação sensível da função. Com isso, a função representaria o desenvolvimento do poder para um ato, e o procedimento, por si, seria a história causal deste, marcada pela série de atos necessários para transformação do poder abstrato em ato concreto.

Assim – e em específico –, o procedimento é tido como a sucessão de atos praticados pelo mesmo sujeito a quem compete emanar o ato final, agindo tal sujeito em uma mesma direção convergente, que se alinha a seu próprio interesse. A característica desse procedimento é a identidade de interesse a ser satisfeito, ainda que haja a participação de outrem.

Diversamente, a espécie processual seria caracterizada pela intervenção, em seu desenvolvimento, de sujeitos diversos daquele que emana o ato final, em busca de interesses que não são os do próprio sujeito que emana o ato, mas sim dos próprios destinatários (sujeitos que intervêm no procedimento, *in casu*, processo).

É a partir de tal distinção, pois, que Benvenuti vislumbra a possibilidade de exercício de função administrativa pela via do processo, exemplificando a manifestação processual nos institutos do recurso administrativo hierárquico e do processo administrativo disciplinar, diante dos quais se operaria verdadeira intervenção de agentes, que não a própria Administração, em busca de interesses próprios.[59]

Em sentido análogo, Manoel de Oliveira Franco Sobrinho assim esquematiza a presente celeuma, assentando o foco na existência de controvérsia como síntese da análise disjuntiva entre procedimento e processo:

> Na distinção, entre procedimento e processo; assentam duas premissas de valor jurídico-administrativo:

condes. O conceito científico de processo administrativo. *Revista de direito administrativo*. Rio de Janeiro: Renovar, nº 235, p. 321-381, jan./mar. 2004.

[58] BENVENUTI, 1952, p. 118-145.

[59] BENVENUTI, 1952, p. 140.

> a) no procedimento, as manifestações-atos aparecem unilaterais e não se revestem, necessariamente, de expressão exterior ou de motivos que não sejam aqueles, no momento, de interesse peculiar ou mesmo exclusivo da Administração;
>
> b) no processo, há o confronto, o litígio, o anti-manifestações-atos, o desentendimento quanto a efeitos, a não concordância e a abertura recursal, colocando em choque discutidos interesses ou direitos que envolvem a Administração.
>
> Na primeira hipótese, a atuação administrativa deve acontecer dentro da normalidade que as leis e os regulamentos preveem. Na segunda, acusam-se na ordem normativa, a violação de uma regra de conduta, de um princípio, de um interesse ou de um direito.
>
> Tanto isso é correto que os procedimentos ou os atos que deles fluem, podem não gerar contestação nem provocar contendas. Conquanto, estabelecido o confronto, no processo instruído, até final decisão, os trâmites exigem, para o esclarecimento da verdade, razões e provas que levam a julgamento de justiça.[60]

Odete Medauar empreende estudo aprofundado sobre a temática em capítulo específico de sua obra[61] e aponta a noção de procedimento-gênero para representar, em sentido amplo, a passagem do poder em ato, sendo que, a partir de tal gênero, "o procedimento consiste na sucessão necessária de atos encadeados entre si que antecede e prepara um ato final"[62] e "se expressa como processo se for prevista também a cooperação de sujeitos, sob prisma contraditório".[63] Resta nítida, então, a opção da autora em relação à distinta concepção entre processo e procedimento, com a participação em contraditório denotando o fenômeno processual, ainda que se mostre defensora de uma ampla processualidade (aqui associada à possibilidade do fenômeno processual no exercício de qualquer poder estatal).[64]

Romeu Felipe Bacellar Filho também se aprofunda na discussão da temática, dedicando considerável esforço no deslinde da questão em obra que trata especificamente do processo administrativo disciplinar. Assim, após cotejar a opinião de inúmeros juristas sobre a matéria[65], apresenta as seguintes assertivas.

Em primeiro lugar, instaura a noção de procedimento como gênero. Logo, todo processo representaria procedimento, ainda que nem todo procedimento venha a implicar processo, eis que "nem sempre o exercício da competência

[60] Franco Sobrinho, 1977, p. 25.

[61] Medauar, 2008, p. 33-46.

[62] Medauar, 2008, p. 43.

[63] Medauar, 2008, p. 43.

[64] Medauar, 2008, p. 44.

[65] Bacellar Filho, 2012, p. 39-58.

administrativa envolve a atuação de interessados sob a incidência do contraditório e ampla defesa".[66]

Adiante, indica, também, a viabilidade de adoção da processualidade ampla, não sendo o processo restrito à função jurisdicional; e avança no sentido de vislumbrar um núcleo constitucional comum de processualidade, a subsidiar a consideração de que "se uma função estatal é exercida por meio de um processo – seja ela qual for ou quais sejam os objetivos a serem alcançados –, é porque nela devem estar presentes o contraditório e a ampla defesa".[67]

Assim como na acepção de Odete Medauar, as ilações de Romeu Felipe Bacellar Filho encontram guarida nos embates travados no âmbito da processualística civil, sobretudo no que diz respeito às distintas acepções de processo e procedimento dadas por Elio Fazzalari em contraponto à chamada doutrina clássica do processo civil (representada no Brasil, sobretudo, por Ada Pellegrini Grinover, Antonio Carlos de Araújo Cintra e Cândido Rangel Dinamarco).

No campo específico da processualística civil clássica, tem-se que o processo, como gênero, é o instrumento de operação da função estatal específica (no caso, jurisdicional) e o procedimento, enquanto espécie, indicaria a concatenação de atos coordenados por meio da qual se manifesta o processo, ou, como salientado por Ada Pellegrini Grinover, Antonio Carlos de Araújo Cintra e Cândido Rangel Dinamarco, o "meio extrínseco pelo qual se instaura, desenvolve-se e termina o processo".[68]

Expondo as ilações de Elio Fazzalari – que têm como suporte último, também, a órbita do processo civil –, Aroldo Plínio Gonçalves indica que o procedimento é a concatenação de atos destinados a produzir um resultado específico, isto é, um ato estatal final. A partir disso, caracteriza-se por estar regulado por uma estrutura e sequência normativa preordenada, sendo desenvolvido por uma dinâmica em que o cumprimento da atividade prevista em norma anterior é o pressuposto de incidência da norma subsequente.[69]

Por outro lado – e ainda com base nas lições de Fazzalari –, Aroldo Plínio Gonçalves informa que o processo é uma espécie de procedimento. Há processo, assim, sempre que o procedimento acima descrito realizar-se com a participação em contraditório entre os interessados que, como seus destinatários, sofrerão

[66] Bacellar Filho, 2012, p. 50-51.

[67] Bacellar Filho, 2012, p. 56.

[68] Cintra, Antonio Carlos de Araújo; Dinamarco, Cândido Rangel; Grinover, Ada Pellegrini. *Teoria geral do processo*. 19. ed. São Paulo: Malheiros, 2003. p. 177.

[69] Gonçalves, Aroldo Plínio. *Técnica processual e teoria do processo*. Rio de Janeiro: AIDE Editora, 2001. p. 111 e ss.

seus efeitos.[70] Por isso a já também clássica afirmação de Fazzalari de que processo é procedimento em contraditório.

Nesse ponto, o que se vê é que o estabelecimento do procedimento como gênero encontra fundamento tanto na processualidade administrativa como na processualística civil, especialmente a partir das lições de Fazzalari.

Retornando à seara administrativa, interessante contribuição ao debate é dada por Ricardo Marcondes Martins que, ao sustentar um conceito científico de processo aplicável à processualidade administrativa, decompõe a noção de processo em dois elementos estruturais: procedimento e relação jurídica.[71]

Nessa esteira, o procedimento administrativo representa o encadeamento de atos administrativos autônomos "ordenados de modo que cada ato seja condição de validade do ato anterior, teleologicamente vinculados para a expedição do ato administrativo conclusivo, consistente numa decisão da Administração".[72] O processo, por sua vez, coaduna a noção procedimental com a existência de relação jurídica entre a Administração e os interessados na decisão, a evidenciar "uma série de situações jurídicas instituídas em favor desses administrados, garantindo-lhes a possibilidade de influenciar na tomada de decisão".[73]

Ainda na perspectiva distintiva ora trilhada, válida é a concepção de Marçal Justen Filho que, de início, adota a perspectiva de Romeu Felipe Bacellar Filho e Odete Medauar para afirmar que o procedimento não é espécie abrangida no gênero processo, mas sim o contrário.[74] Em que pese tal fato – e certa consonância com a visão de processo como procedimento somado à controvérsia –, aspecto interessante da lição de Justen Filho reside no fato de apresentar a atribuição da noção de processo e procedimento à opção semântica que não pode ser dita certa ou errada, sendo insuscetível de juízo de reprovação.[75]

Mais do que isso, ao salientar que as expressões vocabulares não comportam qualificação de certo e errado a menos que indiquem conceitos, regimes e institutos inaplicáveis (como, por exemplo, a total identidade processual administrativa e jurisdicional), é de se destacar a alusão do autor à imposição constitucional da procedimentalização: caracterizadora do direito administrativo contemporâneo e "instrumento indispensável de controle do poder estatal e de aperfeiçoamento

[70] Gonçalves, 2001, p. 115.

[71] Martins, Ricardo Marcondes. O conceito científico de processo administrativo. *Revista de direito administrativo*. Rio de Janeiro: Renovar, nº 235, p. 321-381, jan./mar. 2004. p. 349.

[72] Martins, 2004, p. 349.

[73] Martins, 2004, p. 377.

[74] Justen Filho, 2012, p. 300.

[75] Nesse sentido, Marçal Justen Filho conclui, com apoio em Alberto Xavier, "que a disputa sobre processo ou procedimento tem natureza muito mais terminológica do que de substância" (Justen Filho, 2012, p. 300).

da atuação governamental".[76] É nesse ambiente de procedimentalização, aliás, que se vislumbra o quadro normativo da LPAF, conforme visto a seguir.

Apontando no sentido de uma indistinção terminológica capaz de subsidiar o debate entre processo e procedimento, Cotrim Neto indica que a dicotomia de nomenclatura é originada a partir de "confusão terminológica difundida pelo sistema do Contencioso-Administrativo francês".[77] Não havendo impropriedade na indistinção, o autor indica, assim, a importância de disciplina legal sobre o tema da processualidade administrativa, de forma a dotar a Administração de condições de atuação seguras no que concerne ao resguardo do interesse público que lhe compete perseguir.[78]

Por derradeiro, importa ressaltar uma série de autores que, sob outro prisma, vislumbram uma atuação processual da Administração que transpassa as distinções até aqui demarcadas. A partir de uma noção generalista e ampla de processo no ambiente administrativo – esta já apresentada desde as teses originárias de Merkl –, acabam por não erigir a distinção conceitual entre processo e procedimento como óbice para o enquadramento da função administrativa em arquétipo processual (e aqui, pois, uma segunda dimensão de processualidade administrativa em sentido amplo).

É que, em suma, a dita procedimentalização da atividade administrativa, por um lado, impossibilita as decisões imediatas e eminentemente subjetivas de autoridade; por outro, assegura o possível controle dos interessados na formação do ato estatal. Assim vista – e como se adota no presente trabalho –, a função administrativa é trilhada de forma ampla em termos de processualidade administrativa, moldada em um quadro maior: o do processo administrativo enquanto *modus procedendi* inerente à função administrativa.

De fato, ademais de uma processualidade ampla alinhada à ocorrência processual em quaisquer das funções estatais – já debatida pelos autores até então visitados –, importa falar em uma ampla processualidade sob outro viés: espraiada pelas diversas manifestações da atividade administrativa e, sobretudo, associada à cotidiana atividade decisória da Administração.

[76] Ainda no tema, Marçal Justen Filho indica que "a procedimentalização consiste na submissão das atividades administrativas à observância de procedimentos como requisito de validade das ações e omissões adotadas", representa "instrumento de controle do exercício das competências estatais", "impede a concentração decisória num ato imediato e único" e "assegura a oportunidade de manifestação para todos os potenciais interessados, a qual deverá ser promovida (em princípio) previamente a qualquer decisão". Vide: Justen Filho, 2012, p. 296.

[77] Cotrim Neto, Alberto Bittencourt. Código de processo administrativo: sua necessidade, no Brasil. *Revista de direito público*. São Paulo: Revista dos Tribunais, nº 80, p. 34-44, out./dez. 1986. p. 44.

[78] Cotrim Neto, 1986, p. 43-44.

Tal sorte de concepção ampliativa pode ser avistada já na obra de Guimarães Menegale, que concebe o processo administrativo, em termos gerais, como "a série de atos ou operações com que o administrador formula uma decisão e a executa, no sentido de realização prática de fins do Estado".[79] Assim, a processualidade abarcaria, desde então, a realização de função administrativa, "que parte da formulação da vontade administrativa e vai até à sua execução, inserindo a controvérsia com o administrado como incidente de seu desenvolvimento".[80]

Em tom assemelhado, Maria Sylvia Zanella Di Pietro descreve a utilização da expressão processo administrativo sob quatro vieses distintos: 1) com o sentido físico e documental; 2) alusivo ao processo disciplinar (punitivo); 3) em sentido mais amplo, designando o conjunto de atos coordenados para a solução de uma controvérsia no âmbito administrativo; 4) e, como nem todo processo administrativo envolve controvérsia, fala-se em um sentido ainda mais amplo, a abranger a série de atos preparatórios de uma decisão final da Administração.[81]

Em complemento, a autora entende que, tanto os processos que envolvam solução de controvérsia quanto aqueles que resultem em decisão por parte da Administração, comportam, pelo menos, três fases distintas: 1) instauração – de ofício ou mediante requerimento do interessado; 2) instrução – oficial, a abranger a participação em contraditório; 3) decisão – emitida de acordo com o prazo legal estipulado.[82]

Caminha no mesmo sentido a acepção processual administrativa formulada por Sérgio Ferraz e Adilson de Abreu Dallari, ainda que reconhecendo uma atomização possível dentro do fenômeno processual, a indicar a espécie pro-

[79] MENEGALE, J. Guimarães. *Direito administrativo e ciência da administração.* 3. ed. Rio de Janeiro: Borsói, 1957. p. 488.

[80] MENEGALE, 1957, p. 490. Nesse quadro, Guimarães Menegale aponta a necessidade de estruturar o processo administrativo com tríplice finalidade: 1) restringir as possibilidades de arbítrio; 2) conferir democraticamente, no que for aplicável, as garantias que, em política, lhe correspondem; 3) padronizar juridicamente a atividade da administração pública, de modo a evitar controvérsias, que não lhe são de vantagem, e acrescer-lhe a eficiência. Alude o autor, ainda, que o processo administrativo opera por duas ordens: processo técnico e processo jurídico. O primeiro, decisório, manejado no ambiente administrativo a fim de definir a atividade administrativa a ser desempenhada; no segundo, executório, a vontade do administrador encontra-se com a vontade dos administrados, surgindo a relação jurídica. Nesse sentido: MENEGALE, 1957, p. 486-491.

[81] DI PIETRO, Maria Sylvia Zanella. *Direito administrativo.* 24. ed. São Paulo: Atlas, 2011b. p. 622-623.

[82] DI PIETRO, 2011b, p. 623. No mesmo sentido, veja-se: DI PIETRO, Maria Sylvia Zanella. A lei de processo administrativo: sua ideia motriz e âmbito de aplicação. In: MORAES FILHO, Marco Antonio Praxedes de; NOHARA, Irene Patrícia (Orgs.). *Processo administrativo*: temas polêmicos da Lei nº 9.784/99. São Paulo: Atlas, 2011a. p. 197.

cedimental e processual.[83] De qualquer sorte, os autores debatem o fenômeno processual administrativo de forma a "indicar, a um só tempo, o *iter* que leva à formulação e exteriorização da vontade administrativa e a relação jurídica que as emoldura".[84] Assim, trabalham a ampla processualidade de forma a abarcar as indistintas manifestações da função administrativa, eis que a

> a fórmula 'processo administrativo' traduz uma série de atos, lógica e juridicamente concatenados, dispostos com o propósito de ensejar a manifestação de vontade da Administração. Múltiplas serão as faces de tal manifestação. Assim, tanto poderá ser ela a formulação de uma política administrativa, quanto a dirimência de um litígio. Pouco importa: no campo da licitude, apenas os atos instantâneos ou urgentíssimos (*v.g.*, extinção de um incêndio, prevenção de um desabamento iminente) ou os não--imediatamente conectados a uma volição (*v.g.*, a passagem de um sinal luminoso do amarelo para o vermelho) independem de prévia processualização. Fora daí, administração e processo administrativo serão conceitos sinônimos.[85]

Trabalhando com a acepção de função administrativa e de relação jurídica, Egon Bockmann Moreira[86] informa a insuficiência da utilização da litigiosidade e/ou caráter acusatório para diferenciar processo e procedimento. Diante disso – e defendendo ideia paralela à do direito processual geral –, relata que o processo traz consigo a noção de relação jurídica, e o procedimento, em si, designa a sequência de atos nela contida.[87]

Transpondo tal noção para o direito administrativo, eis a lúcida expressão do autor, em transcrição integral:

> [...] há duas espécies de exercício das atividades administrativas, expressadas em duas locuções, pertinentes a um mesmo regime jurídico-administrativo: 'função administrativa' e 'relação jurídico-administrativa'. Não são termos opostos, mas continente e conteúdo (parcial). A função administrativa pode ser exercitada pontual e internamente à Administração, mas a relação jurídico-administrativa é caracterizada pela

[83] DALLARI, Adilson Abreu; FERRAZ, Sérgio. *Processo administrativo*. São Paulo: Malheiros, 2001. p. 32.

[84] DALLARI; FERRAZ, 2001, p. 36. Ainda na visão dos autores, "muito mais que um *iter* para a produção dos atos administrativos, o processo administrativo é um instrumento de garantia dos administrados em face de outros administrados e, sobretudo, da própria Administração" (DALLARI; FERRAZ, 2001, p. 25).

[85] DALLARI; FERRAZ, 2001, p. 25.

[86] Veja-se, de todo modo, que a visão do autor é trabalhada de forma semelhante por Ricardo Marcondes Martins, conforme já exposto. De toda sorte, as ilações de Egon Bockmann Moreira são distintas das posteriormente manejadas por aquele autor.

[87] MOREIRA, Egon Bockmann. *Processo Administrativo*: princípios constitucionais e a lei 9.784/99. 3. ed. São Paulo: Malheiros Editores, 2007. p. 54-55.

conexão natural que existe entre dois ou mais sujeitos (públicos e privados). Ora, se o termo 'processo' designa inequivocamente uma relação jurídica, sempre que houver tal relação haverá processo. Caso contrário é exercício natural da função administrativa.[88]

Todo modo, ainda que o autor indique que o exercício da função administrativa corresponderia ao procedimento, resta claro que, ao final, encara o processo administrativo de forma a abranger, em sentido amplo e com o mesmo regime jurídico[89], o conteúdo da função e da relação jurídico-administrativa, uma vez que o processo pode ser encarado sob duas ópticas:

(a) rito e sequência de atos meramente formais, a serem obedecidos pelos agentes, sem qualquer finalidade substancial; e

(b) instrumento de garantia e satisfação dos direitos e interesses (individuais e coletivos) celebrados na Constituição e leis infraconstitucionais. Essa segunda visão – que não descarta, mas contém a primeira – parece-nos a única que deve ser prestigiada pela ciência do Direito.[90]

Finalizando os embates acerca de processo e procedimento, impende alçar e destacar a perspectiva decisória e finalística de Carlos Ari Sundfeld quando discute o ambiente de uma lei geral de processo administrativo.

Para referido autor, não se pode imaginar uma lei de processo administrativo regulando apenas os chamados 'processos administrativos em sentido estrito', mas sim abarcando "toda a atividade decisória da Administração, sem exceções, independentemente do modo como ela se expressa".[91] É que, na Administração Pública – e no exercício de função administrativa –, decidir é fazer processos, isto é: "toda a atividade decisória é condicionada por princípios e regras de índole processual".[92]

Mais do que isso, Carlos Ari Sundfeld aponta para o fato de que a valorização dos aspectos adjetivos do ato administrativo pelo Direito e pela doutrina em geral acaba por induzir, em definitivo, o reconhecimento de que o poder decisório da Administração "suscita o estabelecimento de relações jurídicas tipicamente

[88] Moreira, 2007, p. 55.

[89] Em certa passagem, Egon Bockmann Moreira assim explicita: "O conjunto de princípios vinculado exclusivamente ao 'procedimento' está contido no feixe caracterizador do 'processo'. Isso porque o procedimento é essencial ao processo" (Moreira, 2007, p. 54).

[90] Moreira, 2007, p. 74.

[91] Sundfeld, 2006, p. 19.

[92] Sundfeld, 2006, p. 19.

processuais envolvendo os seus agentes e os sujeitos a serem atingidos por essas decisões".[93]

Em termos jurídico-positivos – e assentando a perspectiva decisória acima exposta –, a Lei de Processo Administrativo do Município de São Paulo (Lei Municipal nº 14.141/2006) é expressa ao definir o objeto de sua regulamentação, ou seja, o próprio processo administrativo, como "todo conjunto de documentos, ainda que não autuados, que exijam decisão" (art. 1º, § 1º, II).

É assim, pois, que se vislumbra a natureza processual ampla da atividade administrativa (realização de função administrativa), eis que, independentemente de se ter o litígio ou a controvérsia como fator fundante, o próprio exercício de função administrativa em caráter decisório demarca a atuação administrativa em nítido arquétipo processual.[94]

De qualquer sorte – e tendo em vista o que até aqui debatido –, toma-se como base, a partir de então, uma dúplice constatação acerca da processualidade administrativa: ora vislumbrada enquanto processualidade relacional, de caráter mais restrito e indicando a necessária incidência da participação em contraditório; ora enquanto processualidade funcional, mais ampla e a indicar o exercício natural da função administrativa em cotidiana atividade decisória.

De fato, muito mais do que a fixação de um regular transcurso da atuação administrativa decisória (processualidade funcional) ou da regulamentação da participação em contraditório na esfera administrativa (processualidade relacional), é certo que as leis de processo administrativo prestam-se à determinação e orientação principiológica de toda a conduta da Administração. Nesse contexto, estipulam e instrumentalizam os pressupostos dos atos administrativos em seu sentido mais amplo, determinando patamares de instauração, instrução e decisão relativos à formação e posterior execução da vontade funcional da Administração Pública.[95]

[93] Sundfeld, 2006, p. 33-34.

[94] Ainda que vislumbre e demarque uma distinção entre processo e procedimento nos moldes já apresentados (procedimento como gênero do qual o processo é espécie, na medida em que incidente o contraditório), Marcia Maria Tamburini Porto Saraiva aponta que "no âmbito da Administração Pública, é bem verdade, a processualidade não se faz presente apenas nas situações contenciosas, sendo possível vislumbrá-la na edição de qualquer espécie de ato". Vide: Saraiva, Márcia Maria Tamburini Porto. *A lei federal nº 9.784/99*: base para uma codificação nacional de um direito processual administrativo? Rio de Janeiro: Lumen Juris, 2005. p. 120.

[95] Adilson Abreu Dallari aponta, com base em Carlos Ari Sundfeld, que a vontade funcional da Administração Pública é canalizada em um processo, a fim de garantir que sua expressão em ato final não seja empolgada pela vontade do agente, mas signifique uma vontade equilibrada, esclarecida, racional, objetiva e imparcial. Nesse sentido: Dallari, Adilson Abreu. Processo administrativo como instrumento de segurança jurídica. In: Menezes De Almeida, Fernando Dias; Marques Neto, Floriano de Azevedo; Marrara, Thiago; Nohara, Irene Patrícia (Orgs.). *Direito e administração*

Este, pois, o objeto maior da processualidade administrativa, a conjugar, na forma acima exposta, tanto a processualidade relacional quanto a processualidade funcional. É o que ocorre, por exemplo, no corpo e na estrutura da LPAF, que, enquanto fonte normativa a ser investigada, traz consigo não apenas normas técnica e estritamente processuais, mas sim um quadro amplo de ordenação da atuação administrativa com princípios e regras processuais e não processuais.

Processo e procedimento administrativo, assim, hão de ser debatidos sob o prisma da processualidade ampla aqui demarcada, eis que, ainda que se leve em conta a posição daqueles que denotam regime diferenciado a partir de tais institutos, a nota eventual de conflituosidade não é capaz de afastar a necessária processualização da atividade administrativa.[96]

Concorda-se, pois, com Paulo Ferreira da Cunha, ainda que referido estudioso adote a figura do procedimento como expressão daquilo que ora denominamos processo, em termos amplos. É que, para o referido autor – e com inegável acerto e perspicácia –,

> a discussão acerca da noção de procedimento poderia ocupar-nos indefinidamente. Contudo, o bom senso dos juristas práticos aconselharia a podar excrescências nocivas e inúteis. De resto, todo o jurista necessita de ter presente a prática, a realidade, mesmo no mais elaborado do seu conceptualismo.
>
> Não se tratará, aqui, portanto, da polêmica terminológica e de sentido. Aliás, e sendo certo que não haveríamos de inventar um *tertium genus* que eventualmente 'desempatasse' a polêmica, permitir-nos-íamos, com o devido respeito, solicitar aos adeptos da designação alternativa que tivessem a bondade de, onde se lê 'procedimento', substituírem mentalmente essa expressão por designação mais do seu agrado.[97]

Passa-se, por ora, à análise da processualidade administrativa aqui definida no arcabouço normativo nacional (constitucional e legal), o que se faz em função do quadro normativo geral estabelecido pela LPAF.

pública: estudos em homenagem a Maria Sylvia Zanella Di Pietro. São Paulo: Atlas, 2013. p. 687.

[96] Veja-se que o assunto da necessária processualização da atividade administrativa será retomado adiante quando da análise da posição adotada neste trabalho acerca da extensão da Lei Federal nº 9.784/99 para os entes subnacionais. Em suma, retomar-se-á o tema sob o prisma do chamado devido procedimento equitativo, a ser oportunamente minudenciado.

[97] CUNHA, Paulo Ferreira da. *O procedimento administrativo*. Coimbra: Almedina, 1987. p. 60.

1.3. O quadro normativo da Lei Federal nº 9.784/99

O status constitucional do processo administrativo no Brasil, em si, não é novidade trazida pela atual Constituição de 5/10/1988. De fato, a Constituição pretérita[98] já fazia alusão ao processo administrativo, em seu viés notadamente defensivo, quando instaurava as hipóteses de demissão de membros do Ministério Público (art. 95, § 1º) e de funcionários públicos em geral (art. 105, II).[99]

Mais do que isso – e como reforço histórico ao que se pretende debater –, é possível vislumbrar em duas de nossas Constituições passadas uma nítida menção à processualidade administrativa no que concerne especificamente à agilidade de tramitação dos expedientes no âmbito administrativo.[100] É o caso, por exemplo, do art. 141, § 36, I, da Constituição dos Estados Unidos do Brasil de 18/9/1946[101] e do art. 113, 35, da Constituição da República dos Estados Unidos do Brasil de 16/7/1934.[102]

Em que pese o que até aqui exposto – e, sobretudo, as injunções de rapidez e agilidade na tramitação de feitos acima expostas –, é inegável que se reconheça nas menções constitucionais à processualidade uma expressiva vinculação ao processo disciplinar, a implicar visão reducionista.[103]

[98] Adota-se aqui, como Constituição anterior à de 1988, o quadro jurídico-normativo fundado a partir da edição da Emenda Constitucional nº 1, de 17/10/1969, sobre a Constituição de 1967.

[99] De igual maneira, a Constituição de 1946 alinhava o processo administrativo ao regime disciplinar dos membros do Ministério Público (art. 127). Assim é que Romeu Felipe Bacellar Filho aduz que "o 'processo administrativo' ingressou nos textos constitucionais mediante a consagração de um regime processual disciplinador da perda do cargo dos servidores públicos" (BACELLAR FILHO, 2012, p. 58).

[100] E veja-se, aqui, um nítido antecedente constitucional do hoje legitimamente proclamado direito fundamental à razoável duração do processo administrativo, instaurado a partir da Emenda Constitucional nº 45/2004 como inciso LXXVIII do art. 5º da CF/88.

[101] Art 141 – A Constituição assegura aos brasileiros e aos estrangeiros residentes no País a inviolabilidade dos direitos concernentes à vida, à liberdade, a segurança individual e à propriedade, nos termos seguintes: §36 – A lei assegurará: I – o rápido andamento dos processos nas repartições públicas;

[102] Art 113 – A Constituição assegura a brasileiros e a estrangeiros residentes no País a inviolabilidade dos direitos concernentes à liberdade, à subsistência, à segurança individual e à propriedade, nos termos seguintes: 35) A lei assegurará o rápido andamento dos processos nas repartições públicas, a comunicação aos interessados dos despachos proferidos, assim como das informações a que estes se refiram, e a expedição das certidões requeridas para a defesa de direitos individuais, ou para esclarecimento dos cidadãos acerca dos negócios públicos, ressalvados, quanto às últimas, os casos em que o interesse público imponha segredo, ou reserva.

[103] MEDAUAR, Odete. Bases do processo administrativo. In: MEDAUAR, Odete (Org.). *Processo administrativo*: aspectos atuais. São Paulo: Cultural Paulista, 1998. p. 12. Sobre o apego inicial da processualidade administrativa ao processo disciplinar, interessante é o chamado de Guimarães Menegale, ainda sob a égide da Constituição de 1946: "Ao elaborar-se uma teoria do processo

Diante de tal quadro – e conforme já versado no presente estudo –, é no bojo da Constituição Federal de 1988 que se vislumbra uma ultrapassagem do viés eminentemente disciplinar no campo processual administrativo, na medida em que a positivação expressa do processo administrativo no art. 5º, LV, da CF/88, em leitura cruzada com o anterior inciso LIV do mesmo artigo, acaba por instaurar genuína cláusula de devido processo legal para a Administração, no sentido de instrumentalizar a maneira ou forma ideal de agir administrativo em relação aos fins manejados pela Administração e aos administrados.

Irradia de tais dispositivos, em específico, verdadeiro mandamento geral de juridicidade para a Administração Pública, a informar não apenas as atuações processuais em sentido estrito (processualidade relacional). É que o devido processo legal administrativo, como imperativo constitucional a partir da conjugação do que dispõem os incisos LIV e LV do art. 5º da CF/88, lança luzes sobre todas as manifestações do exercício de função administrativa (a incluir a aqui aludida processualidade funcional), atingindo tanto a forma quanto o conteúdo das decisões administrativas em geral.[104]

Assim – e de acordo com Cármen Lúcia Antunes Rocha –,

> o devido processo legal administrativo compreende mesmo os princípios que informam a feitura do ato administrativo, tais como o da razoabilidade e da proporcionalidade, de tal modo que ele não traz apenas a principiologia do processo, mas extrapola a forma e compromete a substância do provimento administrativo. Afinal, o que é reto e justo constitui a essência da legitimidade de qualquer comportamento, seja ele havido numa relação ou num ato administrativo unilateral. [...] O que é certo é que a cláusula do devido processo legal, em sua concepção substantiva e não apenas formal, integra a principiologia que informa a atividade administrativa de qualquer entidade e de qualquer dos ramos do Poder Público.[105]

É certo, pois, que a atmosfera constitucional acima referida – para além dos próprios dispositivos processuais administrativos positivados[106] – indica uma tendência de processualização, em sentido amplo, da atividade administrativa, de modo a configurar o processo administrativo, agora sim, como veículo para a concretização de pautas e valores fundamentais constitucionais a partir da Administração, legitimando a própria ação estatal.

administrativo, importa escoimá-la da noção parcial e restritiva de direito disciplinar, quer dos funcionários, quer mesmo dos infratores" (Menegale, 1957, p. 488).

[104] Rocha, 1997, p. 205.

[105] Rocha, 1997, p. 205-206.

[106] Para uma conferência das menções constitucionais e legais à processualidade administrativa, veja-se: Medauar, 2008, p. 45-46.

Chega-se, então, ao ambiente propício para um tratamento sistematizado da processualidade administrativa, ainda que caracteres específicos de tal expressão jurídica já se encontrassem reunidos em corpos legislativos próprios.[107]

Assim, em que pese o fato de não se pretender adentrar na celeuma relativa às codificações jurídicas[108] – e abstraindo-se, por ora, das questões subjacentes à competência para regulamentação do processo administrativo, que serão discutidas em Capítulo próprio –, é de se notar que a experiência brasileira houve por retardar a edição de um código de processo administrativo, a representar verdadeira lei geral sobre a matéria como aqui se expõe.

De toda sorte, muito embora a matéria da referida codificação já viesse sendo tratada há algum tempo no Brasil[109], somente com o advento da Constituição de 1988 é que se instaura, como visto, uma base constitucional ampliada para a processualidade, abrangendo, longe de dúvidas, as atividades de cunho processual desempenhadas no âmbito da jurisdição, da legislação e da administração.

É nesse contexto, pois, que se iniciam as discussões acerca de uma normatividade processual administrativa capaz de irradiar seus preceitos, em perspectiva unitária, ao complexo rol de atuações da Administração (função administrativa), em leitura cruzada com a atuação processual unitária referente às funções jurisdicional e legislativa.

Para os fins do presente trabalho, importa ressaltar a edição da Lei de Processo Administrativo Federal (LPAF – Lei Federal nº 9.784/99) como uma das

[107] Exemplos notórios são as disposições relativas ao processo administrativo disciplinar de servidores públicos encartadas em seus respectivos estatutos e, ademais, as disposições concernentes aos processos licitatórios, que de há muito encontravam sistematização legal em diplomas próprios.

[108] Para tal sorte de análise, abrangendo as codificações em geral, no direito administrativo e no processo administrativo, veja-se: CUNHA, Bruno Santos. Aplicação da lei federal de processo administrativo (Lei Federal nº 9.784/99) a entes subnacionais: uma codificação nacional às avessas? *A&C – Revista de direito administrativo e constitucional.* Belo Horizonte: Fórum, ano 11, nº 45, p. 213-228, jul./set. 2011. p. 214-218.

[109] Em apertada síntese – e no tocante às experiências pioneiras no âmbito nacional –, vale apontar a insistência de Themistocles Cavalcanti na edição de uma lei de processo administrativo. Em termos de documentos enviados ao legislativo, impende ressaltar os Projetos nº 1.419 e 1.491, ambos de junho de 1956, disciplinando, respectivamente, as normas gerais de procedimento no inquérito administrativo e o procedimento normativo no recurso administrativo. No entanto, e no dizer de Manoel de Oliveira Franco Sobrinho, "não estava o legislativo federal brasileiro preparado para receber e completar um trabalho de unidade, tão grande se faziam os interesses locais, tão enormes eram os interesses da política sectária, tão demorados os trabalhos de aferição do mérito dos projetos e das proposições apresentadas" (FRANCO SOBRINHO, 1971, p. 64-65).

precursoras[110] no tratamento da matéria após a Constituição de 1988, indicando tendência já alastrada pelos mais variados entes da federação brasileira.

Como já visto acima – e focando-se, por ora, no ambiente federal –, a LPAF não se limita às tratativas do processo administrativo em sentido estrito, eis que abrange a já pontuada processualidade administrativa relacional, de caráter mais restrito e indicando a necessária incidência da participação em contraditório, e a processualidade funcional, mais ampla e a indicar o exercício natural da função administrativa em cotidiana atividade decisória. Mais do que isso – e enquanto fonte normativa –, traz um quadro amplo de ordenação da atuação administrativa com princípios e regras processuais e não processuais.

É nesse tom, pois, que surge válida a menção esclarecedora de Maria Sylvia Zanella Di Pietro acerca do âmbito de aplicação da LPAF. Questionando-se sobre o alcance da referida lei somente aos processos litigiosos ou a todos os tipos de processos que tramitam perante a Administração Pública e, ademais, levando em consideração as distintas acepções havidas entre processo e procedimento, a autora coloca-se "entre os que utilizam a expressão processo administrativo em sentido bem amplo, para abranger o conjunto de atos coordenados que levam a uma decisão final; nesse sentido, abrangem-se, com a expressão, todos os tipos de processos, litigiosos ou não".[111]

Assim, a LPAF é tida como verdadeira ordenadora, em sentido ampliado, da marcha de atuação administrativa, pautando requisitos mínimos para instauração, instrução e decisão relativos à formação e posterior execução da vontade funcional da Administração Pública. Em síntese, regulamenta o *modus operandi* da função administrativa, tutelando a consecução das finalidades da ação administrativa.

Em outras palavras, é de ver-se que a LPAF cuida da regulamentação do modo de execução das tarefas públicas, com uma missão que não se limita ao preenchimento de condições formais de atuação administrativa (exigências de legalidade formal), mas também condições de índole material alinhadas ao interesse público e à própria conformação constitucional da função administrativa.[112]

[110] É de se ressaltar, ao lado da lei federal, a edição da Lei nº 10.177/98, do Estado de São Paulo, anterior à normativa federal geral e fruto de comissão formada em 1990 sob a presidência de Carlos Ari Sundfeld. Assim, embora a lei federal seja posterior (de 29 de janeiro de 1999, com vigência a partir de 1º de fevereiro do mesmo ano), sua vigência se deu antes da lei paulista, que somente veio a produzir seus efeitos em 1/5/99.

[111] Di Pietro, 2011a, p. 197.

[112] Gonçalves, Pedro. *Entidades privadas com poderes públicos*: o exercício de poderes públicos de autoridade por entidades privadas com funções administrativas. Coimbra: Almedina, 2005. p. 463-464.

Trata-se, pois, de verdadeiro diploma instaurador dos princípios gerais da atuação administrativa, que busca, entre outras finalidades: a) disciplinar a organização e o funcionamento da Administração Pública, procurando racionalizar suas atividades; b) regular a formação de sua vontade, de forma que sejam tomadas decisões justas, legais, úteis e oportunas, legitimando o exercício de função administrativa; c) assegurar a informação dos interessados e a sua participação na formação das decisões que lhes digam respeito; d) garantir a transparência da ação administrativa e o respeito pelos direitos e interesses legítimos dos cidadãos; e) evitar a burocratização e aproximar a Administração de seus destinatários; f) ampliar a possibilidade e o espectro de controle da atuação administrativa, dando-lhe conformação constitucional adequada.[113]

De fato – e na linha da Márcia Maria Tamburini Porto Saraiva –, o que a LPAF fez foi proteger, por intermédio do processo administrativo, a relação havida entre Administração e administrado de pressões ilegítimas ou de arranjos comprometedores do interesse público. Assim, pretendeu-se assegurar aos destinatários em geral da atuação administrativa as mesmas garantias de juridicidade ou a mesma aplicação justa do direito administrativo material.[114]

1.4. Sinopse conclusiva do Capítulo

1. A trajetória recente da Administração Pública, a partir de pautas constitucionais democráticas e humanistas, é informada por uma clara necessidade de alinhamento e de atenção aos direitos fundamentais dos cidadãos. Instaura-se, pois, a centralidade do cidadão e do atendimento aos seus direitos como base fundamental do Direito, o que se irradia, por certo, ao Direito Administrativo.

2. A par da construção inicial do Direito Administrativo alinhada ao Estado-Polícia, que impunha normas aos indivíduos e que a elas não se submetia, é de ver-se que a centralidade do cidadão acima aludida invoca, agora, uma atuação administrativa pautada pela consecução do interesse público, em atenção à eficiência e aos resultados, o que evidencia verdadeiro direito fundamental à boa administração pública.

3. Esse novel modelo de Administração é informado e contextualizado no âmbito do chamado "Estado em rede" e da "governança pública", o que traz as noções de contratualização e procedimentalização para a atividade administrativa. Em específico, a procedimentalização, alinhada ao devido processo legal no ambiente admi-

[113] Vide Sumário da aprovação do Código de Procedimento Administrativo de Portugal (aprovado pelo Decreto-Lei nº 442/91 e com suas alterações posteriores), cujos objetivos fundamentais são análogos aos da LPAF.

[114] Saraiva, 2005, p. 128-129.

nistrativo, implica a adoção de mecanismos de controle e legitimação do poder, de realização da democracia, e de aperfeiçoamento da atividade estatal.

4. Nesse quadro, ganha relevo o instrumental do processo administrativo como mecanismo democrático para concretização do direito e, bem assim, como veículo de legitimação do poder estatal, dando suporte às manifestações da vontade funcional da Administração.

5. A ampliação do espaço do processo administrativo é fruto, sobretudo, da: a) reivindicação de democracia administrativa; b) diminuição da distância entre o Estado e a sociedade; c) uso crescente, pela Administração, de instrumentos contratuais e a adoção de medidas consensuais e negociadas; d) proteção e operação de direitos fundamentais a partir da Administração; e) melhoria na relação entre Administração e particulares, com a garantia de direitos antes da tomada de decisões; f) busca de eficiência e resultados a partir da legitimação da atuação estatal.

6. A noção inicial de processo administrativo é permeada pela dicotomia instaurada com o contencioso administrativo francês, a partir do qual a processualidade administrativa restaria afeta à justiça administrativa, ao passo que a Administração realizaria, em sua operação cotidiana, o manejo de mero procedimento. Em vista de tal contexto, haveria o condicionamento da atividade processual à função jurisdicional.

7. Em uma perspectiva ampliativa da processualidade em termos gerais – que pode ser inicialmente vislumbrada com Merkl –, é certo que a ênfase na investigação do próprio atuar administrativo instaura e difunde a ideia de processualidade em todos os poderes estatais, independentemente da função objetivamente exercida (jurisdicional, legislativa ou administrativa). Aponta-se, pois, para uma indistinta ocorrência do fenômeno processual na presença da lei, da sentença e do ato administrativo.

8. Evidencia-se, a partir de então, uma identidade constitucional do fenômeno processual como subsídio para a noção de processualidade ampla, eis que o processo representa instrumento constitucional de atuação de todos os poderes estatais, o que enseja a formação de um núcleo constitucional comum de processualidade e, a seu lado, núcleos distintos derivados da função exercida e dos objetos debatidos.

9. Especificamente no tocante à processualidade administrativa, a distinção entre processo e procedimento é trilhada, em linhas gerais, a partir do estabele-

cimento do procedimento como um gênero que representa a passagem do poder em ato.

10. A partir de tal gênero, a espécie procedimento é dada com a sucessão necessária de atos encadeados que antecedem e preparam um ato final (procedimento como exercício de função administrativa – processualidade funcional); surgiria o processo se tal exercício envolve a atuação de interessados sob a incidência do contraditório (processo como relação jurídico-administrativa – processualidade relacional).

11. Além da concepção disjuntiva entre processo e procedimento acima exposta, importa salientar uma perspectiva ampliativa da processualidade administrativa que instaura a ocorrência do fenômeno processual nas diversas manifestações da atividade administrativa, restando associado à cotidiana atividade decisória da Administração.

12. Diante disso, a processualidade administrativa indicaria, a um só tempo, o *iter* que leva à formulação e exteriorização da vontade funcional administrativa e a relação jurídica que a emoldura, eis que toda a atividade decisória da Administração é condicionada por princípios e regras de índole processual.

13. Processo e procedimento administrativo, assim, hão de ser debatidos sob o prisma da processualidade ampla aqui demarcada, eis que, ainda que se leve em conta a posição daqueles que denotam regime diferenciado a partir de tais institutos, a nota eventual de conflituosidade não é capaz de afastar a necessária processualização da atividade administrativa em geral.

14. É assim, pois, que se vislumbra a natureza processual ampla da atividade administrativa (realização de função administrativa), eis que, independentemente de se ter o litígio ou a controvérsia como fator fundante, o próprio exercício de função administrativa em caráter decisório demarca a atuação administrativa em nítido arquétipo processual, na medida em que representa o *modus procedendi* inerente à função administrativa.

15. De qualquer sorte, toma-se como base, a partir de então, uma dúplice constatação acerca da processualidade administrativa: ora vislumbrada enquanto processualidade relacional, de caráter mais restrito e indicando a necessária incidência da participação em contraditório; ora enquanto processualidade funcional, mais ampla e a indicar o exercício natural da função administrativa em cotidiana atividade decisória.

16. Independentemente da concepção adotada, é certo que o devido processo legal administrativo, como imperativo constitucional a partir da conjugação do que dispõem os incisos LIV e LV do art. 5º da CF/88, lança luzes sobre todas as manifestações do exercício de função administrativa, atingindo tanto a forma quanto o conteúdo das decisões administrativas em geral.

17. Mais do que a fixação de um regular transcurso da atuação administrativa decisória (processualidade funcional) ou da regulamentação da participação em contraditório na esfera administrativa (processualidade relacional), é certo que as leis de processo administrativo prestam-se à determinação e orientação principiológica de toda a conduta da Administração. Nesse contexto, estipulam e instrumentalizam os pressupostos dos atos administrativos em seu sentido mais amplo, determinando patamares de instauração, instrução e decisão relativos à formação e posterior execução da vontade funcional da Administração Pública.

18. É o que ocorre, por exemplo, no corpo e na estrutura da LPAF, que, enquanto fonte normativa a ser investigada, traz consigo não apenas normas técnica e estritamente processuais, mas sim um quadro amplo de ordenação da atuação administrativa com princípios e regras processuais e não processuais, a conjugar, na forma acima exposta, tanto a processualidade relacional quanto a processualidade funcional.

19. A LPAF é tida como verdadeira ordenadora, em sentido ampliado, da marcha de atuação administrativa, pautando requisitos mínimos para instauração, instrução e decisão relativos à formação e posterior execução da vontade funcional da Administração Pública. Em síntese, regulamenta o *modus operandi* da função administrativa, tutelando a consecução das finalidades da ação administrativa.

20. Essa concepção implica, pois, a instauração de um patamar de atuação processual administrativa que busque: a) disciplinar a organização e o funcionamento da Administração Pública, procurando racionalizar suas atividades; b) regular a formação de sua vontade, de forma que sejam tomadas decisões justas, legais, úteis e oportunas, legitimando o exercício de função administrativa; c) assegurar a informação dos interessados e a sua participação na formação das decisões que lhes digam respeito; d) garantir a transparência da ação administrativa e o respeito pelos direitos e interesses legítimos dos cidadãos; e) evitar a burocratização e aproximar a Administração de seus destinatários; f) ampliar a possibilidade e o espectro de controle da atuação administrativa, dando-lhe conformação constitucional adequada.

Capítulo 2
O Regime Geral de Aplicabilidade da Lei Federal nº 9.784/99 (LPAF)

A Lei Federal nº 9.784/99 (LPAF), que, segundo sua epígrafe, expressamente regula o processo administrativo no âmbito da Administração Pública Federal, é tida como uma lei geral sobre a matéria. Tal ilação, importa dizer, implica o reconhecimento de tal diploma legal como disciplinador de um quadro geral de processualidade administrativa a partir do qual a Administração – de forma expressa, a federal – irá sustentar sua atuação funcional administrativa cotidiana.

De fato, sem adentrar de forma específica na discussão acerca do espectro ou do alcance de tal atividade processual – vislumbrada enquanto processualidade relacional ou funcional, como antes visto –, ou, ainda assim, na questão geopolítica e federativa da aplicabilidade da LPAF[115], resta nítido que a fórmula encontrada pelo legislador trouxe a generalidade como pedra de toque para Lei Federal nº 9.784/99.

Em um contexto inicial, a generalidade acima reconhecida é trilhada de forma jurídico-positiva na medida em que os artigos 1º e 69 da própria Lei Federal nº 9.784/99 disciplinam o que segue:

> Lei Federal nº 9.784/99 – Art. 1º Esta Lei estabelece normas básicas sobre o processo administrativo no âmbito da Administração Federal direta e indireta, visando, em especial, à proteção dos direitos dos administrados e ao melhor cumprimento dos fins da Administração.
>
> § 1º Os preceitos desta Lei também se aplicam aos órgãos dos Poderes Legislativo e Judiciário da União, quando no desempenho de função administrativa.

[115] Frise-se que, ao menos que expressamente indicado em contrário, as discussões travadas no presente capítulo são atinentes à aplicabilidade da Lei Federal nº 9.784/99 na esfera estritamente federal, restando a discussão federativa ao Capítulo III.

> § 2º Para os fins desta Lei, consideram-se:
> I – órgão – a unidade de atuação integrante da estrutura da Administração direta e da estrutura da Administração indireta;
> II – entidade – a unidade de atuação dotada de personalidade jurídica;
> III – autoridade – o servidor ou agente público dotado de poder de decisão.
> Art. 69 Os processos administrativos específicos continuarão a reger-se por lei própria, aplicando-se-lhes apenas subsidiariamente os preceitos desta Lei.

Assim é que, preliminarmente, duas são as premissas aptas a fundamentar generalidade da LPAF: 1) a estipulação expressa de um tratamento do processo administrativo a partir de normas básicas (art. 1º); e, 2) a subsidiariedade da lei em relação aos processos administrativos específicos já regidos por lei própria (art. 69).

Esse binômio – normas básicas e subsidiariedade – há de ser levado em conta quando o que se pretende, como agora, é empreender estudo sobre a aplicabilidade da Lei Federal nº 9.784/99.

Ainda nesse quadro, é de se destacar, também, a necessidade de uma leitura dos dispositivos legais acima transcritos a partir de perspectiva constitucional, com a imprescindível verificação dos motivos fundantes da criação legislativa estampada, hoje, na Lei de Processo Administrativo Federal.[116]

2.1. Fórmula geral de incidência da LPAF: normas básicas e subsidiariedade

Partindo-se da estrutura normativa disposta na Lei Federal nº 9.784/99, interessa dissecar, por ora, aquilo que no presente trabalho se estudará sob a alcunha de "fórmula geral de incidência da processualidade administrativa", isto é: a aplicabilidade da LPAF em virtude de sua estruturação fundada em normas básicas e na subsidiariedade.

Um primeiro ponto a ser debatido no tocante à verificação da generalidade da LPAF diz respeito aos seus antecedentes fundantes. Assim, em nítida atividade de interpretação histórica e teleológica, o que se pretende descortinar é a reali-

[116] Sobre tais motivos fundantes – que serão abordados no tópico seguinte –, remonta-se à exposição de motivos do anteprojeto de lei sobre normas gerais de procedimento administrativo apresentado pela Comissão instituída pela Portaria nº 1.404/1995 do Ministério da Justiça, reconstituída e modificada pela Portaria Conjunta nº 47/1996 do Ministério da Justiça e do Ministério da Administração e Reforma do Estado. A referida Comissão foi composta pelos seguintes professores: Caio Tácito (RJ), Membro e Presidente da Comissão; Odete Medauar (SP), Membro e Relatora; Inocêncio Mártires Coelho (DF), Diogo de Figueiredo Moreira Neto (RJ), José Carlos Barbosa Moreira (RJ), Almiro do Couto e Silva (RS), Maria Sylvia Zanella Di Pietro (SP), Adilson Abreu Dallari (SP), José Joaquim Calmon de Passos (BA), Carmem Lúcia Antunes Rocha (MG) e Paulo Modesto (BA), Membro e Secretário Geral da Comissão.

dade havida e buscada nos trabalhos da Comissão responsável pela formulação do Anteprojeto de lei que culminou na Lei Federal nº 9.784/99.

De plano – e cotejando os caracteres técnicos aqui já definidos –, é de se ressaltar que a Comissão aludida foi criada para elaborar anteprojeto de lei sobre normas gerais de procedimento administrativo.[117] Da exposição de motivos do anteprojeto realça-se o seguinte trecho:

> A Comissão fixou como parâmetros básicos da proposição, os ditames da atual Constituição que asseguram a aplicação, nos processos administrativos, dos princípios do contraditório e da ampla defesa, bem como reconhecem a todos o direito de receber informações dos órgãos públicos em matéria de interesse particular ou coletivo, garantem o direito de petição e a obtenção de certidões em repartição pública (art. 5º, XXXIII, XXXIV e LV). [...]
>
> Teve, ainda, presente que o sistema legal resguarda, quanto a matérias específicas, a observância de regimes especiais que regulam procedimentos próprios, como o tributário, licitatório ou disciplinar, a par do âmbito de competência de órgãos de controle econômico e financeiro.
>
> Por esse motivo, o projeto ressalvou a eficácia de leis especiais, com a aplicação subsidiária das normas gerais a serem editadas. [...]
>
> O projeto procura enunciar os critérios básicos a que se devem submeter os processos administrativos, em função dos indicados princípios, cuidando de definir direitos e deveres dos administrados, assim como o dever da Administração de decidir sobre as pretensões dos interessados. [...]
>
> Adotou a comissão, como regra, o modelo de uma lei sóbria que, atendendo à essencialidade na regulação dos pontos fundamentais do procedimento administrativo, não inviabilize a flexibilidade necessária à área criativa do poder discricionário em medida compatível com a garantia de direitos e liberdades fundamentais.
>
> Agradecendo a distinção que nos foi outorgada, cumpre-nos exprimir, em nome próprio e dos demais membros da comissão, a expectativa de que o projeto oferecido possa servir de subsídio para a elaboração da lei básica do processo administrativo no plano federal que poderá contribuir para a modelação de normas equivalentes nos demais níveis federativos.[118]

Em primeira análise, importa discutir a partir do que acima exposto a adoção, no ambiente de construção da LPAF, de uma formulação que leva em considera-

[117] Vide Portaria nº 1.404/1995 do Ministério da Justiça, reconstituída e modificada pela Portaria Conjunta nº 47/1996 do Ministério da Justiça e do Ministério da Administração e Reforma do Estado.

[118] TÁCITO, Caio. Notas e comentários. *Revista de direito administrativo.* Rio de Janeiro: Renovar, nº 205, p. 349-357, jul./set. 1996. p. 349-350.

ção a processualidade administrativa enquanto gênero que abrange, em termos estritos, a processualidade relacional, demarcada pela participação em contraditório, e a processualidade funcional, atinente ao exercício regular de função administrativa.

Muito embora não se tenha tal noção como decorrência direta e expressa da atividade da Comissão, é certo que a Lei Federal nº 9.784/84 traz, como verdadeira lei geral, as normas básicas do modo de agir da Administração Pública, o que, na visão de Paulo Modesto, a instaura no mesmo quadrante das demais leis de processo administrativo ao redor do mundo, ou seja: como verdadeira "carta de identidade da administração pública, o núcleo do ordenamento jurídico administrativo, o estatuto fundamental da cidadania administrativa".[119]

De fato, a perspectiva generalista da LPAF, no sentido de abranger a processualidade administrativa em termos amplos, pode ser vista como fruto da ausência de delimitação legal do conceito técnico de processo administrativo.[120] Não há, na lei, qualquer definição a respeito do instituto. Como bem enuncia Carlos Ari Sundfeld, o processo referido pela lei independe da existência de "litígio" ou de partes perfeitamente contrapostas para sua caracterização.[121]

Todo modo – e voltando às premissas que indicam a generalidade da Lei Federal nº 9.784/99 –, importa evidenciar melhor as chamadas normas básicas sobre o processo administrativo, estabelecidas no próprio texto legal em seu art. 1º, *caput*.

Por certo, as normas tidas como básicas não são as únicas a incidir no campo material do processo administrativo; mas são, efetivamente, as que devem ser

[119] MODESTO, Paulo. A nova lei do processo administrativo. *Revista pública e gerencial.* Salvador: Talentos, nº 2, p. 50, jun./jul. 1999. p. 50. Interessante notar que Paulo Modesto foi membro e secretário geral da Comissão que redigiu o então anteprojeto de lei sobre normas gerais de procedimento administrativo ora em debate. Por outro lado, é de ver-se que a identificação da lei de processo administrativo como estatuto fundamental da cidadania administrativa remete à obra da Professora Odete Medauar, relatora da citada Comissão. Vide: MEDAUAR, Odete. *A processualidade no direito administrativo.* São Paulo: Revista dos Tribunais, 1993.

[120] SUNDFELD, 2006, p. 28.

[121] SUNDFELD, 2006, p. 28. Válido ressaltar que a Lei de Processo Administrativo do Estado da Bahia (Lei Estadual nº 12.209/2011) expressamente apresentou uma distinção terminológica e semântica acerca de processo e procedimento administrativo. Nesse sentido, assim apresentou tais conceitos em seu art. 2º, IV e V: *procedimento administrativo* – a sucessão ordenada de atos e formalidades tendentes à formação e manifestação da vontade da Administração Pública ou à sua execução; *processo administrativo* – a relação jurídica que se traduz em procedimento qualificado pelo contraditório e ampla defesa. No entanto – e no contexto geral da lei –, inexiste qualquer diferenciação de tratamento de situações fáticas a partir de tal distinção, chegando-se a um quadro amplo de processualidade administrativa.

aplicadas com prevalência sobre as demais.[122] Certo, assim, que a lei traz consigo normas jurídicas com alto grau de abstração, generalidade e imprecisão, o que "as aproxima mais da condição normativa de princípios jurídicos do que propriamente de regras jurídicas".[123] Diante de tal concepção eminentemente principiológica, as normas ora tidas como básicas são alçadas a vetores interpretativos do sistema processual administrativo, informando o agir administrativo como um todo.

Como versado na própria exposição de motivos da LPAF, a lei buscou enunciar critérios básicos a que se devem submeter os processos administrativos, de forma a atender à essencialidade na regulação dos pontos fundamentais e, bem assim, deixar margem para a criação e recepção de leis explicitadoras de processos próprios e específicos.

O mérito de tal construção é dado pela preservação de especificidades próprias de cada tipologia processual, atendendo-se de forma adjetiva à grande diversidade de assuntos tratados de forma processual pela Administração. Dessa forma, a lei geral se limita a disciplinar o agir administrativo não com a utilização de formulações normativas rígidas, mas sim por intermédio de princípios, regras e metodologias fundamentais e comuns a todos os processos, o que respeita as peculiaridades inerentes aos processos específicos.[124]

Aí, pois, a incidência da subsidiariedade disposta de forma expressa no já aludido art. 69 da LPAF, o que induz a destinação da lei geral à regulação de todos os processos administrativos que não detenham previsão legislativa específica. Em se tratando de processos específicos, recorre-se à lei geral tanto nos casos omissos como nos que possam reclamar aplicação suplementar.[125]

A norma básica, assim, coaduna-se com a subsidiariedade, sendo certo que, na existência de lei própria para determinada espécie de processo administrativo, o cotejo entre ambas indica a aplicação da norma específica desde que não conflite

[122] CARVALHO FILHO, José dos Santos. *Processo administrativo federal*. 4. ed. Rio de Janeiro: Lumen Juris, 2009b. p. 39.

[123] FERREIRA, Luiz Tarcísio Teixeira. Princípios do processo administrativo e a importância do processo administrativo no estado de direito (arts. 1º e 2º). In: FIGUEIREDO, Lúcia Valle (Org.). *Comentários à lei federal de processo administrativo*. 2. ed. Belo Horizonte: Fórum, 2009. p. 15.

[124] GUIMARÃES, Francisco Xavier da Silva. *Direito processual administrativo*. Belo Horizonte: Fórum, 2008. p. 21.

[125] CARVALHO FILHO, 2009b, p. 42. Incide, no ponto, a máxima da *lex specialis derrogat lex generalis*, cujo apontamento hermenêutico expresso é retirado do art. 2º, §2º do Decreto-Lei nº 4.657/42 (antiga Lei de Introdução ao Código Civil Brasileiro e atual Lei de Introdução às normas do Direito Brasileiro).

com os princípios da LPAF; princípios esses que, como já dito, consagram-se como vetores da atuação administrativa.[126]

Analisando a situação sob o prisma oposto, interessante é a expressão de Carlos Ari Sundfeld:

> É preciso entender bem o significado da aplicação subsidiária desse tipo de lei nos procedimentos com disciplina legal própria. Fazer incidir subsidiariamente esse regime normativo a um campo tratado em regras especiais significa aplica-lo àquilo que não tenha sido objeto de tratamento específico, sempre que as normas da lei geral não sejam contrárias às normas ou ao sistema da lei especial.[127]

Ainda no que concerne à aplicabilidade subsidiária da lei geral em relação aos processos específicos, importante trazer à tona duas premissas básicas bem trabalhadas por Carlos Ari Sundfeld.

Primeiramente, vê-se que a concretização da subsidiariedade só ocorre a partir de normas de igual hierarquia, ou seja, com status de lei ou superior. A disposição processual específica em simples decreto ou norma inferior, por exemplo, não autoriza o afastamento da lei geral. No caso, a lei geral prevalece sobre as regras relativas a processos específicos se essas forem versadas em regulamentos (normas de caráter infralegal), o que não ocorre se tiverem sido versadas em lei.[128]

Em segundo lugar, há de se atentar para o fato de que a conjugação entre lei geral e leis especiais não pode ser feita de forma monolítica, mas sim a partir de análise tópica e individualizada em relação aos preceitos a serem aplicados. Dessa forma, o cotejo necessário à incidência da subsidiariedade é compartimentalizado em atenção aos distintos institutos processuais em jogo.[129]

Por derradeiro, é de se frisar a impossibilidade de se confundir a instituição de "normas básicas" com o sentido constitucional que se dá às ditas "normas gerais", a teor do que especificado nos artigos 22, XXVII, e 24 e parágrafos, todos da Constituição Federal de 1988. Nesta linha, salutar é a lição de Irene Nohara e Thiago Marrara ao evidenciar a impossível confusão terminológica entre os distintos institutos.

A despeito de uma virtual incidência processual geral e administrativa a partir de normas gerais, nos termos constitucionais (art. 22, I c/c art. 24, XI e § 1º, da CF/88) – tópico que será tratado em Capítulo posterior, ao largo das discussões federativas e de competências acerca do processo –, é certo que, no que toca às

[126] Camarão, Tatiana Martins da Costa; Fortini, Cristiana; Pereira, Maria Fernanda Pires de Carvalho. *Processo administrativo*: comentários à lei nº 9.784/1999. 2. ed. Belo Horizonte: Fórum, 2011. p. 31.

[127] Sundfeld, 2006, p. 26.

[128] Sundfeld, 2006, p. 26.

[129] Sundfeld, 2006, p. 26.

"normas básicas" estampadas no art. 1º da LPAF, pretendeu-se aludir ao necessário ou essencial para os processos administrativos em termos amplos, que, diante da ausência de lei específica, são regulados integralmente pelo conteúdo da lei geral.[130]

2.1.1. Casos práticos de normas básicas e subsidiariedade na LPAF

De início, interessa ressaltar que cabe ao próprio administrador, na qualidade de intérprete-aplicador da norma administrativa (*in casu*, processual administrativa), a operação jurídico-hermenêutica de concretização da subsidiariedade. Assim é que, a partir de eventuais ausências e omissões nas normas processuais específicas, fará incidir o disciplinamento da lei geral aos casos concretos.

Todo modo, é a partir de precedentes judiciais que são visualizados os casos e quadros mais emblemáticos da subsidiariedade. Assim, importa mencionar alguns de tais precedentes que melhor evidenciam o cotejo entre as normas básicas e as especiais no campo do processo administrativo demarcado pela LPAF, o que se faz, sem pretender esgotar as inúmeras acepções de subsidiariedade, especialmente a partir da jurisprudência do Supremo Tribunal Federal e do Superior Tribunal de Justiça.

De forma exemplificativa, importante salientar, em âmbito federal, algumas das espécies processuais administrativas com regulamentação própria, apontando-se, logo após, casos práticos já julgados e debatidos que bem explicitam a aplicação subsidiária da lei geral em relação aos processos específicos: 1) o processo administrativo disciplinar dos servidores regidos pela Lei Federal nº 8.112/90; 2) o processo administrativo fiscal constante do Decreto nº 70.235/72 e legislação correlata; 3) o processo de desapropriação decorrente da competência nacional do art. 22, II, da CF/88 e regulado por diversos diplomas específicos[131]; 4) os processos licitatórios, também nacionalmente trilhados a partir do art. 22, XXVII, sobretudo a partir das Leis Federais nº 8.666/93 e 10.520/02; 5) o processo concorrencial da Lei Federal nº 12.529/11[132]; 6) o processo de tombamento

[130] Marrara, Thiago; Nohara, Irene Patrícia. *Processo administrativo*: lei nº 9.784/99 comentada. São Paulo: Atlas, 2009. p. 27.

[131] Entre tais diplomas, é de se destacar a Lei Federal nº 4.132/62, o Decreto-Lei nº 3.365/41, a Lei Complementar nº 76/93 e a Lei Federal nº 8.629/93, todos com alguma regulamentação de ordem processual administrativa.

[132] Nos termos da Lei Federal nº 12.529/11, o processo administrativo concorrencial tem como fim último a prevenção e a repressão às infrações contra a ordem econômica, orientada pelos ditames constitucionais de liberdade de iniciativa, livre concorrência, função social da propriedade, defesa dos consumidores e repressão ao abuso do poder econômico (art. 1º), sendo que o verdadeiro titular dos bens jurídicos nele tutelados é a própria coletividade (Parágrafo único). Para além da própria previsão da LPAF que indica sua aplicabilidade subsidiária aos processos administrativos estipulados e regulados em lei específica, o caso do processo concorrencial traz hipótese em que a própria lei regedora do processo específico indica a subsidiariedade da norma geral. É o que se

disposto no Decreto-Lei nº 25/37; 7) os processos de licenciamento ambiental, a teor da Lei Federal 6.938/81 e da Lei Complementar 140/2011, entre outras; 8) o processo de tomada de contas especial realizado a partir da Lei Orgânica do Tribunal de Contas da União (Lei Federal nº 8.443/92) e as demais espécies processuais manejadas pelo Tribunal; 9) os processos de responsabilização administrativa de pessoas jurídicas por atos lesivos à Administração Pública nacional ou estrangeira (Lei Federal nº 12.846/2013) e eventuais acordos de leniência daí decorrentes; 10) os processos licitatórios elencados pela Lei Federal nº 13.303/2016 (Lei das Estatais) e demais formas de atuação administrativa de estatais também expostas na referida Lei.

Eis, pois, alguns dos embates resolvidos pelo STF e STJ, a bem ilustrar e exemplificar o que aqui exposto, sobretudo no que tange ao processo administrativo disciplinar, fiscal, de desapropriação e licitatório.[133]

2.1.1.1. Processo Administrativo Disciplinar (PAD)

A situação inicial a ser analisada diz respeito ao conjunto de casos que, ao que parece, apresenta maior ocorrência no âmbito judicial: o embate e o entrelaçamento entre a Lei Federal nº 8.112/90 e a LPAF, especialmente no que diz respeito ao processo administrativo disciplinar relativo aos servidores públicos.[134]

Em primeiro plano – e já tratando dos casos concretos ocorridos –, importa destacar a discussão acerca da necessidade de intimação do servidor, em processo administrativo disciplinar, para apresentação de alegações finais após o relatório final da comissão processante, o que se daria com base nos artigos 2º, parágrafo único, X, 3º, III, 38 e 41 da LPAF[135] (lei geral).

dá no art. 115 da Lei Federal nº 12.529/11: Art. 115. Aplicam-se subsidiariamente aos processos administrativo e judicial previstos nesta Lei as disposições das Leis nos 5.869, de 11 de janeiro de 1973 – Código de Processo Civil, 7.347, de 24 de julho de 1985, 8.078, de 11 de setembro de 1990, e 9.784, de 29 de janeiro de 1999.

[133] Para os fins do presente trabalho, a processualidade inerente à atividade desempenhada pelos Tribunais de Contas – sobretudo o da União – será examinada em tópico próprio. Na oportunidade, serão debatidas, também, eventuais incidências da subsidiariedade e a aplicação de normas processuais administrativas especiais pelas Cortes de Contas.

[134] Nesse ponto, o Manual de Processo Administrativo Disciplinar da Corregedoria-Geral da União (CGU) é expresso em declarar inúmeras situações de incidência da subsidiariedade de dispositivos e institutos da LPAF em relação à Lei Federal nº 8.112/90. Manual disponível em: <http://www.cgu.gov.br/publicacoes/guiapad/Arquivos/Manual_de_PAD.pdf>.

[135] Lei Federal nº 9.784/99 – Art. 2º, Parágrafo único. Nos processos administrativos serão observados, entre outros, os critérios de: X – garantia dos direitos à comunicação, à apresentação de alegações finais, à produção de provas e à interposição de recursos, nos processos de que possam resultar sanções e nas situações de litígio;

No entanto, com base na disciplina especial e tida como exaustiva dos artigos 165 e 166 da Lei Federal nº 8.112/90[136], entendeu-se "que no processo administrativo disciplinar regido pela Lei 8.112/90 não há previsão para apresentação de alegações pela defesa após o relatório final da Comissão Processante, ou posteriormente ao parecer do órgão jurídico responsável por se manifestar acerca das conclusões daquela Comissão, não havendo falar em aplicação subsidiária da Lei 9.784/99".[137]

Mais do que isso, é do próprio STF a lição de que "as alegações finais não constituem necessária peça de defesa do investigado. A Lei 8.112/90, ao estabelecer regulamentação específica para o processo disciplinar dos servidores públicos por ela regidos, admite aplicação apenas subsidiária da Lei 9.784/99. Se não há previsão na Lei 8.112/90 para o oferecimento de alegações finais pelo acusado antes do julgamento, não cabe acrescentar nova fase no processo para tal fim com base na lei genérica".[138]

Assim, STF e STJ entendem que o tratamento defensivo do servidor em processo disciplinar encontra, enquanto instituto processual próprio, regulamentação exaustiva na legislação especial (Lei Federal nº 8.112/90), o que impediria, no caso, a interpenetração da normativa geral da LPAF.

Outra temática bastante recorrente no tocante ao processo administrativo disciplinar é a ausência de disciplina específica ou a incompletude de regulamentação sobre impedimentos e suspeições de autoridades participantes de comissão

Art. 3º O administrado tem os seguintes direitos perante a Administração, sem prejuízo de outros que lhe sejam assegurados: III – formular alegações e apresentar documentos antes da decisão, os quais serão objeto de consideração pelo órgão competente;

Art. 38. O interessado poderá, na fase instrutória e antes da tomada da decisão, juntar documentos e pareceres, requerer diligências e perícias, bem como aduzir alegações referentes à matéria objeto do processo.

Art. 41. Os interessados serão intimados de prova ou diligência ordenada, com antecedência mínima de três dias úteis, mencionando-se data, hora e local de realização.

[136] Lei Federal nº 8.112/90 – Art. 165. Apreciada a defesa, a comissão elaborará relatório minucioso, onde resumirá as peças principais dos autos e mencionará as provas em que se baseou para formar a sua convicção.

§1º O relatório será sempre conclusivo quanto à inocência ou à responsabilidade do servidor.

§2º Reconhecida a responsabilidade do servidor, a comissão indicará o dispositivo legal ou regulamentar transgredido, bem como as circunstâncias agravantes ou atenuantes.

Art. 166. O processo disciplinar, com o relatório da comissão, será remetido à autoridade que determinou a sua instauração, para julgamento.

[137] STJ – MS 13498/DF, Relatora Ministra Maria Thereza de Assis Moura, Terceira Seção, julgado em 25/5/2011, publicação em 2/6/2011.

[138] STF – RMS 26226/DF, Relator Ministro Carlos Britto, Primeira Turma, julgado em 29/5/2007, publicação em 28/9/2007.

processante[139], aplicando-se ao processo administrativo disciplinar regido pela Lei Federal nº 8.112/90, aí sim, o capítulo VII da LPAF (artigos 18 a 21).[140] Nesse caso, diante da lacuna da norma especial, restam aplicáveis os dispositivos da lei geral.

Desse primeiro conjunto de casos relativos ao processo administrativo disciplinar regulado pela Lei Federal nº 8.112/90, resta claro que o cotejo necessário à incidência da subsidiariedade da LPAF há de ser manejado, como já dito, de forma compartimentalizada e em atenção aos distintos institutos processuais em jogo. Mais do que isso, é necessário atentar – como no caso das alegações finais – que as normas da lei geral, pretensamente subsidiárias, não podem contrariar ou inovar o sistema normativo da lei especial a ponto de descaracterizar seu quadro primordial de regulação.

2.1.1.2. Processo administrativo fiscal

No que tange ao processo administrativo fiscal perante a União – e em temática relacionada ao vetor constitucional de celeridade e razoável duração dos processos administrativos[141] –, válido analisar julgado do Superior Tribunal de Justiça que, a partir da sistemática dos recursos repetitivos (art. 543-C do Código de Processo Civil de 1973 e art. 1.036 do Novo Código de Processo Civil de 2015), demarcou posição acerca do prazo para análise e decisão das petições, defesas e recursos administrativos dos contribuintes.

Vislumbrando que, ademais do cumprimento de mandamento constitucional expresso, a conclusão de processo administrativo em prazo razoável é corolário dos princípios da eficiência, da moralidade e da razoabilidade, o STJ definiu que o prazo para decisão administrativa nos processos fiscais da União não seria o prazo geral do artigo 49 da LPAF (trinta dias a partir da conclusão da instrução), mas sim o prazo trazido pelo art. 24 da Lei Federal nº 11.457/07, de trezentos e

[139] Veja-se que a Lei Federal nº 8.112/90 traz apenas um dispositivo (art. 149, §2º) que trata tecnicamente de hipóteses de impedimento, deixando de versar sobre a suspeição. Eis o teor do dispositivo aludido: Lei Federal nº 8.112/90 – Art. 149, §2º Não poderá participar de comissão de sindicância ou de inquérito, cônjuge, companheiro ou parente do acusado, consanguíneo ou afim, em linha reta ou colateral, até o terceiro grau.

[140] STJ – MS 15837/DF, Relator Ministro Benedito Gonçalves, Primeira Seção, julgado em 26/10/2011, publicação em 6/12/2011. No caso em questão, em que o servidor havia alegado a suspeição de membro da comissão processante, houve divergência entre os Ministros votantes acerca da consideração fático-probatória da suspeição, mas não da aplicabilidade subsidiária da LPAF ao processo administrativo disciplinar no que toca à matéria. Ademais, a ideia da subsidiariedade no tocante às suspeições e impedimentos é também defendida no já aludido Manual de Processo Administrativo Disciplinar da Controladoria-Geral da União (CGU).

[141] Vide CF/88 – Art. 5º, LXXVIII – a todos, no âmbito judicial e administrativo, são assegurados a razoável duração do processo e os meios que garantam a celeridade de sua tramitação.

sessenta dias a contar do protocolo de petições, defesas ou recursos administrativos do contribuinte.[142]

Reputou-se, assim, que a disposição de prazo para decidir em sede de lei especial afastaria a regra geral constante da Lei Federal 9.784/99 (*lex specialis derrogat lex generalis*).

Também no ambiente tributário – e a partir de julgamento de recurso especial com a sistemática dos recursos repetitivos –, interessante é a discussão que envolve a forma de comunicação dos atos de processo administrativo fiscal referente ao Programa de Recuperação Fiscal – REFIS, instituído pela União Federal. O cerne do debate ronda a subsidiariedade da Lei Federal nº 9.784/99 ao processo administrativo fiscal e resvala na configuração e conceituação de contraditório e de ampla defesa, de viés notadamente constitucional.

Eis o quadro fático da situação a partir da leitura realizada pelo Superior Tribunal de Justiça: a Lei Federal nº 9.964/00, instituidora do Programa REFIS, ao qual o contribuinte adere mediante aceitação plena e irretratável de todas as condições (art. 3º, IV), prevê a notificação da exclusão do devedor do Programa por meio do Diário Oficial e da Internet (art. 9º, III, c/c art. 5º da Resolução 20/2001 do Comitê Gestor do Programa). Os contribuintes excluídos e comunicados por tal via se insurgem, tendo como suporte uma eventual aplicação ao processo administrativo fiscal do art. 26 da LPAF, mormente em seu § 3º, que assim dispõe: "*A intimação pode ser efetuada por ciência no processo, por via postal com aviso de recebimento, por telegrama ou outro meio que assegure a certeza da ciência do interessado*".[143]

Sedimentando a questão, o STJ pacificou entendimento acerca da inaplicabilidade da LPAF a tais casos, reputando suficiente a notificação da exclusão do contribuinte do Programa por meio do Diário Oficial e da Internet. Veja-se:

> A Lei 9.784/99, que regula o processo administrativo da Administração Pública Federal prevê em seu art. 69, que suas normas somente se aplicam subsidiariamente, nos procedimentos regulados por lei específica, obedecida a *lex specialis derrogat lex generalis*.

[142] STJ – REsp 1138206/RS, Relator Ministro LUIZ FUX, Primeira Seção, julgado em 9/8/2010, publicação em 1/9/2010. Em tal julgamento, restou consignado, ainda, que "ostentando o referido dispositivo legal natureza processual fiscal, há de ser aplicado imediatamente aos pedidos, defesas ou recursos administrativos pendentes". Interessante estudo sobre a temática específica da duração razoável do processo administrativo fiscal é empreendido por Bianca Ramos Xavier. Veja-se: XAVIER, Bianca Ramos. *A duração razoável do processo administrativo fiscal*. 2009. 134 f. Dissertação (Mestrado em Direito) – Universidade Candido Mendes, Rio de Janeiro. 2009.

[143] De igual modo, a insurgência fundamenta-se, também, na disposição do art. 28 da Lei Federal nº 9.784/99, segundo o qual "devem ser objeto de intimação os atos do processo que resultem para o interessado em imposição de deveres, ônus, sanções ou restrição ao exercício de direitos e atividades e os atos de outra natureza, de seu interesse".

> A legislação do Programa de Recuperação Fiscal – Refis, "regime especial de consolidação e parcelamento dos débitos fiscais" (Lei 9.964/00, art. 2º), ao qual o contribuinte adere mediante "aceitação plena e irretratável de todas as condições" (art. 3º, IV), prevê a notificação da exclusão do devedor por meio do Diário Oficial e da Internet (Lei 9.964/00, art. 9º, III, c/c art. 5º da Resolução 20/2001 do Comitê Gestor).
>
> Recurso especial da Fazenda Nacional conhecido e provido. Recurso sujeito ao regime do art. 543-C do CPC e da Resolução STJ 08/08.[144]

Válido apontar, ainda, que mesmo antes do julgamento do Recurso Especial Repetitivo acima transcrito, o próprio Superior Tribunal de Justiça já havia editado Súmula de jurisprudência dominante nesse sentido: Súmula 355 – *É válida a notificação do ato de exclusão do programa de recuperação fiscal do Refis pelo Diário Oficial ou pela Internet.*[145]

Ainda sobre esse caso, duas questões decorrentes merecem abordagem minuciosa, especialmente para os fins do presente estudo: 1) o status normativo do dispositivo que efetivamente prevê a exclusão de contribuinte do REFIS, sobretudo em cotejo com a lei geral (Lei Federal nº 9.784/99); 2) eventual afronta ao contraditório e à ampla defesa, como princípios reitores e de índole constitucional.

Quanto ao primeiro ponto destacado, importa dizer que a Lei Federal nº 9.964/00, que instituiu o REFIS, não dispõe de forma específica sobre a notificação de exclusão de contribuintes do Programa por meio do Diário Oficial e da Internet. Quem o faz, em verdade, é a Resolução nº 20/01, do Comitê Gestor do Programa REFIS. Para maior clareza, válida a transcrição de tais dispositivos normativos:

> Lei Federal nº 9.964/00 – Art. 9º O Poder Executivo editará as normas regulamentares necessárias à execução do Refis, especialmente em relação:
>
> III – às formas de homologação da opção e de exclusão da pessoa jurídica do Refis, bem assim às suas consequências;
>
> Resolução nº 20/01 – Art. 5º O ato de exclusão será publicado no Diário Oficial da União, indicando o número do respectivo processo administrativo.
>
> § 1º A identificação da pessoa jurídica excluída e o motivo da exclusão serão disponibilizados na Internet, nas páginas da SRF, PGFN ou INSS, nos endereços <http://www.receita.fazenda.gov.br>, <http://www.pgfn.fazenda.gov.br> ou <http://www.mpas.gov.br>.

Em suma, o que se vê é que não houve disciplina expressa da lei específica sobre a comunicação do ato de exclusão do contribuinte do Programa REFIS.

[144] STJ – REsp 1046376/DF, Relator Ministro Luiz Fux, Primeira Seção, julgado em 11/2/2009, publicação em 23/3/2009.

[145] STJ – Súmula 355, Primeira Seção, aprovação em 25/6/2008, publicação em 8/9/2008.

O que houve, sim, foi a remissão legislativa externa da Lei Federal nº 9.964/00 a um ato secundário que tratou do tema.[146]

Assim é que, repisando o alerta já salientado de Carlos Ari Sundfeld[147] no que diz respeito à necessidade de normas especiais de mesma hierarquia para fins de aplicação em detrimento da norma geral, instaura-se, no presente caso, verdadeiro dilema sobre a validade da disposição normativa acerca da comunicação de atos em processo administrativo fiscal relativo ao REFIS, eis que tais normas foram manejadas por intermédio de mera Resolução.

Esse ponto específico, no entanto, não foi abordado pelo Superior Tribunal de Justiça quando da análise das decorrências possíveis do art. 69 da LPAF e da subsidiariedade relativa ao processo administrativo do REFIS.

Um segundo e derradeiro ponto ainda decorrente do tema do REFIS, conforme noticiado, relaciona-se com eventual afronta ao contraditório e à ampla defesa proveniente da notificação da exclusão do Programa apenas por meio de Diário Oficial e da Internet, em suposto desacordo com a norma geral de processo administrativo (LPAF). É que, a partir da sedimentação de entendimento do STJ conforme exposto, os contribuintes prejudicados buscaram acesso ao Supremo Tribunal Federal a fim de dirimir a questão.

Em específico, duas são as manifestações do STF sobre o tema até o presente momento.

Ainda no ano de 2010, o STF não vislumbrou a repercussão geral das questões constitucionais necessárias para admissibilidade do processamento de Recurso

[146] Sobre a questão de técnica legislativa empregada – a chamada remissão legislativa –, Gilmar Mendes adverte que, apesar de constituir técnica conhecida e reconhecida, a remissão a outros textos legislativos (remissão externa) é passível de sofrer objeções de índole constitucional, pois pode afetar a clareza e a precisão da norma jurídica. Mais do que isso, "a remissão a atos secundários, como regulamentos ou portarias, pode configurar afronta aos princípios da reserva legal e da independência entre os poderes". Vide: MENDES, Gilmar. Questões fundamentais de técnica legislativa. *Revista eletrônica sobre a reforma do Estado.* Salvador: Instituto Brasileiro de Direito Público, nº 11, set./out./nov., 2007. Disponível em: <http://www.direitodoestado.com.br/rere.asp>. Acesso em: 11 de outubro de 2013. Veja-se, no presente caso – e a par de uma eventual afronta à independência entre os poderes –, que a remissão externa a ato secundário pode fulminar a atuação administrativa, retirando-a do patamar de legalidade. Mais do que isso – e ainda que a matéria não tenha sido expressamente suscitada em qualquer dos julgados sobre a matéria –, importa que a natureza da remissão legislativa ocorrida seja debatida à luz das possíveis ocorrências de deslegalização, nos limites da lei remissiva.

[147] Por ora, válida a transcrição: "Para que algum preceito da Lei deixe de incidir em relação a ato ou procedimento a que, em princípio, se aplicaria, é mister a existência de norma de igual hierarquia – isto é: com nível de lei, ou superior – que assim o disponha; por óbvio, simples Decreto (ou ainda, diploma inferior) não pode fazê-lo" (SUNDFELD, 2006, p. 26).

Extraordinário que versava sobre a matéria.[148] De fato, o Tribunal decidiu que a discussão acerca da comunicação dos atos de exclusão do REFIS – se baseada na legislação específica ou geral – não representaria matéria constitucional apta a ensejar a admissão do recurso, eis que passível de resolução a partir de análise da legislação infraconstitucional. Inexistiria, pois, qualquer mácula à ampla defesa ou ao contraditório.

Naquela oportunidade – no bojo do Recurso Extraordinário nº 611.230/DF, da relatoria da Ministra Ellen Gracie –, restou debatida, ainda que de maneira bastante tênue, a questão da hierarquia normativa ínsita à aplicação das normas especiais de processo administrativo em detrimento das gerais. Por elucidativo, veja-se trecho do acórdão que não reconheceu a repercussão geral:

> O Superior Tribunal de Justiça reconheceu a legalidade da exclusão da recorrente do Programa de Recuperação Fiscal – REFIS por meio de notificação pela imprensa oficial e pela internet, nos termos do previsto nos artigos 9º, inciso III, da Lei nº 9.964/00 e 5º da Resolução nº 20/2001 do Comitê Gestor do Programa. O artigo 26 da Lei nº 9.784/99 não seria aplicável, segundo o referido Tribunal, porquanto a norma regularia apenas de maneira subsidiária o processo administrativo fiscal. [...]
>
> No extraordinário interposto com alegada base na alínea "a" do permissivo constitucional, a recorrente articula com a ofensa aos artigos 5º, inciso LV, e 37, cabeça, da Carta de 1988. Sustenta que o artigo 5º da Resolução CG/REFIS nº 20/2001 permitiria a exclusão do contribuinte antes do início do procedimento do contraditório, ferindo os princípios constitucionais do devido processo legal e da ampla defesa. *Afirma que a mencionada resolução seria mero ato administrativo, motivo pelo qual não poderia disciplinar de modo contrário ao que contido nos artigos 26 e 28 da Lei nº 9.784/99. [...]*
>
> Ambas as Turmas desta Corte firmaram o entendimento de que a discussão relativa à possibilidade da intimação da empresa por meio da imprensa oficial (Diário) e da internet para exclusão do REFIS não viabiliza o acesso ao recurso extraordinário, por ser matéria eminentemente infraconstitucional.[149]

Assim, não sendo reconhecida a repercussão geral, restou obstado o debate minucioso da matéria no âmbito do Supremo Tribunal Federal.

De qualquer sorte, revolvendo o tema já no ano de 2013 – e ainda sob o prisma de se reconhecer ou não a repercussão geral –, o Supremo Tribunal Federal

[148] CF/88 – Art. 102, §3º No recurso extraordinário o recorrente deverá demonstrar a repercussão geral das questões constitucionais discutidas no caso, nos termos da lei, a fim de que o Tribunal examine a admissão do recurso, somente podendo recusá-lo pela manifestação de dois terços de seus membros.

[149] STF – RE 611230/DF RG, Relatora Ministra Ellen Gracie, julgado em 13/8/2010, publicação em 26/8/2010.

enfrentou novamente a questão a partir de julgamento do Tribunal Regional Federal da 1ª Região (TRF1) que, por sua vez, centrou o exame da controvérsia na inobservância aos princípios do devido processo legal, da ampla defesa, do contraditório, da publicidade e da moralidade administrativa.

Na espécie, o Tribunal Regional reputou inconstitucionais os dispositivos versados em ato infralegal. Atestou, assim, que a possibilidade de confronto do regulamento do REFIS diretamente com a Constituição decorre da expressa delegação legal (art. 9º, III, da Lei 9.964/2000) ao Poder Executivo para a edição de normas regulamentares necessárias à execução do Programa.

Em específico, o TRF1 apontou que, não obstante haver a Resolução nº 20/01 do Comitê Gestor do REFIS regulamentado o processo administrativo para o referido Programa de Recuperação Fiscal, deve a Lei Federal nº 9.784/1999 ser aplicada às formalidades concernentes à comunicação dos atos praticados pelo Comitê Gestor.[150] Em outras palavras – e ainda que de forma não expressa –, o Tribunal Regional Federal indicou que a deslegalização[151] da matéria processual administrativa não poderia afrontar o que disposto na LPAF, sendo impossível a acepção do regulamento como norma especial que afasta a lei geral.

Com isso – e tendo como base aquilo que julgado pelo TRF1 –, o STF entendeu haver, no caso, mais do que um simples cotejo e debate sobre a aplicação da legislação federal (normas gerais da LPAF em face das normas especiais da Lei Federal nº 9.964/00 e sua regulamentação). Vislumbrou-se, no ponto, a virtual presença de matéria constitucional apta a viabilizar o processamento do recurso extraordinário, sobretudo no que diz respeito à incidência de efetiva ampla defesa e contraditório na atuação administrativa tendente à exclusão de contribuintes do REFIS.[152]

[150] TRF1 – Apelação nº 2007.34.00.026498-7, Relatora Desembargadora Maria do Carmo Cardoso, julgado em 15/10/2010, publicação em 19/11/2010.

[151] Diogo de Figueiredo Moreira Neto trabalha o fenômeno da deslegalização enquanto desmonopolização das fontes normativas, processo em que o Poder Legislativo cede espaço aos demais poderes na feitura das normas. Haveria, assim, um sistema de comandos normativos descentralizado e polivalente, remanescendo, todavia, com as casas legislativas nacionais, apenas o monopólio da política legislativa, que vem a ser a competência para firmar princípios e baixar as normas gerais, a serem observadas pelas demais fontes intraestatais. Vide: Moreira Neto, Diogo de Figueiredo. *Quatro paradigmas do direito administrativo pós-moderno*: legitimidade, finalidade, eficiência, resultados. Belo Horizonte: Fórum, 2008. p. 117 e ss.

[152] A recente decisão reconhecendo a repercussão geral restou assim ementada: Recurso extraordinário. Repercussão geral. Programa de Recuperação Fiscal (REFIS) Exclusão – Resolução GF/REFIS nº 20/01, na parte em que deu nova redação ao art. 5º, caput e §§ 1º a 4º Declaração de inconstitucionalidade pela corte de origem Recurso interposto com fundamento nas letras a e b do permissivo constitucional. Relevância jurídica da questão. Princípios do contraditório e da

É de se esperar, por ora, que ao julgar em definitivo a questão – o que deve ocorrer em breve[153] – o Supremo adentre na celeuma da hierarquia normativa capaz de subsidiar a aplicação das normas especiais em matéria processual administrativa. Tudo isso a fim de emprestar juridicidade à atuação administrativa e a consequente segurança jurídica aos contribuintes.

Enfim, importa que a Corte se pronuncie sobre a possível incidência da deslegalização no âmbito do processo administrativo e de sua fórmula de subsidiariedade. Caso aceita tal tese, inaugura-se um temperamento possível na premissa de necessária similitude hierárquica para fins de operação da subsidiariedade.

2.1.1.3. Processo de desapropriação

De início – e no que toca à processualidade administrativa inerente ao instituto da desapropriação –, importa notar que a competência legislativa para regulamentação do instituto em si é definida constitucionalmente como privativa da União (artigo 22, II, da CF/88).[154]

Diante disso – e da indiscutível competência nacional para o tratamento da matéria –, a União houve por editar diversos diplomas normativos[155] que regulamentam e apresentam a desapropriação como instituto detentor de regime jurídico complexo, sendo composto por regras de direito material (constitucional e administrativo) e processual (administrativo e jurisdicional).

Independentemente de suas diversas modalidades e respectivas especificidades[156], é certo que o instituto traz consigo, em termos nacionais, a demarcação de um regime jurídico de cunho processual administrativo cogente a todos os entes que vierem a manejar atuação expropriatória.[157] Assim é que, a despeito da modalidade utilizada e do agente competente para declarar e executar a desapropriação, é visível a existência de um microssistema processual administrativo que informa o instituto.

ampla defesa. Repercussão geral reconhecida. (STF – RE 669196/DF RG, Relator Ministro Dias Toffoli, julgado em 22/8/2013, publicação em 27/9/2013).

[153] Após quase 3 anos parado no Gabinete do Ministro Dias Toffoli, foi pedida, em 22/6/2017, a inclusão em pauta de julgamento do RE 669196/DF.

[154] CF/88 – Art. 22. Compete privativamente à União legislar sobre: II – desapropriação.

[155] Entre tais diplomas, é de se destacar a Lei Federal nº 4.132/62, o Decreto-Lei nº 3.365/41, a Lei Complementar nº 76/93 e a Lei Federal nº 8.629/93, todos com alguma regulamentação de ordem processual administrativa.

[156] Desapropriação por necessidade ou utilidade pública e por interesse social.

[157] No ponto, Marçal Justen Filho enuncia que "há variações procedimentais em vista da espécie de desapropriação de que se trate. As regras processuais (administrativas e jurisdicionais) atinentes à desapropriação por necessidade ou utilidade pública são diversas das pertinentes à desapropriação por interesse social. Mas, na essência, é possível reconhecer um regime jurídico básico, comum a ambas as hipóteses" (Justen Filho, 2012, p. 612).

É nesse passo, pois, que se torna possível a investigação de subsidiariedade no contexto das desapropriações, com a virtual aplicabilidade da Lei Federal nº 9.784/99 às omissões do arranjo normativo tido como especial.

Em específico, o Supremo Tribunal Federal aponta a aplicabilidade da LPAF às desapropriações como veículo de uma cláusula ampliada de devido processo legal no ambiente administrativo, sendo possível vislumbrar a incidência da subsidiariedade, entre outros, em temas como a disciplina dos recursos administrativos (art. 56)[158], seus efeitos (art. 61)[159] e a motivação baseada na adoção de pareceres técnicos com fundamento para decidir (art. 50, § 1º).[160]

Assim, ao lado do microssistema processual administrativo específico da legislação referente à desapropriação, inúmeros são os casos de interpenetração da LPAF a exemplificar a subsidiariedade de seu regime básico e geral de processualidade administrativa.

2.1.1.4. A licitação como processo e a subsidiariedade da LPAF

De plano, necessário apontar a fenomenologia processual que acompanha as licitações e contratos administrativos. Assim, independentemente da concepção de processualidade administrativa que se adote – mais restrita ou mais ampla, conforme abordado no Capítulo inicial –, é certo que tais institutos trazem consigo, a um só tempo, a exteriorização de uma vontade administrativa de cunho decisório com iter condicionado por princípios e regras de índole processual ('processualidade funcional') e, ademais, potencial contraposição de interesses capazes de demarcar a conflituosidade inerente à anteriormente denominada 'processualidade relacional'.[161]

A partir disso, resta nítido que, em nosso sistema jurídico, o processo licitatório é enquadrado como espécie processual administrativa com fundamento constitucional direto e expresso (art. 37, XXI, CF/88). Como tal, mereceu disciplina constitucional própria no tocante à competência legislativa para sua edição, tendo-se no artigo 22, XXVII, da CF/88, a competência privativa da União para

[158] STF – MS 24095/DF, Relator Ministro CARLOS VELLOSO, Tribunal Pleno, julgado em 1/7/2002, publicação em 23/8/2002.

[159] STF – MS 25477/DF, Relator Ministro MARCO AURÉLIO, Tribunal Pleno, julgado em 11/2/2008, publicação em 2/5/2008.

[160] STF – MS 26087/DF, Relatora Ministra CÁRMEN LÚCIA, Tribunal Pleno, julgado em 1/8/2013, publicação em 23/9/2013.

[161] Marcal Justen Filho aponta duas ordens possíveis de conflituosidade: a primeira indicada a partir do cotejo entre Administração e particulares; a segunda, a partir de contraposição existente entre os próprios particulares que competem pela contratação com a Administração. Nesse sentido: JUSTEN FILHO, Marçal. *Comentários à lei de licitações e contratos administrativos*. 13. ed. São Paulo: Dialética, 2009. p. 98.

legislar "*sobre normas gerais de licitação e contratação, em todas as modalidades, para as administrações públicas diretas, autárquicas e fundacionais da União, Estados, Distrito Federal e Municípios, obedecido o disposto no art. 37, XXI, e para as empresas públicas e sociedades de economia mista, nos termos do art. 173, § 1°, III.*"

Em vistas de tal ordenação constitucional, chega-se à ideia geral de que, na matéria, cabe à União editar normas gerais, o que pressupõe, invariavelmente, a competência concorrente dos Estados, Distrito Federal e Municípios para a produção de normas que não sejam qualificadas como gerais, ou seja, as normas especiais, pormenorizadas, que guardem consonância às características de cada qual.[162]

Sem pretender adentrar, por ora, na celeuma originada a partir do lócus constitucional em que estabelecida a competência da União para as ditas 'normas gerais' de licitação e contratação[163] e, bem assim, seu sentido e alcance prático, importa ressaltar, com base em Marçal Justen Filho, que a fórmula 'normas gerais' "não permite uma interpretação de natureza aritmética".[164]

De fato, resta impossível a predeterminação de solução exata e capaz de bem identificar, a partir de critérios abstratos e amplos, as normas gerais e não gerais para fins de alcance e extensão da competência legislativa notadamente concorrente que se instaura na matéria.[165]

[162] NIEBUHR, Joel de Menezes. *Licitação pública e contrato administrativo*. 2. ed. Belo Horizonte: Fórum, 2011. p. 48-49. Sobre o longo, intenso e ainda vivo debate sobre a delimitação das ordens normativas gerais e especiais no tema de licitações e contratos, veja-se: 1) MARQUES NETO, Floriano Peixoto de Azevedo. Normas gerais de licitação – doação e permuta de bens de Estados e de Municípios – Aplicabilidade de disposições da Lei Federal nº 8.666/93 aos entes federados (comentários ao acórdão do STF na ADI 927-3/RS). *Revista trimestral de direito público*, v,12, p. 173--191, 1995; 2) GUIMARÃES, Angélica. *Competência municipal em matéria de licitações e contratos administrativos*. Belo Horizonte: Fórum, 2003.

[163] Aqui, o que se vislumbra é o cotejo entre os artigos 22 e 24 da Constituição Federal. Frise-se, de logo, que o referencial de lócus constitucional relativo à repartição de competências legislativas e sua leitura cruzada com aspectos federativos será retomado no tocante ao processo administrativo no capítulo seguinte, especialmente a fim de debater eventual nacionalidade de suas normas.

[164] JUSTEN FILHO, 2009, p. 15. No mesmo sentido, a orientação de Tercio Sampaio Ferraz Júnior, segundo o qual "a noção de norma geral não conhece, na doutrina, uma definição adequadamente operacional. Por ser, logicamente, termo correlativo, *geral* só se define em face do seu oposto e vice--versa. Levando-se em conta que generalidade, no caso das normas, pode ser um atributo ligado tanto ao número de destinatários quanto à matéria normativa, pode-se perceber que o assunto, na ordem constitucional, exige análise acurada". Vide: FERRAZ JÚNIOR, Tercio Sampaio. Normas gerais e competência concorrente: uma exegese do art. 24 da Constituição Federal. *Revista da Faculdade de Direito da Universidade de São Paulo*, v. 90, p. 245-251, 1995. p. 245.

[165] Para estudo específico da temática das normas gerais e sua relação com a competência legislativa, veja-se: CARMONA, Paulo Afonso Cavichioli. *Das normas gerais*: alcance e extensão da competência legislativa concorrente. Belo Horizonte: Fórum, 2010.

No ponto, Marçal Justen Filho indica que o cunho relativamente indeterminado da própria expressão 'normas gerais' funda um núcleo de relativa certeza e precisão ao lado de uma zona cinzenta que produz severas dúvidas e dificuldades hermenêuticas. O que se pretende com tal sorte de construção, no entanto, é o estabelecimento de um núcleo essencial de princípios e regras capazes de "assegurar um regime jurídico uniforme para as licitações e as contratações administrativas em todas as órbitas federativas"[166], ao lado das normas especiais editadas por cada ente.

Ainda de acordo com o autor, esse modelo que assegura a padronização mínima na matéria no que tange à atuação administrativa de todos os entes federativos é orientado por duas finalidades: 1) realização do valor da segurança, como instrumental indispensável a garantir a viabilidade de competição e acesso às contratações administrativas; 2) necessidade de assegurar a efetividade do controle externo e social da Administração licitante e contratante, por intermédio de soluções gerais aplicáveis a todos os processos.[167]

Diante desse quadro de certa fluidez e discussão – inclusive a partir de incursões jurisdicionais na matéria[168] –, é certo que a legislação editada pela União para regência das licitações e contratos administrativos traz normas ora gerais, ora especiais. Como exemplos, as Leis Federais nº 8.666/93 (lei geral de licitações), nº 10.520/02 (modalidade pregão), nº 12.232/10 (licitações de publicidade), nº 12.349/10 (promoção do desenvolvimento nacional por intermédio das licitações) e nº 12.462/11 (regime diferenciado de contratações).

Quando tidas como gerais, as normas constantes de tais diplomas serão revestidas de caráter nacional, eis que desenharão o "traçado básico de determinado instituto por meio da definição de seus princípios, diretrizes, conceitos, modalidades, etc.".[169] Tal não retira, entretanto, a possibilidade de que todos os entes, atendendo às normas gerais, produzam suas próprias normas a fim de dar "feição própria e especial às normas prescritas em caráter *nacional*".[170]

Amiúde, a nacionalidade de tais normas é vislumbrada quando atinentes à disciplina de: a) requisitos mínimos necessários e indispensáveis à validade da contratação administrativa; b) hipóteses de obrigatoriedade e de não obrigato-

[166] Justen Filho, 2009, p. 15.

[167] Justen Filho, 2009, p. 15-16.

[168] Veja-se, na espécie, o caso da ADI nº 927-3 no STF, cujo julgamento de mérito ainda pende e que aborda, entre outros pontos, a definição de normas gerais e especiais dentro da Lei Federal nº 8.666/93. Até o presente momento – e mesmo após mais de 20 anos decorridos desde sua propositura –, apenas a medida cautelar foi julgada. Veja-se: STF – ADI 927/RS MC, Relator Ministro Carlos Velloso, Tribunal Pleno, julgado em 3/11/1993, publicação em 11/11/1994.

[169] Niebuhr, 2011, p. 49.

[170] Niebuhr, 2011, p. 49.

riedade de licitação; c) requisitos de participação em licitação; d) modalidades de licitação; e) tipos de licitação; e) regime jurídico da contratação administrativa.[171] É a partir de tais patamares, então, que se consolida a processualidade administrativa inerente às licitações e contratos administrativos, com uma matriz nacional e especificações subnacionais.

No que diz respeito à subsidiariedade, interessante mencionar, de pronto, que a Lei Federal nº 9.784/99 chega a trazer dispositivo que expressamente alude ao processo licitatório, induzindo sua necessária aplicação às licitações ainda que tal diploma não tenha produzido qualquer revogação ou alteração em dispositivos da Lei Federal nº 8.666/93. O dispositivo em concreto – art. 50, IV, da LPAF – versa sobre a necessária motivação nas contratações diretas.[172]

Ademais, na medida em que a Lei de Licitações não trata de forma sistemática do processo administrativo relativo às sanções administrativas aplicáveis a licitantes e contratados (formalidades, produção de provas, alegações finais, etc.), Joel de Menezes Niebuhr indica a indubitável aplicabilidade da LPAF à questão.[173] Outrossim, a mesma providência é sugerida pelo autor no que concerne ao processo para a rescisão administrativa (art. 79, I, da Lei Federal nº 8.666/93), que deve ser informado pelos dispositivos da LPAF para que se compatibilize com os princípios constitucionais e legais da Administração.[174]

Ao final, é certo que em várias outras situações é possível que se vislumbre a utilização da LPAF a fim de melhor concretizar dispositivos da Lei de Licitações. Assim, é de se concordar com Marçal Justen Filho, segundo o qual a aplicação subsidiária dos princípios e das regras gerais consagrados pela LPAF dá, em termos amplos, maior sentido ao regramento exposto na Lei Federal nº 8.666/93, denotando a interpenetração possível.[175]

[171] Justen Filho, 2009, p. 16.

[172] Lei Federal nº 9.784/99 – Art. 50. Os atos administrativos deverão ser motivados, com indicação dos fatos e dos fundamentos jurídicos, quando: IV – dispensem ou declarem a inexigibilidade de processo licitatório.

[173] Niebuhr, 2011, p. 991.

[174] Niebuhr, 2011, p. 946. Na espécie, Joel de Menezes Niebuhr ainda aponta a aplicabilidade do art. 45 da LPAF ao processo de rescisão administrativa, na medida em que o referido dispositivo legal disciplina que "em caso de risco iminente, a Administração Pública poderá motivadamente adotar providências acauteladoras sem a prévia manifestação do interessado". Assim – e nas palavras do autor –, "à Administração é permitido, em casos excepcionais, suspender a execução do contrato até a decisão final do processo, desde que haja receios fundados de que a continuidade dele acarretaria lesão ou prejuízo ao interesse público, tudo com base no art. 45 da Lei nº 9.784/99 e no próprio inciso XIV do art. 78 da Lei nº 8.666/93. Logo, se for o caso, a Administração deve, no ato administrativo que intima o contratado a respeito da intenção de rescindir o contrato, comunicar a ele a suspensão da execução da avença" (Niebuhr, 2011, p. 947).

[175] Justen Filho, 2009, p. 100.

2.2. O alcance subjetivo e objetivo do quadro normativo da LPAF

Passada a fórmula ou regime geral de incidência da LPAF, importa, por ora, definir quais são os critérios legalmente expostos para o alcance da aplicação da LPAF.

Ainda que seja alvo de estudo em Capítulo posterior, válido repisar que, de forma expressa, a Lei Federal nº 9.784/99 foi pensada, gestada e construída como norma aplicável exclusivamente à Administração Federal[176], especialmente a fim de suprir a lacuna consistente na inexistência de um sistema unitário e logicamente sistemático em relação aos processos administrativos da União Federal.[177]

A primeira menção legal ao alcance da lei é dada no *caput* de seu artigo 1º, quando se estabelece sua regulamentação acerca do processo administrativo "no âmbito da Administração Federal Direta e Indireta". Veja-se:

> Lei Federal nº 9.784/99 – Art. 1º Esta Lei estabelece normas básicas sobre o processo administrativo no âmbito da Administração Federal direta e indireta, visando, em especial, à proteção dos direitos dos administrados e ao melhor cumprimento dos fins da Administração.

Ainda que inicie o detalhamento de seu âmbito de aplicação a partir de caracteres notadamente subjetivos (Administração Direta e Indireta), o que se pretende investigar é a possível indicação de uma lógica material, objetiva ou funcional como critério primário e preponderante de aplicabilidade da LPAF. Em outras palavras, um critério de aplicabilidade que tenha como suporte último o próprio exercício de função administrativa, conforme se extrai, *a fortiori*, de seu artigo 1º, § 1º, segundo o qual os preceitos da lei "também se aplicam aos órgãos dos Poderes Legislativo e Judiciário da União, quando no desempenho de função administrativa".

Diante disso, uma consideração subjetiva não poderia, de antemão, obstar a aplicabilidade da LPAF, eis que o critério formal, subjetivo ou orgânico seria dado como apenas auxiliar na análise da aplicabilidade da lei. Assim, o móvel maior para a aplicação da lei é dado pela matéria versada e/ou função realizada. É dizer: estando-se diante do desempenho de função administrativa oriunda de

[176] Muito embora criada especificamente para a esfera federal, a Comissão designada para a elaboração da LPAF trazia a expectativa de que o projeto oferecido pudesse servir de subsídio para a elaboração da lei básica do processo administrativo no plano federal e, bem assim, contribuir para a modelação de normas equivalentes nos demais níveis federativos. É o que relata Caio Tácito na Exposição de Motivos do referido Anteprojeto. Vide, Tácito, 1996, p. 349-350.

[177] Carvalho Filho, 2009b, p. 34.

atribuição federal, longe de dúvidas que o suporte processual administrativo há de ser o da Lei Federal nº 9.784/99.[178]

Assim é que, em breve resumo – e apoiando-se, por ora, nas ilações trazidas por Bernardo Strobel Guimarães –, tem-se que o critério de incidência da LPAF é notadamente material e exsurge do exercício de função administrativa. Mais do que isso, é certo que esse se mostra o único método idôneo a explicitar de forma precisa a incidência da lei, "não cabendo qualquer reducionismo em função exclusivamente do critério subjetivo que é meramente auxiliar".[179]

Em vistas dessas considerações preambulares acerca dos critérios de alcance e de incidência da processualidade administrativa da LPAF, passa-se a uma análise pontual da lei a fim de evidenciar os caracteres objetivos (materiais) e subjetivos (formais) que fundamentam sua aplicação. O que se pretende é discutir, entre outros temas, a incidência da LPAF a partir de suas prescrições normativas expressas, em função da extensão material da função administrativa, da matéria administrativa veiculada (direito material) e, ao final, abordar alguns casos especiais de pessoas públicas ou privadas sujeitas à processualidade da LPAF.

Aborda-se, assim, a interconexão entre os critérios de alcance subjetivo e objetivo da LPAF, indicando-se, em face da interpretação dos preceitos legais respectivos, um verdadeiro escalonamento (ordem de preferência) entre tais critérios.

2.2.1. Os caracteres legais básicos para incidência da LPAF: art. 1º, *caput*

Na linha do que já exposto, a primeira manifestação legal expressa sobre a incidência da LPAF informa sua regulamentação acerca do processo administrativo no âmbito da Administração Federal Direta e Indireta (art. 1º, *caput*).

Em termos legais, a demarcação da Administração Federal Direta e Indireta remonta ao Decreto-Lei nº 200/67, ainda vigente. A partir de tal diploma, tem-se que a Administração Direta "se constitui dos serviços integrados na estrutura administrativa da Presidência da República e dos Ministérios" (art. 4º, I), ao passo que a Administração Indireta compreende as seguintes categorias de entidades, dotadas de personalidade jurídica própria: autarquias, empresas públicas, sociedades de economia mista e fundações públicas (art. 4º, II).[180]

[178] Com a ressalva, obviamente, da questão da subsidiariedade já analisada anteriormente.

[179] GUIMARÃES, Bernardo Strobel. Âmbito de validade da lei de processo administrativo (Lei nº 9.784/99): para além da administração federal, uma proposta de interpretação conforme a constituição de seu artigo 1º. *Revista de direito administrativo*. Rio de Janeiro: Renovar, nº 236, p. 283-305, abr./jun. 2004. p. 300.

[180] A conceituação legal das entidades componentes da Administração Indireta é dada, no Decreto-Lei nº 200/67, por intermédio de seu art. 5º.

De fato, a acepção da organização administrativa brasileira é notadamente pontuada a partir da dicotomia entre Administração Direta e Indireta. Bem assim, suas definições, especificidades e seus traços distintivos são comumente trilhados pela doutrina com fundamento nos conceitos de desconcentração, centralização e descentralização administrativa.

Importa, por ora, expor rapidamente tais conceitos e, logo após, analisar a incidência da LPAF a partir dos mesmos.

2.2.2. Administração Direta e Indireta: desconcentração, centralização, descentralização administrativa e o Decreto-Lei nº 200/67

O vasto e complexo rol de tarefas atualmente acometidas ao Estado induz a necessidade de que, a partir de razoável divisão de trabalho, sua estrutura organizacional seja desenhada a fim de garantir eficiência no desempenho de sua função e atividade administrativas. Em termos históricos, o aumento de atribuições estatais é o ponto chave para que se fundamente a organização da Administração Pública, orientando-a de modo a melhor cumprir seus misteres.

De fato, a organização política e administrativa dos Estados tem sido debatida historicamente a partir do binômio "centralização *x* descentralização", cujas expressões, especialmente no Direito Administrativo, detêm significação plurívoca. Nesse contexto, é certo que tal debate há de envolver necessariamente a discussão sobre as formas de prestação da atividade administrativa: ora mais, ora menos enfeixada na esfera dos entes políticos centrais.

Na clássica acepção de Themistocles Cavalcanti – e ainda antes da concepção trazida pelo Decreto-Lei nº 200/67 –, as feições estruturais administrativas, mais ou menos centralizadas, restam sobremaneira afetadas por uma série de fatores, dentre os quais é possível destacar: a) as modificações de estrutura política; b) as transformações econômicas; c) a aplicação de novas técnicas e métodos científicos de administração; d) o tamanho da área de intervenção do Estado; e) as concepções político-sociais; etc.[181]

Ainda segundo Themistocles Cavalcanti, o crescimento das matérias afetas ao Estado a partir dos fatores acima elencados traz para o Direito Público – e, em especial, para o Direito Administrativo – a tarefa de disciplinar "as diversas formas para aliviar a Administração Pública dos encargos diretos das numerosas responsabilidades assumidas pelo Estado moderno".[182] Assim é que surgem e se aperfeiçoam, nas palavras do referido autor, as variadas "formas de execução de

[181] CAVALCANTI, Themistocles Brandão. *Tratado de direito administrativo*. 4. ed. v.2. Rio de Janeiro: Freitas Bastos, 1960. p. 39.

[182] CAVALCANTI, 1960, p. 39.

serviços públicos, desde a administração direta, até às formas mais descentralizadas, vizinhas da administração privada".[183]

Diante disso – e da nítida necessidade de divisão de trabalho no âmbito da Administração Pública –, as técnicas para organização da estrutura administrativa são vislumbradas, sobremaneira, a partir dos institutos da desconcentração e da descentralização.

De início, é de ver-se que as competências administrativas dispostas constitucionalmente são manejadas tendo-se como suporte as pessoas políticas (União, Estados, Distrito Federal e Municípios). Assim é que, no nível constitucional primordial, toda competência administrativa é concentrada e centralizada em tais sujeitos de direito.[184]

Um primeiro mecanismo de distribuição e divisão de atribuições relativas à função administrativa é dado com o instituto da desconcentração, que consiste na distribuição de poderes, dentro de uma mesma pessoa jurídica, entre órgãos sujeitos à hierarquia, subordinação e coordenação.

Tem-se a desconcentração, assim, como técnica de gestão administrativa a partir da qual se criam núcleos de atribuições dentro da mesma pessoa, isto é, sem a configuração de nova personalidade jurídica. Tais núcleos, consubstanciados tecnicamente em órgãos, constituem plexos de competência distribuídos em razão da matéria, do grau e do território (abrangência) do ente/entidade[185] responsável pela realização de determinada atividade administrativa.[186]

Como visto, muito embora o instrumental da desconcentração venha a auxiliar na melhoria da organização estrutural da Administração, este não responde por completo às demandas por eficiência administrativa. É que, com a desconcentração – e suas já mencionadas acepções de hierarquia, coordenação e subordinação –, a titularidade última e mediata dos poderes administrativos é mantida

183 Cavalcanti, 1960, p. 39.

184 Justen Filho, 2012, p. 232.

185 A referência direta e expressa a entes e entidades é dada pela constatação de que o fenômeno da desconcentração ocorre tanto nos entes políticos primaciais (União, Estados, Distrito Federal e Municípios) como nas entidades por eles criadas a partir da descentralização (Administração Indireta), conforme será visto. Nesse sentido, a própria expressão formal do artigo 1º, §2º, I, da LPAF.

186 De acordo com Celso Antônio Bandeira de Mello, "o fenômeno da distribuição interna de plexos de competências decisórias, agrupadas em unidades individualizadas, denomina-se desconcentração", sendo que "a aludida distribuição de competências não prejudica a unidade monolítica do Estado, pois todos os órgãos e agentes permanecem ligados por um sólido vínculo denominado hierarquia". Vide: Bandeira de Mello, Celso Antônio. *Curso de direito administrativo.* 18. ed. São Paulo: Malheiros, 2005. p. 140.

em um mesmo sujeito, eis que tal sorte de divisão orgânica gera efeitos meramente internos.

Em termos amplos – e já partindo para um segundo instrumental de divisão de trabalho e de organização estrutural –, o mecanismo da descentralização é o que mais desperta controvérsias de cunho técnico e terminológico, especialmente por ter sido utilizado, inclusive em sede legal (sobretudo no Decreto-Lei nº 200/67, conforme será abordado), a fim de designar institutos e concepções notadamente distintas entre si.

O traço básico da descentralização na doutrina administrativista é dado pela ideia de desempenho direto ou indireto das atividades públicas pelo Estado-Administração[187]. Em um resumo do que dizem os clássicos tratadistas nacionais do Direito Administrativo, José dos Santos Carvalho Filho expõe que a centralização representa "a situação em que o Estado executa suas tarefas diretamente, ou seja, por intermédio dos inúmeros órgãos e agentes administrativos que compõem sua estrutura funcional"; já por intermédio da descentralização, de outro lado, a atuação do Estado-Administração é dada de forma indireta, ou seja, há a delegação da atividade a outras entidades.[188]

O traço distintivo, pois, reside no deslocamento da atuação administrativa do centro de competências primário – entes políticos e sua organização estrutural eventualmente desconcentrada – para interposta pessoa, chegando-se a uma dualidade de sujeitos.

No entanto, as designações trazidas pelo Decreto-Lei nº 200/67 apontam em outro sentido, na medida em que se vislumbra como descentralização um rol de mecanismos que perpassa a questão já trazida de atuação direta ou indireta do Estado-Administração (entes políticos primaciais).

[187] Entenda-se Estado-Administração, para os fins do presente trabalho, a fim de designar os entes políticos a quem a Constituição Federal atribui as competências administrativas de forma concentrada e centralizada.

[188] Carvalho Filho, José dos Santos. *Manual de direito administrativo*. 21. ed. Rio de Janeiro: Lumen Juris, 2009a. p. 429. Interessa notar, por ora, que a designação pelo autor de "outras entidades" há de ser interpretada da forma mais ampla possível, especialmente no sentido de estabelecer uma prestação de atividade administrativa por pessoa distinta do ente primariamente competente (entes políticos). Nesse sentido, a expressão de Maria Sylvia Zanella Di Pietro, segunda a qual "a atividade da Administração Pública pode ser exercida diretamente, por meio de seus próprios órgãos (centralização administrativa ou Administração Direta) ou indiretamente, por meio da transferência de atribuições a outras pessoas, físicas ou jurídicas, públicas ou privadas (descentralização administrativa ou Administrativa Indireta)". Vide: di Pietro, Maria Sylvia Zanella. *Parcerias na administração pública*: concessão, permissão, franquia, terceirização, parceria público-privada e outras formas. 9. ed. São Paulo: Atlas, 2012. p. 45.

É de ver-se, assim, que além de o Decreto-Lei nº 200/67 trazer em seu artigo 4º, II, e artigo 5º a designação eminentemente subjetiva da Administração Direta e Indireta[189], apresenta a descentralização, em seu artigo 10, da seguinte forma:

> Decreto-Lei nº 200/67 – Art. 10. A execução das atividades da Administração Federal deverá ser amplamente descentralizada.
>
> § 1º A descentralização será posta em prática em três planos principais:
>
> a) dentro dos quadros da Administração Federal, distinguindo-se claramente o nível de direção do de execução;
>
> b) da Administração Federal para a das unidades federadas, quando estejam devidamente aparelhadas e mediante convênio;
>
> c) da Administração Federal para a órbita privada, mediante contratos ou concessões.

Analisando tal construção legislativa logo após sua edição, Mário Masagão indicava a necessidade de uma concepção tríplice para o instituto da descentralização. Por elucidativos e sintéticos, merecem transcrição os apontamentos do citado autor:

> O problema da descentralização administrativa oferece três aspectos. Refere-se o primeiro à maior ou menor capacidade dos órgãos locais, em face dos centrais; o segundo, à partilha de atribuições entre os vários aparelhos administrativos existentes em determinado país; e o terceiro, à possibilidade de a administração pública recorrer ao auxílio de pessoas, de direito privado ou de direito público, para com elas compartilhar sua tarefa. Esses três aspectos chamam-se, respectivamente, descentralização orgânica, descentralização política e descentralização por colaboração.[190]

Com base nos critérios legais – e de acordo com a expressão de Mário Masagão –, a aludida descentralização orgânica (art. 10, § 1º, *a*, do Decreto-Lei nº 200/ /67) teria sua ocorrência no ambiente interno de um determinado ente político (no caso, nos quadros da União Federal). Em verdade, representaria nada mais do que aquilo que se denomina "desconcentração", isto é, distribuição orgânica de poderes administrativos dentro de uma mesma pessoa jurídica, com distinção

[189] É certo que a própria estruturação do artigo 4º, II, e do artigo 5º do Decreto-Lei nº 200/67 já indica uma forma de descentralização. No caso, trata-se da descentralização por serviços, técnica ou funcional, que será abordada oportunamente.

[190] MASAGÃO, Mário. *Curso de direito administrativo*. 6. ed. São Paulo: Revista dos Tribunais, 1977. p. 65.

entre níveis hierárquicos mais altos (de direção) e mais baixos (de execução) de atividades administrativas.[191]

Por sua vez, a descentralização dita política do Decreto-Lei nº 200/67 (art. 10, § 1º, *b*) traz consigo caracteres relacionados à atuação conjunta de distintos entes federativos, especialmente a partir de competência de um deles (no caso concreto, competência da União que seria compartilhada com entes subnacionais a fim de se alcançar melhor prestação). No atual ordenamento jurídico, tal sorte de atuação teria como um de seus fundamentos aquilo que disposto no art. 241 da Constituição Federal[192], na medida em que o que se pretenderia é a própria cooperação por intermédio de prestação conjugada, que, como tal, melhor atenderia ao interesse público a ser manejado pelos entes.

No que tange à descentralização por colaboração, é de ver-se que, originalmente – e de acordo com os estritos termos do art. 10, § 1º, *c*, do Decreto-Lei nº 200/67 –, tinha-se tal espécie alinhada à transferência da execução de serviços para pessoas privadas, sobretudo mediante a delegação contratual. Não havia, na descentralização por colaboração ora debatida, alusão expressa a que as prestações administrativas fossem manejadas por entes componentes da Administração, muito embora tal ilação pudesse ser retirada do quadro sistemático do Decreto-Lei nº 200/67 (especialmente dos artigos 4º, II, e 5º, conforme já aludido).

Assim é que a doutrina contemporânea ao Decreto-Lei nº 200/67 já vislumbrava a descentralização por colaboração como a forma de atuação em que o Estado-Administração procura reduzir o número de seus encargos por intermédio do repasse de atribuições a pessoas físicas ou jurídicas, públicas ou privadas, que, com sua atuação, contribuiriam para o alívio da complexidade da Administração Pública.[193] Referia a doutrina, à época, que a descentralização por colabo-

[191] Bandeira de Mello, 2005, p. 140. Corroborando para a tese que assemelha a descentralização orgânica à desconcentração, a própria definição dada por José Cretella Júnior ao comentar, à época, as disposições normativas do Decreto-Lei nº 200/67: "A descentralização chama-se orgânica porque deixa bem claro o sentido desta modalidade de que se utiliza o Estado para operar, porque põe em evidência o descongestionamento relativo a um ponto específico de referência, os órgãos. Por isso, recebe o nome de descentralização orgânica". Vide: Cretella Júnior, José. *Manual de direito administrativo.* Rio de Janeiro: Forense, 1975. p. 71.

[192] CF/88 – Art. 241. A União, os Estados, o Distrito Federal e os Municípios disciplinarão por meio de lei os consórcios públicos e os convênios de cooperação entre os entes federados, autorizando a gestão associada de serviços públicos, bem como a transferência total ou parcial de encargos, serviços, pessoal e bens essenciais à continuidade dos serviços transferidos.

[193] Masagão, 1977, p. 77. Na mesma linha, José Cretella Júnior alude que tal espécie de descentralização "se verifica quando o Estado transfere a pessoas físicas ou jurídicas uma série de atribuições especiais, que ele próprio poderia desempenhar, mas que encontra dificuldades pela progressiva complexidade da máquina administrativa. Pessoas físicas e jurídicas, de Direito Público e de

ração ocorreria sob três aspectos: delegação de atribuições especiais, concessão de serviço público e autarquias.[194]

Em vistas disso, a doutrina atual procura distinguir, de certa forma, duas acepções dentro da descentralização por colaboração[195]: a descentralização por colaboração em sentido estrito e a descentralização por serviços (funcional ou técnica).

A primeira abrange a transferência da execução de determinado serviço estatal à pessoa jurídica de direito privado já existente, o que se dá, em suma, por intermédio de contrato ou ato administrativo unilateral (concessão, permissão ou autorização), conservando-se, contudo, a titularidade dos serviços na pessoa pública a quem tais serviços foram atribuídos legal ou constitucionalmente.

Noutro passo, a chamada descentralização por serviços – também chamada funcional ou técnica – traz consigo a criação ou autorização para criação, pelo Estado-Administração e por meio de lei, de pessoa jurídica de direito público ou privado a quem será atribuída a titularidade e a execução de determinado serviço. Para tal, a entidade criada é dotada com sua própria estruturação orgânica, patrimônio próprio, certa capacidade de autoadministração e sujeição a controle ou tutela a ser manejado pelo ente instituidor.

Como informa Edmir Netto de Araújo, é a descentralização por serviços, técnica ou funcional aquela que, de forma precisa, se amolda ao conceito de descentralização a que aludem os artigos 4º, II, e 5º do Decreto-Lei nº 200/67, na medida em que envolve a criação de entidade distinta da Administração Direta ou centralizada.[196]

Expostas as raízes da estrutura administrativa brasileira, a conclusão primária que se extrai das acepções de descentralização a partir do Decreto-Lei nº 200/67 é que o critério classificatório utilizado para a definição da Administração Direta e da Indireta foi o orgânico, formal ou subjetivo, tendo-se a configuração de tais quadros (gêneros) em função do elenco de sujeitos que os compõem. Assim é que, conforme já exposto, o artigo 4º, II, de tal diploma normativo especifica e

Direito Privado, estas últimas, desafogam a Administração sobrecarregada de encargos que lhe dificultam a ação, paralisando os serviços ou retardando-lhes a consecução" (Cretella Júnior, 1975, p. 73-74).

[194] Na lição de Mário Masagão, a "mais moderna forma de descentralização por colaboração, consiste em o Estado alijar determinado serviço, dando-lhe personalidade, para que se dirija por si. Essa personalidade é de direito público. Nascem assim as autarquias" (Masagão, 1977, p. 79).

[195] Veja-se que, na lição de Edmir Netto de Araújo, em qualquer dos casos o sentido é a aquiescência de alguém que detém poder ou direito sobre algo para a ação de outrem. Vide: Araújo, Edmir Netto de. *Administração indireta brasileira*. Rio de Janeiro: Forense Universitária, 1997. p. 27.

[196] Araújo, Edmir Netto de. *Curso de direito administrativo*. 5. ed. São Paulo: Atlas, 2010. p. 190.

nomina as então entidades componentes da Administração Indireta: autarquias, empresas públicas, sociedades de economia mista e fundações públicas.[197]

Não houve, assim, premissa racional a fim de identificar a atuação direta ou indireta do Estado-Administração com a noção de centralização e descentralização administrativa, eis que não se teve como norte, para tal, a forma como a atividade administrativa resta efetivamente exercida (em termos gerais, mais ou menos afeta aos entes centrais ou a outras pessoas, públicas ou privadas). De fato, o que se vê é que a sistematização do Decreto-Lei nº 200/67 indicou uma disparidade e dissimilitude entre os conceitos estruturais acima trabalhados (Administração Direta e Indireta/centralização e descentralização).[198]

Assim é que tem acerto a crítica de Celso Antônio Bandeira de Mello ao mencionar que a classificação normativa do Decreto-Lei nº 200/67 relegou a um plano distante o quesito relativo à natureza da atividade desempenhada como critério sistematizador da estruturação administrativa (exercício de função administrativa). Pelo tom forte e incisivo das críticas manejadas, válido o destaque ampliado às palavras do autor:

> Percebe-se, pois, que o critério reitor da classificação foi o orgânico, também chamado subjetivo. Com efeito, foram relacionados à conta de entidades da Administração indireta quaisquer sujeitos havidos como unidades integrantes da Administração Federal, pelo só fato de comporem dito aparelho, independentemente da natureza substancial da atividade que se lhes considere própria e independentemente do regime jurídico que lhes corresponda (público ou privado). [...]
>
> O modelo destarte concebido, é bem de ver, revela-se inapto para descortinar todas as modalidades pelas quais se desempenham atividades administrativas públicas. Com efeito, a expressão "Administração indireta", que doutrinariamente deveria

[197] Certo, de toda sorte, que o elenco padrão de entidades componentes da Administração Indireta a partir do critério classificatório subjetivo do Decreto-Lei nº 200/67 – autarquias, empresas públicas, sociedades de economia mista e fundações públicas – comporta que se amolde a ele, ainda que para fins de regime jurídico, situações jurídicas mais modernas como, por exemplo, a dos consórcios públicos (Lei Federal nº 11.107/2005). Os consórcios, como se sabe, podem ser estruturados à semelhança e à similaridade de uma autarquia interfederativa (associações públicas do art. 41, IV, do Código Civil de 2002), quando seguirão o regime autárquico; ou, quando estruturados com forma de direito privado, terão regime híbrido assemelhado às empresas públicas e sociedades de economia mista. A questão da incidência da processualidade administrativa no tocante aos consórcios públicos será debatida de forma pormenorizada no capítulo seguinte.

[198] De acordo com Celso Antônio Bandeira de Mello, a divisão entre Administração Direta e Indireta "deveria coincidir com os conceitos [...] de centralização e descentralização administrativa, de tal sorte que 'Administração centralizada' seria sinônimo de 'Administração direta', e 'Administração descentralizada', sinônimo de 'Administração indireta'. Não foi isto que sucedeu, entretanto" (Bandeira de Mello, 2005, p. 142).

> coincidir com "Administração descentralizada", dela se afasta parcialmente. Por isto, ficam de fora da categorização como Administração indireta os casos em que a atividade administrativa é prestada por particulares, "concessionários de serviços públicos", ou por "delegados de função ou ofício público" [...].
>
> Não é difícil perceber que o decreto-lei em exame, desde o seu ponto de partida, ressente-se tanto de impropriedades terminológicas quanto de falhas em seus propósitos sistematizadores, levando a crer que foi elaborado por pessoas de formação jurídica nula ou muito escassa [...].[199]

O que se quer demonstrar, ao final, é que o conceito legal de Administração Indireta não há de ser dado a partir de caracterização subjetiva, como o faz o Decreto-Lei nº 200/67. Por certo – e para fins da correta aferição da aplicabilidade da LPAF –, há de se entender por Administração Indireta toda a sorte de realização de função administrativa por pessoa distinta dos entes primariamente competentes (União, Estados, Distrito Federal e Municípios), chegando-se, assim, a uma concepção que efetivamente une o conceito de descentralização, em sentido ampliado, ao de Administração Indireta: exercício de função administrativa por pessoa que não diretamente o próprio Estado-Administração.

Bem resumindo a questão, assim pontua Bernardo Strobel Guimarães:

> Para fins de aplicação escorreita da LPAF, mais do que a classificação das diferentes instâncias da Administração Pública em função dos sujeitos que a integram (levando em conta os fenômenos da concentração e desconcentração), é de se ter em mira que suas prescrições aplicam-se tanto caso não haja personalidade jurídica própria (no caso dos órgãos), quanto caso haja personalidade própria (no caso das entidades), bem como, nos casos de haver poder de decisão (exercido por autoridade), ou quaisquer outros casos. Basta que se verifique exercício de função administrativa.
>
> Não se pode pretender que a incidência da Lei de Processo esteja sujeita a considerações bizantinas a respeito de elementos de classificação da atividade administrativa em função de critérios meramente subjetivos.[200]

Por certo – e tendo em vista as ilações do presente tópico –, necessário que se verifique a incidência da LPAF tendo como suporte o exercício de função administrativa. Evidencia-se, pois, um sentido amplo para a designação de Administração Indireta indicada no *caput* do artigo 1º da Lei Federal nº 9.784/99, incluindo-se aí, além das entidades nominadas pelo Decreto-Lei nº 200/67, todas

[199] Bandeira de Mello, 2005, p. 145-146.

[200] Guimarães, 2004, p. 300.

as outras pessoas, públicas ou privadas, na medida em que efetivamente exercitem função administrativa.

Em específico, chega-se a uma categorização material da Administração Indireta que leva em conta o fiel conceito de descentralização e de exercício indireto de função administrativa, dando conta das atividades prestadas por sujeitos distintos das pessoas políticas. Em outras palavras, uma concepção ampliada e material de descentralização que abarca subjetivamente, para fins de aplicabilidade da LPAF, entre outros: a) as entidades designadas pelo Decreto-Lei nº 200/67 e outras figuras que nelas se amoldem; b) prestadores de serviços públicos (*v. g.* concessionários e permissionários) e delegatários de função ou ofício público (*v. g.* titulares de cartórios), enquanto no exercício de atribuições do poder público.

Quanto aos prestadores de serviços públicos pela via dos institutos da concessão e permissão, por exemplo, é de se notar que tem assento constitucional a noção de execução indireta (descentralizada) e de assimilação de função ou atividade administrativa por pessoa que não o próprio Estado-Administração. De fato, a estipulação constitucional do artigo 175 é capaz, por si, de subsidiar a extensão da função e, por conseguinte, da processualidade administrativa a tais pessoas.[201] Na mesma esteira – e como exemplo –, a expressão constitucional e legal dos titulares de serventias notariais e registrais, eis que atuam por intermédio de nítida delegação de função pública.[202]

É nesse sentido, como já dito, que se afigura o conceito de Administração Indireta com conotação ampliada em relação ao conceito legal do Decreto-Lei nº 200/67, sendo certo seu alinhamento com a acepção de descentralização de atividades administrativas (função administrativa).[203] Assim é que se vislumbra, em verdade, a aplicabilidade da LPAF em função de um regime jurídico geral de atividade administrativa (função administrativa/exercício de potestade pública). Enfim, um regime que tenha como suporte último e amplo a própria prescrição

[201] CF/88 – Art. 175. Incumbe ao Poder Público, na forma da lei, diretamente ou sob regime de concessão ou permissão, sempre através de licitação, a prestação de serviços públicos.

[202] No quadro constitucional, importa destacar a menção expressa do artigo 236; no ambiente legal, as disposições dos artigos 1º e 3º da Lei Federal nº 8.935/94, a saber:

a) CF/88 – Art. 236. Os serviços notariais e de registro são exercidos em caráter privado, por delegação do Poder Público.

b) Lei Federal nº 8.935/94 – Art. 1º Serviços notariais e de registro são os de organização técnica e administrativa destinados a garantir a publicidade, autenticidade, segurança e eficácia dos atos jurídicos.

Art. 3º Notário, ou tabelião, e oficial de registro, ou registrador, são profissionais do direito, dotados de fé pública, a quem é delegado o exercício da atividade notarial e de registro.

[203] Araújo, 1997, p. 27.

específica do artigo 1º, § 1º, da LPAF, na medida em que designa a aplicabilidade da lei em consonância com o desempenho de função administrativa.

Eis, pois – e como aludido no início do presente tópico –, o verdadeiro escalonamento entre os critérios de alcance da LPAF, sendo certo que o desempenho de função administrativa é que indica, primordialmente, a extensão da LPAF, com a preponderância do critério material, objetivo e funcional, eis que o critério formal, subjetivo ou orgânico seria dado como apenas auxiliar e subsidiário na análise da aplicabilidade da lei.

2.3. Exercício de função administrativa de modo atípico: Poder Legislativo, Poder Judiciário e o art. 1º, § 1º da LPAF

Em função do já mencionado critério de incidência material, guiado pelo exercício de função administrativa, a Lei Federal nº 9.784/99 é expressa ao mencionar em seu art. 1º, § 1º, que seus preceitos "também se aplicam aos órgãos dos Poderes Legislativo e Judiciário da União, quando no desempenho de função administrativa". Assim, seja em exercício típico ou atípico, uma vez diante de função administrativa há de se manejar o arcabouço de processualidade da LPAF.

De fato – e no que toca ao seu exercício –, não é nova a distinção das funções estatais em típicas e atípicas, sobretudo a fim de explicitar a possibilidade de sua realização por órgãos (Poderes) estatais independentes e especializados, especialmente em razão de sua atribuição não exclusiva a cada um de tais órgãos (Poderes).

No tema, o que se vê é que a Constituição de 1988, ao adotar a clássica teorização da tripartição de Poderes, acaba por trazer consigo uma utilização indistinta do termo 'poder' com diferentes significações dentro do texto constitucional, o que, por certo, pode causar alguma confusão. Certo, assim, que a distribuição orgânico-funcional do dito 'poder' merece explicação preliminar.

Em breve síntese, são as seguintes as acepções do termo 'poder' na Constituição brasileira: a) poder como elemento do Estado – art. 1º, parágrafo único da CF/88 –, com o sentido de exercício do poder político, que, em última análise, reside na soberania popular e é uno e indivisível, indicando a supremacia na ordem interna e a independência na ordem externa; b) poder como órgão independente – art. 2º da CF/88 –, a evidenciar os quadros do Legislativo, Executivo e Judiciário, independentes e harmônicos entre si; c) poder como função – artigos 44, 76 e 92 da CF/88 –, a indicar o exercício de função legislativa, administrativa (executiva) e jurisdicional.

Evidente, assim, a necessidade de estabelecer a necessária distinção entre a real acepção de poder, órgão e função, eis que, de fato, não há como se falar em uma tripartição de Poderes propriamente dita, mas sim em três funções precípuas estatais que, em última análise, são exercidas de forma preponderante por um dos órgãos a que alude o art. 2º da Constituição (distribuição orgânico-funcional): a função legislativa pelo chamado Poder Legislativo, a função administrativa (executiva) pelo chamado Poder Executivo e a função jurisdicional pelo chamado Poder Judiciário.[204]

Tem-se, então, que o poder propriamente dito, uno e indivisível, é desempenhado pelos órgãos aludidos que, por sua vez, exercem de forma primária as funções estatais. Tal ideia deve restar clara para que se possa construir, com precisão, o arcabouço a partir do qual se funda toda a estrutura e funcionamento do Estado.

Diante disso, importa dizer que os ditos órgãos estatais independentes e autônomos (Legislativo, Executivo e Judiciário) não exercem apenas a sua função precípua, eis que podem exercer de forma atípica uma função que não a sua específica (nominativa).

Com efeito – e voltando ao art. 1º, § 1º, da LPAF –, ao Legislativo e ao Judiciário é dado o exercício de função administrativa, de forma atípica, especialmente no que diz respeito a caracteres organizativos e gerenciais que subsidiem e apoiem a execução de suas funções típicas (legislativa e jurisdicional).

De forma exemplificativa, a função administrativa atípica do Legislativo e do Judiciário é realizada, basicamente, em relação a sua organização interna e em atenção ao preenchimento de seus cargos, sua gestão de pessoal, aquisições e alienações.[205] Em outras palavras, o que ocorre, em suma, é que em tais casos a função administrativa é manejada como atividade meio para o exercício das funções finalísticas e precípuas de tais 'Poderes'.[206]

Bem de ver, então, que o exercício atípico de função administrativa pelo Legislativo e pelo Judiciário traz consigo a incidência da processualidade administrativa, especialmente na medida em que tal processualidade indica o *modus operandi* inerente à própria função desempenhada. Assim é que, ademais de exercerem tipicamente suas funções precípuas de acordo com o *modus* próprio para tal (*v. g.* processo legislativo e processo jurisdicional), terão como norma básica regulamentadora do exercício de função administrativa a Lei Federal nº

[204] No tema – e em relação ao Poder Executivo, Legislativo e Judiciário –, Alexandre de Moraes aponta que "exercem todos funções únicas do Estado, dentro de uma visão mais contemporânea das funções estatais, que reconhece que o Estado constitucional de direito assenta-se na ideia de unidade [...]. Assim, o que a doutrina liberal clássica pretende chamar de separação de poderes, o constitucionalismo moderno determina divisão de tarefes estatais, de atividades entre distintos órgãos autônomos". Vide: MORAES, Alexandre de. *Direito constitucional*. 21. ed. São Paulo: Atlas, 2006. p. 389.

[205] MARRARA; NOHARA, 2009, p. 31.

[206] FERREIRA, 2009, p. 21.

9.784/99, respeitando-se, da mesma forma, as questões já debatidas acerca das normas básicas e da subsidiariedade (art. 1º e 69 da LPAF).[207]

No que concerne à aludida subsidiariedade, importa destacar que a grande maioria dos casos de exercício de função administrativa pelo Legislativo e pelo Judiciário[208] diz respeito a atividades que se encontram reguladas por intermédio de legislação específica (processos específicos), tendo-se a aplicação subsidiária da LPAF como "importante garantia do cumprimento de regras e princípios fundamentais para a processualização da atuação atípica dos mencionados Poderes".[209]

De qualquer sorte – e adentrando em distinção formulada por José dos Santos Carvalho Filho –, é interessante notar uma acepção especial de subsidiariedade quando se trata do exercício de função administrativa de forma atípica. De acordo com o referido autor, a LPAF resta inaplicável tanto quanto houver a incidência tradicional da subsidiariedade (lei regulando o processo administrativo específico), "ou quando se tratar de *processos institucionais*, ou seja, aqueles que dizem respeito diretamente à função institucional do órgão ou da pessoa administrativa".[210]

Como exemplo, Carvalho Filho indica a impossibilidade de aplicação da Lei Federal nº 9.784/99 aos processos de cassação ou apenação de parlamentares justamente por seu caráter institucional, sendo tais processos regulados pela própria Constituição e pelos regimentos internos das respectivas Casas Legislativas.[211] O que se vê, pois, é uma distinção entre processos comuns – relacionados às atividades tipicamente administrativas executadas por quaisquer dos ditos Poderes e sobre os quais incidirá a LPAF, direta ou subsidiariamente – e processos institucionais, que serão regidos pelas leis e atos análogos que os disciplinem, caracterizados como leis específicas e que afastam a norma básica.[212]

De qualquer sorte, não resta dúvida, ao final, de que a incidência da LPAF tem como suporte último o exercício de função administrativa, seja de forma típica ou atípica. Assim – e especificamente no que toca ao manejo de função adminis-

[207] Item 2.1 do presente capítulo.

[208] E, como será visto adiante, também pelo Ministério Público e pelos Tribunais de Contas.

[209] MARRARA; NOHARA, 2009, p. 31.

[210] CARVALHO FILHO, 2009b, p. 45.

[211] CARVALHO FILHO, 2009b, p. 45.

[212] CARVALHO FILHO, 2009b, p. 45-47. Frise-se, por ora, que a questão levantada por José dos Santos Carvalho Filho acerca dos processos institucionais será aprofundada quando da análise da aplicabilidade da LPAF ao Ministério Público e aos Tribunais de Contas. Em verdade, o que se verá é que mesmo na ocorrência dos chamados processos institucionais será possível a aferição da aplicação subsidiária da LPAF.

trativa de forma atípica –, tanto ao Judiciário quanto ao Legislativo restam aplicáveis, em casos tais, a processualidade normatizada pela LPAF.

Importa, por ora, destacar alguns casos específicos de incidência da processualidade administrativa, dando-se destaque ao Ministério Público e ao Tribunal de Contas quando do exercício de função administrativa.

2.3.1. Casos específicos de incidência da processualidade administrativa da LPAF: o Ministério Público e os Tribunais de Contas

Como já visto, a LPAF demarcou de forma expressa a sua incidência ao Legislativo e ao Judiciário no exercício atípico de função administrativa (art. 1º, § 1º). No entanto – e em que pese a ausência de menção expressa –, é certo que a lógica do exercício atípico de função administrativa, disposta no já referido dispositivo normativo, induz a aplicabilidade da LPAF ao Ministério Público e ao Tribunal de Contas em casos tais.

Ainda que tal ilação possa ser retirada subjetivamente do *caput* do artigo 1º da LPAF – na medida em que alude à Administração Pública em geral, na qual notadamente se inserem tais instituições –, o certo é que é a partir da caracterização do exercício de função administrativa que há de se instaurar, *prima facie*, a incidência da LPAF.[213]

Todo modo, mesmo que não haja qualquer entrave hermenêutico que inviabilize a afirmação da aplicabilidade da LPAF ao MP e às Cortes de Contas quando no exercício de função administrativa, importa mencionar que, buscando preencher uma virtual lacuna existente, algumas leis de processo administrativo de entes subnacionais determinaram expressamente tal sorte de aplicação. Como exemplo, a situação trazida pela Lei de Processo Administrativo do Município de São Paulo[214] e a dos Estados de Minas Gerais[215] e Bahia[216], indicando de forma

[213] Sobre a temática, Thiago Marrara e Irene Nohara indicam que "tanto o Tribunal de Contas como o Ministério Público são instituições autônomas dotadas de relevantes atribuições constitucionais, que não se enquadram tipicamente em nenhum dos clássicos Poderes da República, mas que nem por isso deixam de desempenhar função administrativa" (MARRARA; NOHARA, 2009, p. 32).

[214] Lei Municipal nº 14.141/2006 – Art. 50. Os preceitos desta lei também se aplicam, no que couber, à Câmara Municipal de São Paulo e ao Tribunal de Contas do Município de São Paulo, quando no desempenho de função administrativa.

[215] Lei Estadual nº 14.184/2002 – Art. 1º, §1º 1º – Os preceitos desta lei aplicam-se também aos Poderes Legislativo e Judiciário, ao Ministério Público e ao Tribunal de Contas do Estado, no que se refere ao desempenho de função administrativa.

[216] Lei Estadual nº 12.209/2011 – Art. 1º, §1º – § 1º – As disposições desta Lei aplicam-se aos órgãos dos Poderes Legislativo, Judiciário, ao Ministério Público e aos Tribunais de Contas do Estado e dos Municípios, no que se refere ao exercício de função administrativa.

manifesta a incidência da processualidade administrativa na função administrativa manejada pelo MP e pelos Tribunais de Contas.

Por ora, o que se pretende é aprofundar os quesitos e as minúcias que circundam a aplicabilidade da LPAF ao Ministério Público e ao Tribunal de Contas no ambiente federal, tendo-se como suporte, em suma, a natureza das atribuições por tais instituições especificamente desempenhadas.

2.3.1.1. Tribunal de Contas

A fim de discutir a aplicabilidade da LPAF ao Tribunal de Contas da União, é necessário que, de antemão, seja debatida a natureza jurídica das funções efetivamente desempenhadas por tal instituição. É que, como já visto, o critério primário e preponderante de aplicabilidade de tal Lei é material, objetivo ou funcional, tendo como suporte último o próprio exercício de função administrativa.[217]

De qualquer sorte, a fim de evidenciar a natureza das funções manejadas por tais Tribunais outra digressão é imprescindível, qual seja: o debate acerca da natureza jurídico-institucional das Cortes de Contas em si.

Na seara do direito público – e, sobretudo, no que concerne às matérias afetas à organização jurídico-política do Estado –, a temática referente à natureza e à atuação dos Tribunais de Contas é, longe de dúvidas, uma das mais debatidas e polêmicas. Há, na espécie, um amplo espectro de opiniões a fim de bem definir e delimitar a atividade exercida por tais Tribunais, sendo o embate centrado principalmente nos seguintes dilemas: a) o lócus orgânico ocupado pelo Tribunal de Contas – órgão autônomo e independente ou componente de um dos Poderes na clássica teorização tripartite (Executivo, Legislativo e Judiciário), com a aferição de sua eventual vinculação, subordinação ou auxiliariedade a quaisquer deles; b) a definição das funções efetivamente desempenhadas pelo Tribunal – jurisdicional, administrativa, de caráter político ou estritamente técnico-auxiliar do legislativo.

Tendo-se como marco inicial a institucionalização do Tribunal de Contas da União pelo Decreto nº 966-A, de 7 de novembro de 1890[218], é de ver-se que, na própria exposição de motivos relativa a sua criação, o então Ministro da Fazenda Rui Barbosa já abordava as questões centrais do debate acima referidas. Eis suas palavras:

[217] E assim, repita-se, o critério formal, subjetivo ou orgânico é meramente auxiliar e secundário para a aferição da extensão da processualidade administrativa. Vide Item 2.2 acima.

[218] Para os antecedentes, origens, formação e histórico do Tribunal de Contas no Brasil colônia, império e república, veja-se: Rosa, Ruben. *As contas do Brasil*: cinquentenário da instalação do Tribunal de Contas. Rio de Janeiro: Imprensa Nacional, 1943.

> É, entre nós, o sistema de contabilidade orçamentária defeituoso em seu mecanismo e fraco de sua execução.
>
> O Governo Provisório reconheceu a urgência inadiável de reorganizá-lo; e a medida que vem propor-vos é a criação de um Tribunal de Contas, corpo de magistratura intermediária à administração e à legislatura, que, colocado em posição autônoma, com atribuições de revisão e julgamento, cercado de garantias - contra quaisquer ameaças, possa exercer as suas funções vitais no organismo constitucional, sem risco de converter-se em instituição de ornato aparatoso e inútil.[219]

Por certo, ao indicar, já em sua institucionalização, a composição do Tribunal de Contas a partir de um corpo de magistratura intermediária à administração e à legislatura, com posição autônoma e atribuições de revisão e julgamento, Rui Barbosa assentava os pontos centrais do debate que até hoje perdura. Ainda que não se pretenda, por ora, empreender análise percuciente da matéria, interessa apontar as linhas mestras da discussão, sobretudo a fim de, como já dito, evidenciar a natureza das funções manejadas pelas Cortes de Contas.

Em um primeiro plano – e quanto ao lócus orgânico dos Tribunais de Contas –, é de ver-se que a questão há de ser enfrentada levando-se em consideração as distinções conceituais entre vinculação, subordinação e auxiliariedade.

De fato, é a partir do artigo 71 da Constituição Federal[220] que se instauram as ponderações acerca do posicionamento e da estruturação orgânica do TCU, na medida em que o dispositivo explicita que o controle externo, a cargo do Congresso Nacional, será exercido com o auxílio do Tribunal de Contas da União.

À evidência, o caractere relativo ao auxílio nas atividades de controle externo não enseja uma necessária conjugação orgânica entre Tribunal de Contas e Poder Legislativo e, bem assim, não denota qualquer relação de subordinação hierárquica.

Com efeito, a auxiliariedade é dada, por determinação constitucional, no sentido de suporte ao efetivo exercício de determinadas competências de controle externo, o que pode indicar uma vinculação funcional tópica que não traz qualquer viés subordinatório e que, ao mesmo tempo, não impede o reconhecimento da independência e da existência de atribuições exclusivas dos Tribunais de Contas. É que, como bem aponta Carlos Ayres Britto, nem toda função de

[219] Exposição de motivos sobre a criação do Tribunal de Contas, de Rui Barbosa, disponível em: REVISTA DO TRIBUNAL DE CONTAS DA UNIÃO. Brasília: Tribunal de Contas da União, ano 30, nº 82, out./dez. 1999.

[220] CF/88 – Art. 71. O controle externo, a cargo do Congresso Nacional, será exercido com o auxílio do Tribunal de Contas da União, ao qual compete: [...].

controle externo a cargo do TCU é partilhada compulsoriamente com o Congresso Nacional.[221]

Ainda no tema, o referido autor é enfático ao indicar que o TCU não é órgão integrante ou componente do Poder Legislativo. Mais do que isso, sequer há de ser visto como órgão auxiliar do Parlamento, com o sentido de inferioridade hierárquica ou subalternidade funcional já acima delineado.[222] Assim é que pode ser vislumbrado no ordenamento jurídico-constitucional como órgão público autônomo, especializado, independente e não integrante de quaisquer dos três Poderes[223], sendo que, no tocante a determinadas competências inerentes ao controle externo, auxilia e dá suporte ao Poder Legislativo.

Nesse mesmo sentido, válido apontar a expressão recente do Supremo Tribunal Federal acerca da posição constitucional dos Tribunais de Contas:

> A POSIÇÃO CONSTITUCIONAL DOS TRIBUNAIS DE CONTAS – ÓRGÃOS INVESTIDOS DE AUTONOMIA JURÍDICA – INEXISTÊNCIA DE QUALQUER VÍNCULO DE SUBORDINAÇÃO INSTITUCIONAL AO PODER LEGISLATIVO – ATRIBUIÇÕES DO TRIBUNAL DE CONTAS QUE TRADUZEM DIRETA EMANAÇÃO DA PRÓPRIA CONSTITUIÇÃO DA REPÚBLICA. – Os Tribunais de Contas ostentam posição eminente na estrutura constitucional brasileira, não se achando subordinados, por qualquer vínculo de ordem hierárquica, ao Poder Legislativo, de que não são órgãos delegatários nem organismos de mero assessoramento técnico. A competência institucional dos Tribunais de Contas não deriva, por isso mesmo, de delegação dos órgãos do Poder Legislativo, mas traduz emanação que resulta, primariamente, da própria Constituição da República. Doutrina. Precedentes.[224]

O que se vê, assim, é que o STF acaba por adotar a concepção doutrinária trabalhada por seu então Ministro Ayres Britto, na medida em que visualiza o Tribunal de Contas como órgão de derivação constitucional direta e que não está adstrito a qualquer dos Poderes. Por certo – e com base no fundamento constitu-

[221] BRITTO, Carlos Ayres. O regime constitucional do tribunal de contas. In: CARDOZO, José Eduardo Martins; QUEIROZ, João Eduardo Lopes; SANTOS, Márcia Walquíria Batista dos (Orgs.). *Curso de direito administrativo econômico.* v. II. São Paulo: Malheiros, 2006. p. 636.

[222] BRITTO, 2006, p. 632.

[223] Em sentido contrário, a posição de José dos Santos Carvalho Filho, para quem "o Tribunal de Contas é órgão integrante do Congresso Nacional que tem a função constitucional de auxiliá-lo no controle financeiro externo da Administração Pública, como emana do art. 71 da atual Constituição" (CARVALHO FILHO, 2009a, p. 957). Também enquadrando o Tribunal de Contas como parte integrante do Poder Legislativo, na qualidade de órgão auxiliar: TEMER, Michel. *Elementos de direito constitucional.* 18. ed. São Paulo: Malheiros, 2002. p. 134.

[224] STF – ADI 4190/RJ MC-REF, Relator Ministro CELSO DE MELLO, Tribunal Pleno, julgado em 10/3/2010, publicação em 11/6/2010.

cional direto de sua função de controle externo e de suas competências –, o que a Corte Suprema acaba por reconhecer é uma natureza político-administrativa às Cortes de Contas, o que as habilita a exercer o controle externo e consequente fiscalização de administradores de quaisquer dos Poderes estatais.[225]

A partir de tal natureza, importa investigar a espécie funcional precipuamente exercida pelos Tribunais de Contas enquanto órgãos independentes e autônomos (função típica) e, bem assim, o exercício de funções tidas como atípicas, à semelhança do que ocorre nos Poderes classicamente tripartidos. Nesse quadrante, a função essencial do Estado tida como típica pelas Cortes de Contas é a de controle externo, que lhes é imputada diretamente pela Constituição.

De fato – e como já discutido quanto aos Poderes Judiciário e Legislativo[226] –, ao lado de sua função típica há, inegavelmente, o manejo de funções atípicas pelas Cortes de Contas, a trazer consigo o seu *modus operandi* peculiar. É nesse ponto que, a partir do art. 1º, § 1º, da LPAF, tem-se nítido o exercício de função administrativa, de forma atípica, também pelos Tribunais de Contas, especialmente no que diz respeito a caracteres organizativos e gerenciais que subsidiem e apoiem a execução de suas funções típicas.

Ainda de acordo com o que já explicitado em relação ao Legislativo e ao Judiciário, a função administrativa atípica dos Tribunais de Contas é realizada, basicamente, em relação a sua organização interna e em atenção ao preenchimento de seus cargos, sua gestão de pessoal, aquisições e alienações.[227] Em outras palavras, o que ocorre, em suma, é que em tais casos a função administrativa é manejada como atividade meio para o exercício de suas funções finalísticas e precípuas.[228]

Com efeito, além do exercício típico de suas funções precípuas de acordo com o *modus* próprio para tal (que será visto adiante), os Tribunais de Contas terão como norma básica regulamentadora do exercício de sua função administrativa atípica a Lei Federal nº 9.784/99, respeitando-se, em tal quadrante, as questões já debatidas acerca das normas básicas e da subsidiariedade (art. 1º e 69 da LPAF).[229]

A par dessa ilação inicial – que não suscita grande polêmica, na medida em que apenas se utiliza de um arcabouço analógico para evidenciar o exercício

[225] Em linha assemelhada, Eduardo Lobo Botelho Gualazzi indica que o Tribunal de Contas é tido como "órgão administrativo parajudicial, funcionalmente autônomo, cuja função consiste em exercer, de ofício, o controle externo, fático e jurídico, sobre a execução financeiro-orçamentária, em face dos três Poderes do Estado". Vide: GUALAZZI, Eduardo Lobo Botelho. Regime jurídico dos tribunais de contas. São Paulo: Revista dos Tribunais, 1992. p. 187.

[226] Vide item 2.3 acima.

[227] MARRARA; NOHARA, 2009, p. 31.

[228] FERREIRA, 2009, p. 21.

[229] Item 2.1 do presente capítulo.

típico e atípico de funções pelos Tribunais de Contas –, a grande discussão que se apresenta diz respeito à efetiva qualificação/natureza da função típica das Cortes de Contas: função jurisdicional ou função administrativa?

Como adiantado, é nesse ponto que os debates são mais acirrados na doutrina. No que importa ao presente estudo, basta-nos apresentar as posições havidas e, logo após, cotejá-las em função da aplicabilidade ou não da LPAF no tocante à atividade (função) tida como típica pelas Cortes de Contas: o controle externo, apontado enquanto exercício de função jurisdicional ou administrativa, conforme será visto.

A fim de iniciar tal debate em uma perspectiva cronológica – e ainda que sobre as disposições de Constituições pretéritas, que traziam normatização acerca dos Tribunais de Contas com grande similaridade à atual –, interessantes os apontamentos clássicos de Seabra Fagundes e de Pontes de Miranda.

Em relação à Constituição de 1946, Pontes de Miranda indicava que a função de julgar as contas estaria claríssima no texto constitucional, sendo ilógica a interpretação segundo a qual o Tribunal de Contas as julgaria e, logo após, outro juiz o faria acaso provocado. Tratar-se-ia, segundo o autor, de absurdo *bis in idem*.[230]

Por seu turno – e a respeito da Constituição de 1967 –, Seabra Fagundes aponta que é dado ao Tribunal de Contas o julgamento da regularidade das contas dos administradores e demais responsáveis por bens ou dinheiros públicos, o que implica sua investidura, ainda que parcial, com o exercício de função judicante. Isso não só pelo emprego da palavra 'julgamento', mas, em verdade,

> pelo sentido definitivo da manifestação da corte, pois se a regularidade das contas pudesse dar lugar a nova apreciação (pelo Poder Judiciário), o seu pronunciamento resultaria em mero e inútil formalismo. Sob esse aspecto restrito (o criminal fica à Justiça da União) a Corte de Contas decide conclusivamente. Os órgãos do Poder Judiciário carecem de jurisdição para examiná-lo.[231]

Seguindo de certa forma tal acepção, o Supremo Tribunal Federal chegou a declarar, sob a égide da Constituição de 1946, a existência de um verdadeiro núcleo intangível nas decisões das Cortes de Contas, o que afastaria a possibilidade de controle pelo Poder Judiciário. Haveria, assim, um núcleo de mérito técnico na atividade do Tribunal de Contas que seria insuscetível de revisão judicial. Veja-se, como exemplo, a ementa de julgado sobre o tema:

[230] MIRANDA, Francisco Cavalcanti Pontes de. *Comentários à Constituição de 1946*. v. II. Rio de Janeiro: Henrique Cahen Editor, 1947. p. 95.

[231] FAGUNDES, Miguel Seabra. *O controle dos atos administrativos pelo Poder Judiciário*. 4. ed. Rio de janeiro: Forense, 1967. p. 142.

> Ao apurar a alcance dos responsáveis pelos dinheiros públicos, o Tribunal de contas pratica ato insusceptível de revisão na via judicial a não ser quanto ao seu aspecto formal ou tisna de ilegalidade manifesta. Mandado de Segurança não conhecido.[232]

No entanto – e como o próprio julgado salienta –, a revisão judicial não seria obstada quanto ao seu aspecto formal ou tisna de ilegalidade manifesta. Assim, já se evidenciava uma margem de abertura para o controle jurisdicional da atividade desempenhada pelas Cortes de Contas.[233]

Nessa linha é que se enquadra o pensamento de Jorge Ulisses Jacoby Fernandes, tendo-se que o exercício da função de julgar não seria restrito ao Poder Judiciário, sobretudo em função do reconhecimento de que os Tribunais de Contas possuem a competência constitucional de julgar contas dos administradores e demais responsáveis por dinheiros, bens e valores públicos.

No ponto, a utilização do termo julgamento não denotaria outra significação que não a correspondente ao exercício da jurisdição, com sua coisa julgada. Por isso que, para o autor, melhor entendimento há na doutrina e jurisprudência que admitem "pacificamente que as decisões dos Tribunais de Contas, quando adotadas em decorrência da matéria que o Constituinte estabeleceu na competência de julgar, não podem ser revistas quanto ao mérito".[234]

[232] STF – MS 7280, Relator Ministro Henrique d'Avila, Tribunal Pleno, julgado em 20/6/1960, publicação em 15/5/1961. Do corpo do acórdão se extrai: "A decisão sobre a tomada de contas de gastos de dinheiro públicos, constituindo ato específico do Tribunal de Contas da União, *ex vi* do disposto no art. 77, II, da Constituição Federal, é insusceptível de impugnação pelo mandado de segurança, no concernente ao próprio mérito do alcance apurado contra o responsável, de vez que não cabe concluir, de plano, sobre a ilegalidade desse ato, salvo se formalmente eivado de nulidade 'substancial', o que, na espécie, não é objeto de controvérsia".

[233] Ainda que de forma mais tênue ou sensível, essa posição intermediária parece ser trilhada por Carlos Ayres Britto em seu já citado estudo sobre o regime constitucional do Tribunal de Contas. Na espécie – e após expressamente evidenciar que os Tribunais de Contas não exercem a chamada função jurisdicional do Estado, exclusiva do Poder Judiciário –, o autor traça algumas características da jurisdição que, no entanto, permeiam os julgamentos realizados nas Cortes de Contas. Elencando essas características, indica que tais julgamentos são realizados sob critérios exclusivamente objetivos e de técnica jurídica, com a subsunção de fatos e pessoas à objetividade das normas constitucionais e legais. Indica, além disso, que um de seus traços marcantes seria a força ou irretratabilidade próprias de decisões judiciais com trânsito em julgado, sobretudo quanto ao mérito das avaliações que as Cortes de Contas fazem incidir sobre a gestão financeira, orçamentária, patrimonial, contábil e operacional do Poder Público. Afora disso – e quanto aos direitos propriamente subjetivos dos agentes estatais e das demais pessoas envolvidas em processos de contas –, restaria possível um efetivo controle jurisdicional da atividade de controle externo. Vide: Britto, 2006, p. 638-639.

[234] Fernandes, Jorge Ulisses Jacoby. Limites à revisibilidade judicial das decisões dos Tribunais de Contas. *Revista do Tribunal de Contas do Estado de Minas Gerais*. Belo Horizonte: TCE/MG, v. 27,

Adiante e advogando a existência de uma jurisdição contábil-financeira, Emerson Cesar da Silva Gomes a qualifica como especial e limitada, estando relacionada às pretensões estatais à responsabilidade financeira. Segundo o autor, "esta modalidade de jurisdição é compatível com as demais jurisdições, ainda que se sujeite a eventual controle pelo Poder Judiciário, restrito aos aspectos formais e de manifesta ilegalidade".[235]

Assim é que referido autor reconhece que, no tocante à natureza das competências afetas aos Tribunais de Contas, resta necessária a distinção entre aquelas que se inserem em nítida função administrativa relacionada ao controle externo (*v. g.* apreciar para fins de registro atos de concessão de aposentadoria, reformas e pensões – art. 71, III, da CF/88), e outras que, em termos jurisdicionais (*v. g.* julgamento de contas – art. 71, II, da CF/88), trazem consigo o processamento e julgamento da pretensão estatal à efetiva tutela e administração de bens, dinheiros e valores públicos.[236]

Em sentido notadamente oposto ao que instituído até aqui, José Cretella Júnior fulmina qualquer indicação de jurisdicionalidade na atuação dos Tribunais de Contas. Eis a enfática ilação do autor:

> Somente quem confunde 'administração' com 'jurisdição' e 'função administrativa' com 'função jurisdicional' poderá sustentar que as decisões dos Tribunais de Contas do Brasil são de natureza judicante. Na realidade, nem uma das muitas e relevantes atribuições da Corte de Contas entre nós, é de natureza jurisdicional. A Corte de Contas não julga, não tem funções judicantes, não é órgão integrante do Poder Judiciário, pois todas suas funções, sem exceção, são de natureza administrativa.[237]

Nesse particular, é de se apontar que a maior parte da doutrina segue tal orientação, não reconhecendo qualquer evidência de jurisdição na atividade típica dos Tribunais de Contas.[238] Assim é que acompanham o presente entendi-

nº 2, p. 69-89, abr./jun. 1998. p. 87. A mesma ilação é exposta em obra mais recente e já clássica do mesmo autor. Vide: FERNANDES, Jorge Ulisses Jacoby. *Tribunais de contas do Brasil*: jurisdição e competência. 3. ed. Belo Horizonte: Fórum, 2012. p. 263-264.

[235] GOMES, Emerson Cesar da Silva. *Responsabilidade financeira*: uma teoria sobre a responsabilidade no âmbito dos tribunais de contas. Porto Alegre: Núria Fabris Editora, 2012. p. 337.

[236] GOMES, 2012, p. 313-314.

[237] CRETELLA JÚNIOR, José. Natureza das decisões do tribunal de contas. Revista dos Tribunais. São Paulo: *Revista dos Tribunais*, nº 631, p. 14-23, mai./1988. p. 23.

[238] No dizer de Eduardo Lobo Botelho Gualazzi, no Brasil os Tribunais de Contas realizam parcela da jusintegração administrativa, jamais jurisdição. Assim, ainda que emitam vereditos administrativos (*res veredicta*), não exercem jurisdição, privativa do Poder Judiciário. Nesse sentido, GUALAZZI, 1992, p. 217-218. No dizer do Supremo Tribunal Federal, o desempenho das funções de controle pelo Tribunal de Contas apresenta um 'colorido quase-jurisdicional'. Vide: STF – MS

mento, entre outros, tanto constitucionalistas como José Afonso da Silva e Michel Temer, quanto, na seara processual, Fredie Didier Júnior.[239]

De forma sintética, é de ver-se que há pouca hesitação quanto à caracterização da natureza administrativa nas funções do Tribunal de Contas, o que se dá por intermédio de três argumentos centrais: 1) referidos Tribunais não dirimem conflitos de interesse, atuando de ofício; 2) diante do sistema brasileiro de jurisdição una, as decisões das Cortes de Contas não podem ser afastadas do controle pelo Judiciário; e, 3) o Tribunal de Contas não está localizado objetiva e funcionalmente como órgão do Judiciário.[240]

Todo modo, apresentadas as divergências acerca da natureza institucional e da função desempenhada pelos Tribunais de Contas, importa discutir a processualidade afeta a tais órgãos e, por conseguinte, a incidência ou não da LPAF. No ponto, Carlos Ayres Britto aponta que os processos instaurados perante tais órgãos têm sua própria ontologia enquanto espécie processual, não se confundindo com os processos parlamentares, judiciais ou administrativos.[241] Formariam, assim, verdadeira espécie processual autônoma: os processos de contas.

A constatação é interessante e pode ser conjugada à já citada ilação de José dos Santos Carvalho Filho a respeito dos chamados processos institucionais, isto é, "aqueles que dizem respeito diretamente à função institucional do órgão ou da pessoa administrativa".[242] Em tais casos, o autor aponta uma distinção entre processos comuns – relacionados às atividades tipicamente administrativas executadas por quaisquer dos órgãos superiores e sobre os quais incidirá a LPAF, direta ou subsidiariamente – e processos institucionais, que serão regidos pelas leis e atos análogos que os disciplinem, caracterizados como leis específicas e que afastam a norma básica.[243]

23550/DF, Relator Ministro Marco Aurélio, Tribunal Pleno, julgado em 4/4/2001, publicação em 31/10/2001.

[239] Como exemplo, a lição de Fredie Didier Júnior, segundo o qual o Tribunal de Contas "não exerce função jurisdicional, nem mesmo quando, por exemplo, julga as contas prestadas pelos agentes públicos (art. 71, II, CF/88). Sua atividade é eminentemente administrativa e, sobretudo, fiscalizatória". Vide: Didier Júnior, Fredie. *Curso de direito processual civil.* v. 1. 9. ed. Salvador: Juspodivm, 2008. p. 77.

[240] Montebello, Marianna. Os tribunais de contas e a disregard doctrine. In: Osório, Fábio Medina; Souto, Marcos Juruena Villela (Coords.). *Direito administrativo*: estudos em homenagem a Diogo de Figueiredo Moreira Neto. Rio de Janeiro: Lumen Juris, 2006. p. 241-242.

[241] Britto, 2006, p. 641.

[242] Carvalho Filho, 2009b, p. 45.

[243] Nos termos expostos por José dos Santos Carvalho Filho acerca dos processos institucionais especificamente no Tribunal de Contas e no Ministério Público, "a conclusão é, pois, no sentido de que esses órgãos superiores da República admitem dois campos de incidência normativa no que toca a processos administrativos. Em se tratando de processo administrativo institucional,

De fato, sendo certo que, a par de sua derivação direta da Constituição, o processo institucional (processo de contas) manejado especificamente pelo Tribunal de Contas da União tem sua regulamentação dada pela Lei Federal nº 8.443/92, importa-nos discutir, por ora, eventual interpenetração da LPAF diante de tal espécie processual, levando especialmente em consideração a acepção majoritária da doutrina que qualifica a função realizada pelas Cortes de Contas como meramente administrativa. Ter-se-ia, assim, verdadeira subsidiariedade da LPAF ao processo de contas, ainda que caracterizado como processo institucional (função administrativa finalística da Corte de Contas).

Em algumas oportunidades, a presente questão concreta já foi alvo de análise pelo Supremo Tribunal Federal.

Em um dos casos, o que se discutia era a necessidade de contraditório e de ampla defesa em processo de representação fundado em suposta invalidade de contrato administrativo. Assim, ainda que a Lei Orgânica do TCU (Lei Federal nº 8.443/92) não preveja expressamente a audiência dos interessados em casos tais – e que o faça expressamente nos processos de tomada e prestação de contas –, nítida é a incidência direta, no caso, das garantias constitucionais do devido processo legal, com a necessária instauração da dialética processual.

Além da própria garantia constitucional, de incidência imediata, o STF houve por frisar que, de qualquer modo,

> se se pretende insistir no mau vezo das autoridades brasileiras de inversão da pirâmide normativa do ordenamento, de modo a acreditar menos na Constituição do que na lei ordinária, nem aí teria salvação o processo: nada exclui os procedimentos do Tribunal de Contas da União da aplicação subsidiária da lei geral do processo administrativo federal, a L. 9784/99, já em vigor ao tempo dos fatos.[244]

Tal posição, por certo, vem sendo reafirmada em julgados recentes do STF, especialmente no que toca à decadência para a Administração anular seus próprios atos (art. 54 da Lei Federal nº 9.784/99).[245]

incidirão as leis e atos análogos disciplinadores, ambos caracterizados como leis específicas. Já os processos administrativos comuns, que, aliás, não são tratados nessas leis específicas, receberão a incidência da Lei nº 9.784/99, visto que, como já foi citado, tem ela caráter residual" (Carvalho Filho, 2009b, p. 47).

[244] Trecho do voto do Ministro Sepúlveda Pertence no seguinte processo: STF – MS 23550/DF, Relator Ministro Marco Aurélio, Tribunal Pleno, julgado em 4/4/2001, publicação em 31/10/2001.

[245] 1) STF – MS 30329/DF, Relatora Ministra Cármen Lúcia, Segunda Turma, julgado em 18/12/2012, publicação em 20/2/2013; 2) STF – MS 31300/DF – Relatora Ministra Cármen Lúcia, Segunda Turma, julgado em 16/10/2012, publicação em 10/12/2012.

Em outra seara – e ainda de acordo com precedentes do Supremo Tribunal Federal –, interessa notar que a incidência ainda que subsidiária da LPAF à atividade manejada pelo Tribunal de Contas da União é vislumbrada, inclusive, quanto à elaboração de seu regimento interno, que não pode prescindir das garantias processuais instrumentalizadas por tal lei no âmbito administrativo.[246]

Assim é que, independentemente da qualificação que é dada às funções desempenhadas pelas Cortes de Contas, nota-se que é inconteste a aplicabilidade da LPAF em sua atuação. Seja direta e subsidiariamente em suas funções atípicas; seja de forma apenas subsidiária em seus processos típicos e institucionais (processos de contas). De fato, o eventual manejo de espécie processual institucional própria pelos Tribunais de Contas não tem o condão de afastar o traço comum de processualidade administrativa que lhe é inerente, sendo certa sua necessária imbricação com os ditames da LPAF.

Ressalta-se, ao final – e a par da questão federativa a ser trilhada no próximo Capítulo –, que todas as ilações aqui debatidas são aplicáveis aos Tribunais de Contas dos Estados e Municípios, onde houver, por força da necessária simetria indicada pelo artigo 75 da Constituição Federal, segundo o qual a organização, composição e fiscalização de tais Tribunais seguem as diretrizes estabelecidas no plano da União.

2.3.1.2. Ministério Público

Assim como ocorrido em relação ao Tribunal de Contas, a posição constitucional do Ministério Público esteve sempre envolvida em intensos debates.

Com efeito, é de ver-se que as polêmicas instauradas acerca do exame do lócus constitucional do Ministério Público acabam por subsidiar, também, o debate quanto à natureza das funções atualmente desempenhadas pela instituição, especialmente aquelas tidas como finalísticas.

Analisando em rápido trilhar histórico as últimas três configurações constitucionais acerca da instituição, interessante notar que, topograficamente, o Ministério Público enfrentou três distintas disposições.[247] Assim, na Constituição de 1967 situava-se em seção pertencente ao Capítulo do Poder Judiciário; na de 1969, encontrava espaço dentro do Capítulo do Poder Executivo; a Constituição

[246] Nesse sentido, o STF entendeu que, "embora caiba ao Tribunal de Contas da União a elaboração de seu regimento interno [art. 1º, X, da Lei n., 8.443/92], os procedimentos nele estabelecidos não afastam a aplicação dos preceitos legais referentes ao processo administrativo, notadamente a garantia processual prevista no art. 3º, III, da Lei nº 9.784/99". Vide: STF – MS 24519/DF, Relator Ministro Eros Grau, Tribunal Pleno, julgado em 28/9/2005, publicação em 2/12/2005.

[247] Como Constituições anteriores à de 1988, têm-se: 1) a Constituição da República Federativa do Brasil de 1967; 2) o quadro jurídico-normativo fundado a partir da edição da Emenda Constitucional nº 1, de 17/10/1969, sobre a Constituição de 1967.

de 1988, por sua vez, dedicou-lhe seção própria dentro do Capítulo das Funções Essenciais à Justiça, apartando-o, portanto, dos Três Poderes clássicos e tradicionais da República (Executivo, Legislativo e Judiciário), o que não o qualifica, ao mesmo tempo, como um quarto poder.

Muito embora haja na doutrina autores que, atualmente, ainda enxerguem no Ministério Público alguma espécie de vinculação jurídico-institucional com o Poder Executivo[248], entende-se que se trata de instituição autônoma e independente, de derivação constitucional direta e imediata, sendo mais correto atribuir-lhe tanto a "natureza jurídica de órgão *sui generis* como de instituição constitucional".[249]

No que toca às funções efetivamente desempenhadas, é de ver-se que, ainda que o Ministério Público tenha, de forma expressa, íntima relação com a função jurisdicional, na medida em que a Constituição lhe instaura como "instituição permanente, essencial à função jurisdicional do Estado, incumbindo-lhe a defesa da ordem jurídica, do regime democrático e dos interesses sociais e individuais indisponíveis" (art. 127, CF/88), é certo que a essa função não se restringe.

Nesse quadro, válida a já clássica lição de Hugo Nigro Mazzilli, segundo o qual há dúplice equívoco na alusão ao Ministério Público como instituição eminentemente alinhada e essencial à função jurisdicional. Para o autor,

> a referência a ser 'essencial à função jurisdicional do Estado' vem feita no art. 127 da Constituição, [...] mas não deixa de ser duplamente incorreta: diz menos do que deveria (o Ministério Público tem inúmeras funções exercidas independentemente da prestação jurisdicional, como na fiscalização de fundações e prisões, nas habilitações de casamento, na homologação de acordos extrajudiciais, na direção de inquérito civil, no atendimento ao público, nas funções de ombudsman), e, ao mesmo tempo, paradoxalmente, diz mais do que deveria (pois o Ministério Público não oficia em todos os feitos submetidos à prestação jurisdicional, e sim, normalmente, apenas naqueles em que haja algum interesse indisponível, ou, pelo menos, transindividual, de caráter social, ligado à qualidade de uma das partes ou à natureza da lide).[250]

[248] Essa é, por exemplo, a opinião de José Afonso da Silva, segundo o qual "não é aceitável a tese de alguns que querem ver na instituição um quarto poder do Estado, porque suas atribuições, mesmo ampliadas aos níveis acima apontados, são ontologicamente de natureza executiva, sendo, pois, uma instituição vinculada ao Poder Executivo [...]". Vide: Silva, José Afonso da. *Curso de direito constitucional positivo*. 22. ed. São Paulo: Malheiros, 2003. p. 582.

[249] Garcia, Emerson. *Ministério público*: organização, atribuições e regime jurídico. 2. ed. Rio de Janeiro: Lumen Juris, 2005. p. 47.

[250] Mazzilli, Hugo Nigro. *Regime jurídico do ministério público*. 5. ed. São Paulo: Saraiva, 2001. p. 146.

Nesse mesmo sentido, Emerson Garcia aponta que "o fato de o Ministério Público praticar atos essencialmente administrativos não tem o condão de estabelecer qualquer vínculo com o Poder Executivo, até porque a prática de atos dessa natureza não é privilégio deste".[251]

O panorama que se apresenta impõe ao Ministério Público o exercício de atribuições múltiplas e complexas, enviesadas e alinhadas às diversas funções estatais. Assim, muito embora pratique, de forma finalística, atos essencialmente administrativos, o faz em consonância e em atenção a distintas das funções estatais.

A despeito das funções eminentemente administrativas e atípicas relacionadas à gestão da instituição[252], importa dissecar o duplo âmbito de atuação ministerial em termos finalísticos: judicial e extrajudicial.

Sobretudo em relação à atuação judicial é que se evidencia a essencialidade do Ministério Público à função jurisdicional do Estado (art. 127 da CF/88), tendo-se as atribuições ministeriais intimamente relacionadas ao exercício da jurisdição. Nesse passo, tais atribuições serão versadas em consonância com as regras processuais inerentes à espécie jurisdicional desempenhada (cível, penal, trabalhista, etc.), sendo por elas guiadas.

A grande questão reside, pois, na chamada atuação extrajudicial e finalística do Ministério Público, sobre a qual há de se perquirir os eventuais caracteres processuais administrativos. O ponto inicial para análise de tal atuação é dado especialmente a partir do instituto do inquérito civil, de estatura constitucional (art. 129, III, da CF/88).[253]

Originado com a Lei Federal nº 7.347/85 (Lei da Ação Civil Pública) – e, como visto, posteriormente enquadrado em patamar constitucional –, o inquérito civil é tradicionalmente conceituado como o procedimento administrativo investigatório a cargo do Ministério Público (presidido por um integrante seu), cuja finalidade precípua é a coleta de elementos de convicção para a propositura de ação civil pública.[254] Mais do que isso, é certo que o inquérito civil pode

[251] GARCIA, 2005, p. 54.

[252] Tidas como verdadeira atividade meio, à semelhança do que ocorrido com o Legislativo, o Judiciário e os Tribunais de Contas, nos quais o exercício atípico de função administrativa é manejado essencialmente como suporte para suas atribuições finalísticas. Para um maior detalhamento do exercício atípico de função administrativa, em termos de gestão interna, no Legislativo, Judiciário e Tribunais de Contas – o que se aplica integralmente ao Ministério Público –, remete-se aos itens 2.3, 2.3.1 e 2.3.1.1 acima.

[253] Veja-se que não se adentra nas discussões acerca de possível manejo de investigação criminal diretamente pelo órgão ministerial, o que foge do objeto do presente trabalho.

[254] MAZZILLI, Hugo Nigro. Pontos controvertidos sobre o inquérito civil. In: MILARÉ, Édis (Coord.). *Ação civil pública*: Lei 7.347/1985 – 15 anos. 2. Ed. São Paulo: Revista dos Tribunais, 2002. p. 311 e ss.

ser manejado a fim de instrumentalizar a colheita de informações com vistas à formação do convencimento do órgão ministerial em suas demais funções institucionais.[255]

Notadamente enquadrado como realização de função administrativa finalística pelo Ministério Público, o inquérito civil é regulado em âmbito nacional pela Resolução nº 23/2007, do Conselho Nacional do Ministério Público (CNMP), que o instaura da seguinte forma:

> CNMP – Resolução nº 23/2007 – Art. 1º O inquérito civil, de natureza unilateral e facultativa, será instaurado para apurar fato que possa autorizar a tutela dos interesses ou direitos a cargo do Ministério Público nos termos da legislação aplicável, servindo como preparação para o exercício das atribuições inerentes às suas funções institucionais.
>
> Parágrafo único. O inquérito civil não é condição de procedibilidade para o ajuizamento das ações a cargo do Ministério Público, nem para a realização das demais medidas de sua atribuição própria.

De plano, salta aos olhos que a regulamentação acerca da matéria é clara ao evidenciar a natureza unilateral do inquérito civil, tratando-o como instrumental disponível ao Ministério Público para a preparação do exercício das atribuições inerentes às suas funções institucionais.

Diante de tal quadro, revela-se um grande embate, sobretudo na doutrina processual civil[256], acerca da configuração e caracterização do inquérito civil como processo ou procedimento administrativo, em termos tradicionais, tendo-se como divisor de águas a sua instauração sob o crivo do contraditório (*in casu*, com a necessária incidência ou não do contraditório e da ampla defesa em sua realização).

[255] É nesse sentido que Hugo Nigro Mazzilli aponta que, "de forma subsidiária, o inquérito civil também se presta para colher elementos que permitam a tomada de compromissos de ajustamento, ou a realização de audiências públicas e emissão de recomendações pelo Ministério Público; contudo, mesmo nestes casos, não se afasta a possibilidade de servir de base para a propositura da correspondente ação civil pública". Vide: MAZZILLI, Hugo Nigro. *O Inquérito civil*. 2. Ed. São Paulo: Saraiva, 2000. p. 52.

[256] É interessante destacar, por ora, que o caractere do inquérito civil que o instaura como preparatório de eventual medida judicial por parte do Ministério Público acaba por direcionar os debates sobre a matéria aos estudiosos da processualística civil. De fato, a discussão acerca da configuração processual ou procedimental do inquérito civil é notadamente trilhada por processualistas e, a grosso modo, esquecida pelos administrativistas, muito embora não haja dúvidas que o inquérito civil, como já dito, enquadra-se *per si* como realização de função administrativa finalística por parte do Ministério Público.

Apenas a fim de pontuar o debate, é de ver-se que a maioria da doutrina, amparada por grande parcela das decisões dos Tribunais Superiores, vislumbra o inquérito civil com natureza inquisitorial e pré-processual, o que afastaria a necessidade de contraditório e de ampla defesa. Na espécie, a lição de Hugo Nigro Mazzilli:

> O inquérito civil não é *processo* administrativo e sim *procedimento*; nele não há uma acusação nem nele se aplicam sanções; dele não decorrem limitações, restrições ou perda de direitos. No inquérito civil não se *decidem interesses*; não se aplicam penalidades. Apenas serve para colher elementos ou informações com o fim de formar-se a convicção do órgão do Ministério Público para eventual propositura ou não da ação civil pública.[257]

Nesse mesmo sentido, como afirmado, extrai-se dos reiterados julgados do Supremo Tribunal Federal e do Superior Tribunal de Justiça acerca do tema:

> [...] este Supremo Tribunal Federal assentou que as garantias constitucionais da ampla defesa e do contraditório não são aplicáveis na fase do inquérito civil, de natureza administrativa, caráter pré-processual e que somente se destina à colheita de informações para propositura da ação civil pública.[258]
>
> O Ministério Público possui legitimidade para promover o inquérito civil, procedimento este que tem natureza preparatória da ação judicial, não lhes sendo inerentes os princípios constitucionais da ampla defesa e do contraditório. [...] O inquérito civil público é procedimento informativo, destinado a formar a *opinio actio* do Ministério Público. Constitui meio destinado a colher provas e outros elementos de convicção, tendo natureza inquisitiva.[259]

De outro lado – e advogando a tese da necessária incidência de contraditório e de ampla defesa aos inquéritos civis –, porção minoritária da doutrina aponta

[257] MAZZILLI, 2002, p. 281. No mesmo sentido, Marcus Paulo Queiroz Macêdo indica que o inquérito civil, muito embora seja um procedimento necessariamente escrito e ordenado, com regras próprias de instauração, instrução e conclusão, não se presta a solver controvérsias afetas ao poder decisório da Administração Pública (*in casu*, do Ministério Público). Tem natureza inquisitória e não se sujeita ao contraditório, inclusive podendo ter o seu sigilo decretado, à semelhança do inquérito policial. Em vistas disso – e inexistindo contraditório –, não há que se falar em processo administrativo, mas apenas em procedimento administrativo. Vide: MACÊDO, Marcus Paulo Queiroz. *O ministério público e o inquérito civil público*: aspectos teóricos e práticos. Belo Horizonte: Arraes Editores, 2012. p. 142 e ss.

[258] STF – RE 481955/PR AgR, Relatora Ministra CÁRMEN LÚCIA, Primeira Turma, julgado em 10/5/2011, publicação em 26/5/2011.

[259] STJ – RMS 21038/MG, Relator Ministro LUIZ FUX, Primeira Turma, julgado em 7/5/2009, publicação em 1/6/2009.

o inquérito civil como verdadeiro processo administrativo que, consistente em sequencial de atos tendentes à formação da opinião ministerial, traria consigo a necessidade de participação efetiva do investigado.

Mais do que isso, por ser apto à formação de provas contrárias ao patrimônio e à liberdade do cidadão – a exemplo de perícias sem que os assistentes dos acusados possam arrazoar os quesitos, afastando presunção de culpa –, restaria imprescindível a notificação do investigado acerca do inquérito civil, possibilitando ao mesmo atuar defensivamente e oferecer contrariedade, eis que a inobservância de tais direitos subjetivos levariam à nulidade da atuação ministerial.[260]

Ainda que não se adentre no pragmatismo da discussão, o que se vê, pois, é que os debates envolvem a necessária participação ou não do investigado e, ademais, a própria configuração do inquérito civil como suporte para atuação administrativa de cunho decisório (no caso, do Ministério Público).

Nesse quadro, o que há de se perquirir é o eventual enquadramento da processualidade administrativa do inquérito civil a teor do que discutido no Capítulo I do presente trabalho: enquanto processualidade relacional, de caráter mais restrito e indicando a necessária incidência da participação em contraditório, ou, de outra forma, enquanto processualidade funcional, mais ampla e a indicar o exercício natural da função administrativa em cotidiana atividade decisória.

Em abstrato, muito embora a processualidade administrativa em sentido amplo indique, a um só tempo, o *iter* que leva à formulação e exteriorização da vontade administrativa e a relação jurídica que a emoldura, sendo toda atividade decisória da Administração condicionada por princípios e regras de índole processual, o caso específico do inquérito civil traz à baila um necessário cotejamento no que diz respeito à participação do investigado, a qual poderia frustrar o seu próprio escopo, como assentado pela doutrina majoritária e jurisprudência.

Assim, vislumbrado como mecanismo de preparação para o exercício das atribuições inerentes às funções institucionais do Ministério Público, restaria ao próprio responsável e propulsor do inquérito civil a aferição do cabimento da

[260] JORGE, André Guilherme Lemos. *A efetividade dos princípios constitucionais do contraditório e da ampla defesa no inquérito civil*. 2007. 105 f. Dissertação (Mestrado em Direito) – Pontifícia Universidade Católica de São Paulo, São Paulo, 2007. p. 97-98. Em sentido análogo, Paulo de Bessa Antunes informa que "o quadro constitucional, no qual está inserido o Ministério Público, impõe que o mesmo seja examinado dentro do contexto da ordem jurídica democrática e, portanto, considerando-se todos os princípios que lhe são inerentes, em especial a ampla defesa e o contraditório". Vide: ANTUNES, Paulo de Bessa. O inquérito civil: considerações críticas. In: MILARÉ, Édis (Coord.). *Ação civil pública*: Lei 7.347/1985 – 15 anos. 2. Ed. São Paulo: Revista dos Tribunais, 2002. p. 712).

participação do investigado, sobretudo à vista do caractere inquisitivo do instituto.[261] Com efeito, relata Hugo Nigro Mazzilli que, não sendo um fim em si mesmo, o inquérito civil pode ser aberto ao contraditório na medida da conveniência motivada de seu presidente condutor.[262]

Sobre o tema, interessantes são as ilações de Carlos Vinícius Alves Ribeiro, que, a partir de quadrantes notadamente processuais – ao menos em relação às formas e sua controlabilidade –, enxerga o inquérito civil não apenas como ferramenta à disposição do Ministério Público, mas, e principalmente, como um "direito do cidadão em ter o seu bem da vida tutelado de forma mais célere, bem como, do ponto de visto do 'infrator', direito em ter sua conduta controlada da maneira menos gravosa".[263]

Adiante, o referido autor apresenta a atividade administrativa finalística do Ministério Público como uma atividade protojudicial, que, assim sendo, revela-se em um trilhar processualizado guiável por instrumentos jurídicos e, ao mesmo tempo, controlável tanto pelos cidadãos quanto pelos sistemas de controle burocráticos, sejam institucionais, sejam judiciais.[264]

Como decorrência – e a par da incidência direta do contraditório e da ampla defesa, o que notadamente já traria uma acepção no mínimo subsidiária da LPAF ao inquérito civil como processo administrativo especial –, é de ver-se que, enquanto realização de função administrativa, se vislumbra minimamente um arquétipo processual administrativo no instituto, especialmente pelo fato

[261] De acordo com José dos Santos Carvalho Filho, "nada impede, é verdade, que o órgão que presida o inquérito civil atenda a pedidos formulados por interessados, mas se o fizer será apenas para melhor constituição dos dados do procedimento". Vide: CARVALHO FILHO, José dos Santos. *Ação civil pública*: comentários por artigo. 5. ed. Rio de Janeiro: Lumen Juris, 2007. p. 254.

[262] MAZZILLI, 2002, p. 281 e ss. Como referência, eis a explicação do autor: "Tomemos estas hipóteses como exemplo: o Ministério Público não está bem instruído se é ou não caso de propor a ação civil pública, se houve ou não o dano, se a argumentação do autor do requerimento é ou não correta (nesses casos, como em outros, ouvir todos os interessados, produzir provas requeridas pelo indiciado, facultar-lhe apresentação de documentos e elementos instrutórios – tudo isso pode ser mais que útil, até mesmo necessário)". (MAZZILLI, 2002, p. 281).

[263] RIBEIRO, Carlos Vinícius Alves. *As funções extrajudiciais do Ministério Público*: natureza jurídica, discricionariedade e limites. 2011. 193 f. Dissertação (Mestrado em Direito do Estado) – Universidade de São Paulo, São Paulo, 2011. p. 182.

[264] RIBEIRO, 2011, p. 183. Mais do que isso, o autor aponta que "apenas ao se admitir o inquérito civil como processo administrativo, sendo a ele aplicável todos os direitos garantidos aos cidadãos nos processos em geral, bem como as balizas de controle aqui trazidas, será possível traçar uma guia de unidade de atuação do Ministério Público, possibilitando o controle do agente que infringe as determinações institucionais ou que é leniente em seu dever de agir".

de evidenciar uma atividade decisória da Administração, mesmo que tal caráter decisório seja realizado *interna corporis* no âmbito do Ministério Público.[265]

Assim é que, ainda que configure expressão da dita processualidade administrativa funcional – e, portanto, como realização de função administrativa em cotidiana atividade decisória – o inquérito civil não foge do patamar processual mínimo, podendo ser considerado como uma espécie de processo administrativo institucional a cargo do Ministério Público, sendo-lhe aplicáveis, ao menos subsidiariamente, os preceitos do quadro normativo da LPAF.

É que, como já aludido, muito mais do que a fixação de um regular transcurso da atuação administrativa decisória (processualidade funcional) ou da regulamentação da participação em contraditório na esfera administrativa (processualidade relacional), é certo que a LPAF, nesse caso, prestar-se-ia à determinação e orientação principiológica de toda a conduta da Administração (no caso, do condutor do inquérito civil). Apenas como exemplo da gravitação da LPAF sobre a atuação ministerial no inquérito civil, restariam moldadas juridicamente no ambiente legal[266] questões atinentes aos critérios da atuação administrativa (art. 2º, parágrafo único), início dos processos (arts. 5º a 8º), competência (arts. 11 a 17), impedimentos e suspeição (arts. 18 a 21), comunicação dos atos (arts. 26 a 28), etc.

Em um contexto geral, restariam estipulados e instrumentalizados os pressupostos da atuação administrativa ministerial em seu sentido mais amplo, determinando patamares de instauração, instrução e decisão relativos à formação e posterior execução da vontade funcional da Administração Pública.[267] Tudo isso, como já dito, com possível esteio no quadro normativo da LPAF.

2.4. O quesito da autoridade como suporte da LPAF: o art. 1º, § 2º da Lei Federal nº 9.784/99

A fim de melhor evidenciar seu campo de aplicação, a própria LPAF buscou delimitar, em seu corpo, definições capazes de indicar as possíveis acepções semânticas em que certos conceitos seriam utilizados para o manejo de seu quadro normativo.

[265] Vê-se que a atividade decisória do Ministério Público no tocante ao inquérito civil é manifestada desde sua instauração, passando por toda sua instrução e, ao final, é dada com o manejo de ação judicial ou com o arquivamento do inquérito civil.

[266] E não apenas em nível regulamentar, na medida em que algumas de tais questões encontram-se dispostas na regulamentação infralegal do instituto pelo próprio Ministério Público (CNMP).

[267] Conforme já exposto, Adilson Abreu Dallari aponta, com base em Carlos Ari Sundfeld, que a vontade funcional da Administração Pública é canalizada em um processo, a fim de garantir que sua expressão em ato final não seja empolgada pela vontade do agente, mas signifique uma vontade equilibrada, esclarecida, racional, objetiva e imparcial. Nesse sentido, Dallari, 2013, p. 687.

Dentro do espectro de seu artigo 1º, em que enuncia a aplicabilidade da LPAF aos processos administrativos no âmbito da Administração Federal Direta e Indireta, o § 2º de tal artigo traz, em nítida interpretação autêntica[268], os conceitos legais de órgão, entidade e autoridade. No que ora se debate, importa dissecar o conteúdo legal do conceito de *autoridade* (art. 1º, § 2º, III), especialmente a fim verificar a utilização do mesmo como suporte para a aplicabilidade da LPAF.

A partir de sua literalidade, o conceito de autoridade trazido pela lei tende para uma acepção subjetiva, na medida em que indicaria o sujeito que maneja a vontade oriunda de função pública. Assim é que, em específico, a LPAF conceitua autoridade como "o servidor ou agente público dotado de poder de decisão" (art. 1º, § 2º, III).[269]

É interessante que se vislumbre em tal conceito a noção não apenas subjetiva acima alinhada, eis que o verdadeiro sentido de autoridade traz consigo a imputação, a um certo agente público, de competência dotada de determinadas prerrogativas especiais de direito público.[270] Há, assim, uma conjugação subjetiva e objetiva no conceito de autoridade, indicando, a um só tempo, a forma (o agente) e a matéria (competência/poder administrativo).

Muito embora seja possível concordar, em primeira mão, com a ilação de José dos Santos Carvalho Filho de que a LPAF expressamente emprega o termo 'autoridade' em um sentido notadamente subjetivo, indicando que se trata do sujeito que manifesta a vontade com poder de decisão[271], tal conclusão não inviabiliza, mas sim reforça, a identificação da autoridade a partir do próprio poder administrativo exercido.

O conceito de autoridade, assim, é determinado também pelo seu viés objetivo e material, isto é – e nos termos da própria LPAF –, pelo "poder de decisão" inerente ao exercício de função pública. O que há de se demonstrar, assim, é a impossibilidade de conotação eminentemente subjetiva da autoridade, sendo necessária sua conjugação com o intrínseco e inafastável elemento que a qualifica: o poder (no caso, a competência/poder administrativo).

[268] Na linha de Carlos Maximiliano, "denomina-se autêntica a interpretação, quando emana do próprio poder que fez o ato cujo sentido e alcance ela declara. Portanto, só uma Assembleia Constituinte fornece a exegese obrigatória do estatuto supremo; as Câmaras, a da lei em geral, e o Executivo, dos regulamentos, avisos, instruções e portarias". Vide: MAXIMILIANO, Carlos. *Hermenêutica e aplicação do direito*. 19. ed. Rio de Janeiro: Forense Universitária, 2003. p. 71.

[269] No mais das vezes, a legislação dos entes subnacionais acerca do Processo Administrativo traz disposição análoga no que diz respeito à conceituação de autoridade. Na lei do Município de São Paulo (Lei Municipal nº 14.141/2006) e do Estado da Bahia (Lei Estadual nº 12.209/2011), por exemplo, tem-se por autoridade o agente público dotado de poder de decisão.

[270] CARVALHO FILHO, 2009b, p. 48-49.

[271] CARVALHO FILHO, 2009b, p. 49.

Trabalhando especificamente com a questão do exercício de poderes públicos de autoridade por entidades privadas com funções administrativas, Pedro Gonçalves indica a indispensável complexidade inerente ao conceito de autoridade, uma vez que, como já dito, é notória a articulação necessária entre autoridade e poder (sujeito e objeto).[272]

A partir dessa articulação, é inegável que se enfatize a questão material do poder, eis que, neste contexto, a ideia de autoridade acaba apenas por qualificar uma situação subjetiva de poder, de forma que reforça e esclarece "a posição de supremacia jurídica de um sujeito que, por si só, a noção de poder não contém, nem consegue transmitir na íntegra".[273]

Em suma – e novamente a partir da lição de Pedro Gonçalves –,

> a autoridade que nos interessa não é, por conseguinte, a mera *auctoritas*, desligada da *potestas*, mas a autoridade enquanto qualificação de um especial poder ou competência que a ordem jurídica atribui a um sujeito. O poder público de autoridade resulta, pois, de uma específica atribuição jurídica (legal) e não da mera *auctoritas* de um sujeito. A designação do detentor de poderes públicos como autoridade ("autoridade pública", "agente de autoridade") constitui apenas uma indicação de que se trata de uma instância investida por lei (ou por um outro acto fundamentado na lei) de concretos poderes públicos de autoridade. Autoridade, *hoc sensu*, indica, por conseguinte, que um sujeito tem poderes de autoridade.[274]

Ainda no tema – mas voltando ao ambiente da LPAF –, é nítido que o conceito de autoridade (art. 1º, § 2º, III) há de ser lido em cotejo com os conceitos de órgão e entidade também estabelecidos na lei (art. 1º, § 2º, I e II), sobretudo quando se leva em conta a noção complexa de autoridade acima apresentada.

Com efeito, a caracterização e a configuração de determinada autoridade independe das noções de órgão e entidade a que a lei alude, podendo ser dada a par de tais estruturas. Basta, para a caracterização da autoridade, que se vislumbre o poder decisório relativo à função administrativa enquanto proveniente de uma competência legalmente estabelecida e atribuída a um agente, o que independe, na prática, da concepção concomitante de um órgão ou entidade.

Veja-se, na espécie, que o conceito de órgão estipulado pela LPAF induz a necessária vinculação à estrutura da Administração Direta ou Indireta (*órgão* – é a unidade de atuação integrante da estrutura da Administração direta e da estrutura da Administração indireta). Por outro lado, o conceito de entidade acaba por não trazer uma vinculação expressa à estrutura subjetiva da Administração (*enti-*

[272] Gonçalves, 2005, p. 596.

[273] Gonçalves, 2005, p. 596.

[274] Gonçalves, 2005, p. 596-597.

dade – é a unidade de atuação dotada de personalidade jurídica). Aqui, talvez, já haveria uma indicação da própria lei no sentido de que o exercício de autoridade (poder decisório relativo à função administrativa) tem ocorrência autônoma, a despeito de formal organização administrativa.

Por certo – e como já visto anteriormente –, essa dissociação de conceitos indica a indiscutível possibilidade de que a descentralização administrativa alcance sujeitos que, em termos subjetivos, não estão tecnicamente dispostos dentre os componentes tidos como tradicionais da Administração Indireta.[275]

O que fica claro, de fato, é que em todos os casos a caracterização de autoridade há de ser notadamente material, isto é: dada a partir do exercício de determinada função administrativa, independentemente se executada de forma direta ou indireta (centralizada ou descentralizada).

A par do instrumental clássico inerente ao direito administrativo, a conclusão acima exposta pode ser bem melhor visualizada e demonstrada com o auxílio de institutos trabalhados, de forma precípua, em disciplina que alinha o direito constitucional e o direito processual civil: o chamado direito processual constitucional[276], que engloba, entre outras questões, as chamadas ações ou remédios constitucionais referentes à jurisdição constitucional das liberdades.

É que, na seara do processo constitucional, já não há qualquer sorte de dúvidas acerca da noção constitucional e legal de autoridade, especialmente a fim de abarcar o seguinte binômio: agente (pessoa) e atribuição de poder público.

Nesse quadro constitucional e legal, a noção de autoridade é trabalhada, sobretudo, no aspecto de tutela do administrado em face de uma eventual atuação ilegítima de autoridade. A partir disso, o que se discute é a consequente e concreta proteção jurídico-processual do administrado em face de um ato de

[275] E aqui, especialmente, aqueles expressamente dispostos no Decreto-Lei nº 200/67 como entidades da Administração Indireta.

[276] Não há de se adentrar, por ora, na polêmica questão que envolve a denominação da matéria: direito processual constitucional ou direito constitucional processual. De qualquer forma, adota-se, no tema, a distinção realizada por Ivo Dantas, segundo o qual "sem maiores discussões doutrinárias, poderíamos afirmar que o Direito Processual Constitucional é o conjunto de normas referentes aos requisitos, conteúdos e efeitos do processo constitucional, isto é, aquele dirigido à solução das controvérsias decorrentes da aplicação da Lei Maior, tendo como grande tema de análises, a Jurisdição Constitucional, ao lado da qual se colocam as ações referentes à Jurisdição constitucional das liberdades. O Direito Constitucional Processual, por seu turno, abrangeria o conjunto de normas processuais existentes na Constituição, tais como, a Teoria da Jurisdição, o Direito de Ação e as Garantias Constitucionais referentes ao Processo e ao Procedimento". Vide: DANTAS, Ivo. O direito processual constitucional. *Fórum administrativo*. Belo Horizonte: Fórum, Ano I, nº 7, p. 881, set./2001. p. 881. No mesmo sentido, veja-se: CORREIA, Marcus Orione Gonçalves. *Direito processual constitucional*. 3. ed. São Paulo: Saraiva, 2007. p. 2.

autoridade eventualmente viciado. É o caso, por exemplo, das ações constitucionais de *habeas data* e de mandado de segurança.

Especificamente em relação à ação de mandado de segurança, a Constituição Federal indica seu cabimento para "proteger direito líquido e certo, não amparado por "habeas-corpus" ou "habeas-data", quando o responsável pela ilegalidade ou abuso de poder for autoridade pública ou agente de pessoa jurídica no exercício de atribuições do Poder Público" (CF/88 – art. 5º, LXIX).

A partir da leitura singularizada do comando constitucional, conclui-se que o cabimento do mandado de segurança resta predisposto à dúplice situação, ou seja, à ocorrência de ilegalidade ou abuso de poder proveniente de: 1) autoridade pública; ou, 2) agente de pessoa jurídica no exercício de atribuições do Poder Público.

De qualquer sorte – e nos termos constitucionais –, ainda que o conceito de autoridade tenda para caracterização subjetiva, como já visto, resta nítido que o móvel para o cabimento da ação é, em ambos os casos, o exercício de atribuições do Poder Público, seja ou não o agente passivo caracterizado subjetivamente como autoridade integrante dos quadros permanentes da Administração.

É certo, assim, que a disciplina constitucional do mandado de segurança indica, ainda que indiretamente, que é o "poder de decisão" inerente ao exercício de função pública que enseja a possibilidade de sindicar a atuação do agente passivo. Com efeito, é o próprio ato de autoridade (em sentido objetivo) e não a atuação de autoridade (em sentido subjetivo) que possibilita o manejo da ação de mandado de segurança, eis que, sob qualquer dos prismas, o que interessa é o exercício efetivo de função administrativa.

Chegando-se ao patamar legal, a Lei Federal nº 12.016/09 assim dispõe:

> Lei Federal nº 12.016/09 – Art. 1º Conceder-se-á mandado de segurança para proteger direito líquido e certo, não amparado por habeas corpus ou habeas data, sempre que, ilegalmente ou com abuso de poder, qualquer pessoa física ou jurídica sofrer violação ou houver justo receio de sofrê-la por parte de autoridade, seja de que categoria for e sejam quais forem as funções que exerça.
>
> § 1º Equiparam-se às autoridades, para os efeitos desta Lei, os representantes ou órgãos de partidos políticos e os administradores de entidades autárquicas, bem como os dirigentes de pessoas jurídicas ou as pessoas naturais no exercício de atribuições do poder público, somente no que disser respeito a essas atribuições.

De plano, é possível vislumbrar no *caput* do art. 1º da Lei que o conceito de autoridade ainda é trabalhado sob prisma notadamente subjetivo. No entanto, a leitura do § 1º traz, mesmo que por equiparação, a fiel noção de que o móvel maior para sindicabilidade da atuação é o seu respaldo último em atribuições de poder público.

Diante disso, a lei é expressa ao enunciar, como passíveis de serem apontadas como ilegais ou abusivas, as atuações manejadas por dirigentes de pessoas jurídicas ou por pessoas naturais que decorram do exercício de atribuição de Poder Público. E isto se dá, por óbvio, em virtude da extensão material da já referida atribuição de Poder Público, o que qualifica objetivamente o agente, nos termos legais, enquanto autoridade equiparada.

O que se vê, com isso, é a possibilidade de controle, por meio de mandado de segurança, de atos originados de prestadores de serviços públicos e, em geral, de pessoas que exerçam atividades delegadas pelo Poder Público. Alguns exemplos são importantes para ilustrar a situação ora debatida, especialmente a partir de decisões judiciais.

No plano geral da delegação de atribuições do poder público, o Supremo Tribunal Federal entende, de há muito, que uma vez "praticado o ato por autoridade, no exercício de competência delegada, contra ela cabe o mandado de segurança ou a medida judicial" (STF – Súmula nº 510)[277]. No ponto, a jurisprudência diferencia as atividades delegadas, em sentido amplo, daquelas meramente autorizadas, eis que somente nas primeiras há verdadeiro exercício de função pública pelos particulares, restando possível, assim, o controle pela via do mandado de segurança.

Inúmeros são os casos de controle da atividade administrativa exercida de forma indireta por particulares (via descentralização). Cite-se, por exemplo – e a despeito das discussões acerca do foro competente para julgamento –, a prática de atos irregulares por dirigentes de instituições privadas relacionados à matrícula em estabelecimento particular de ensino superior, na medida em que manejam, na espécie, atribuição pública delegada e não atividade meramente privada.[278]

[277] STF – Súmula 510, Tribunal Pleno, aprovação em 3/12/1969, publicação em 10/12/1969.

[278] STJ – CC 108.466/RS, Relator Ministro Castro Meira, Primeira Seção, julgado em 10/2/2010, publicação em 1/3/2010. Elucidando o tema, válida a transcrição de julgamento de Mandado de Segurança pelo Tribunal Regional Federal da 2ª Região: "No que se refere aos dirigentes de Instituição Particular de Ensino Superior, nem todo ato praticado pode ser qualificado como ato de autoridade para fins de mandado de segurança. Somente ensejam a impetração do "writ" os atos inerentes e próprios da competência delegada do Poder Público no âmbito federal. Os demais atos são classificados como atos de gestão (e não de império), motivo pelo qual refogem à esfera da justiça federal. Podem ser elencados os seguintes atos que o gestor da Instituição Particular de Ensino Superior pratica e que são qualificados como atos delegados do Ministério da Educação: a) deferimento ou indeferimento de matrícula; b) rejeição da transferência de uma faculdade para outra; c) negativa de concessão de colação de grau. Diversamente, são considerados atos de gestão e, portanto, insuscetíveis de controle judicial por mandado de segurança: a) negativa de forneci-

Quanto às prestadoras de serviço público – concessionárias e permissionárias –, o móvel da atribuição delegada de Poder Público é visto, por exemplo, no tocante ao corte no fornecimento de água ou energia elétrica enquanto serviços públicos prestados por particulares. De fato, a extensão material da função pública delegada ao particular e a configuração objetiva do ato de autoridade é que subsidiam e autorizam o manejo do mandado de segurança.[279]

No que toca aos serviços notariais e de registro, exercidos em caráter privado por delegação do Poder Público (CF/88 – Art. 236), é de ver-se, também, a distinção entre as atividades realizadas com fundamento ou não no conteúdo material da delegação. Assim – e de forma exemplificativa –, o gerenciamento de seus empregados não induz competência administrativa apta ao controle pelo mandado de segurança[280]; por outro lado, a eventual negativa de transcrição registral

mento de documentos a aluno; b) aplicação de penalidade de suspensão; c) negativa ao aluno de realização de exames curriculares para ajustamento do histórico escolar; d) recusa do aproveitamento de matérias cursadas em outra instituição de ensino superior. Nestes, a atividade realizada pela Instituição não se relaciona à delegação dada pelo Ministério da Educação e, consequentemente, o ato não é classificado como de autoridade. O mandado de segurança não é a via processual correta e adequada para conhecer e julgar o pedido concernente a ato de gestão praticado pela Coordenadora do Curso de Direito" (TRF2 – AMS 200450010098472, Relator Desembargador Federal Guilherme Calmon Nogueira da Gama, Oitava Turma Especializada, julgado em 28/3/2006, publicação em 4/4/2006).

[279] "O ato impugnado, qual seja, corte do fornecimento de energia elétrica em virtude de inadimplemento de consumidor, traduz-se em ato de autoridade no exercício de função delegada pelo poder público, impugnável pela via do mandado de segurança" (STJ – REsp 402082/MT, Relator Ministro Castro Meira, Segunda Turma, julgado em 2/2/2006, publicação em 20/2/2006). Ainda no tema, veja-se: "Irretocável o entendimento originário, porquanto a empresa concessionária exerce atividade tipicamente estatal, pelo que se entende legítima a impugnação de ato praticado por seus representantes por meio de mandado de segurança. O presente caso não se subsume à exceção legal prevista no art. 1º, §2º da LMS, porquanto não se trata de ato de gestão comercial, mas sim de ato praticado no exercício da função delegada, qual seja, instituição de taxa de vistoria e taxa de utilização da faixa de domínio para colocação da rede elétrica, na faixa de domínio ao longo da rodovia BR-277" (STJ – EDcl no AREsp 157.303/PR, Relator Ministro Humberto Gomes de Barros, Segunda Turma, julgado em 2/5/2013, publicação em 16/5/2013).

[280] "Não estando no âmbito da delegação conferida às serventias, pelo art. 236 da Constituição Federal, atividades gerenciais, como a contratação ou demissão de empregados, descabe atribuir a natureza de ato administrativo típico àquele que dispensa servidor celetista, e, igualmente, como ato de autoridade, para os fins previstos no art. 1º, § 1º, da Lei nº 1.533, de 1951, motivo pelo qual forçoso reconhecer a impropriedade da ação mandamental para o exame do pedido de reintegração" (STJ – REsp 135926/MG, Relator Ministro William Patterson, Sexta Turma, julgado em 9/5/2000, publicação em 5/6/2000).

pelo tabelião configura atividade inerente à delegação, sendo plenamente controlável.[281]

Enfim – e como assentado na doutrina processualista –,

> a condição exigida pela Lei para que o ato emanado da pessoa jurídica ou natural possa ser sindicável pela via do *mandamus* é que o mesmo tenha natureza de "atribuição pública". Deve, pois, o ato revestir-se de alguma utilidade pública, ainda que indireta, até porque é justamente tal qualidade que o diferencia e o torna apto a ser controlado pela ação de índole constitucional.[282]

Confirmando a premissa ora estabelecida, o art. 1º, § 2º, da Lei do Mandado de Segurança indica o não cabimento da ação mandamental "contra os atos de gestão comercial praticados pelos administradores de empresas públicas, de sociedade de economia mista e de concessionárias de serviço público". De outro lado, em que pese a discussão acerca da extensão da necessidade de licitação nos moldes da Lei Federal nº 8.666/93 e da possibilidade de realização de aquisições e alienações a partir de normativos próprios para as empresas estatais, é certo que suas atuações em tal seara configuram atos de autoridade realizados na concretização de função administrativa, sendo desafiáveis pela via do Mandado de Segurança.[283]

No ponto, o intuito normativo do art. 1º, § 2º acima exposto foi justamente o de distinguir e apartar, entre as pessoas de direito privado que exerçam função pública, a prática de ato fundamentado no exercício de função administrativa dos atos decorrentes simplesmente da gestão cotidiana da atividade da pessoa jurídica. Sobretudo no tocante às concessionárias e permissionárias de serviço público, no primeiro caso o particular substitui a Administração e pratica o ato em seu lugar (atividade primária), ao passo que no segundo apenas se pretende viabilizar o exercício do primeiro (é a dita atividade secundária).[284] Repise-se: somente na presença de função pública (administrativa) é que o particular se trasmuda em autoridade, sendo cabível o controle de sua atuação via mandado de segurança.

[281] "Se o tabelião é que obstou a transcrição no registro de bem arrematado em leilão, deve figurar como autoridade coatora, não sendo discutida a questão tributária quanto ao recolhimento do imposto" (STJ – REsp 659163/DF, Relator Ministro Carlos Alberto Menezes Direito, Terceira Turma, julgado em 7/12/2006, publicação em 16/4/2007).

[282] Lima, Thiago Asfor Rocha; Maia Filho, Napoleão Nunes; Rocha, Caio Cesar Vieira (Orgs.). *Comentários à nova lei do mandado de segurança*. São Paulo: Revista dos Tribunais, 2010. p. 55.

[283] STJ – Súmula 333 – Cabe mandado de segurança contra ato praticado em licitação promovida por sociedade de economia mista ou empresa pública (STJ – Súmula 333, Primeira Seção, aprovação em 13/12/2006, publicação em 14/12/2007).

[284] Lima; Maia Filho; Rocha, 2010, p. 55.

Assim, tanto a lei quanto a Constituição evocam, ainda que indiretamente, uma concepção material do conceito de autoridade. Dessa forma – e na mesma linha ocorrida em relação à extensão do objeto de controle do mandado de segurança –, não resta dúvida que o quesito "autoridade" pode ser demarcado como um dos elementos de conexão para a incidência da LPAF, uma vez que é visto como verdadeiro eixo no qual se concentra o exercício de atribuições administrativas. Na linha de José dos Santos Carvalho Filho – e partindo da expressão legalmente adotada e do efetivo exercício de funções administrativas –, "se qualquer conduta decorre de poder decisório legítimo no que se refere às relações entre a Administração e os administrados, deverá ela adequar-se às regras da Lei nº 9.784/99".[285]

Assim é que, como visto, o elemento de conexão "autoridade" é tido como um dos suportes para a aplicação da LPAF, na medida em que indica o exercício de função administrativa plenamente guiável por seu quadro de processualidade administrativa.

2.5. O processo administrativo dos serviços públicos e a LPAF

No tópico anterior, a acepção de autoridade como elemento de conexão para a processualidade administrativa da LPAF ensejou, entre outras, a discussão sobre o poder decisório inerente às funções desempenhadas pelas concessionárias e permissionárias de serviços públicos. Assim, uma vez praticados atos com fundamento no exercício de função administrativa, ter-se-ia a incidência do esquema processual sobre tal sorte de atuação.

Nesse patamar, abre-se discussão acerca da importância de um processo administrativo no âmbito dos serviços públicos, sobretudo naquilo que concernente ao acesso dos usuários tanto à Administração titular quanto aos prestadores dos serviços e, especificamente, no que toca a possíveis reclamações, informações, questionamentos e consultas acerca dos mesmos.

É que, como é sabido, a prestação indireta de serviços públicos por particulares, constitucionalmente legítima (art. 175), não implica a desnaturação da natureza pública da prestação. De fato, inexiste qualquer problema na prestação de serviços públicos por atores privados, visto que o regime intrínseco do prestador não afasta por completo a presença do chamado regime jurídico administrativo, ou, em outras palavras, o arcabouço jurídico inerente à função administrativa realizada.

De forma recorrente, a questão é tratada sob o espectro eminentemente consumerista, na medida em que se alça a patamar de destaque a proteção dos usuá-

[285] Carvalho Filho, 2009b, p. 49.

rios consumidores do serviço.[286] No entanto, não se pode olvidar que a irregular prestação dos serviços públicos delegados traz consigo uma mácula à própria atividade estatal exercida indiretamente pelos prestadores de serviços públicos, o que reclama a atenção do direito administrativo nas medidas de controle e fiscalização.

Há de se evidenciar, pois, no tocante aos serviços públicos e em sua prestação escorreita, um verdadeiro viés de resguardo aos administrados, de forma a garantir uma atuação estatal eficiente. É nesse quadro que a processualização da relação havida entre Administração, prestadores e destinatários demonstra seu fundamento último, especialmente pelo fato de que a proteção de direitos e interesses legítimos dos usuários de serviços públicos só pode ser feita de modo adequado no âmbito de uma estrutura de atuação processualizada, com as naturais decorrências e garantias que dela se podem extrair.[287]

Assim – e conforme já salientado – a prestação do serviço público, como execução de função administrativa de forma indireta, traz para as pessoas privadas a sujeição à processualidade administrativa em sua atuação, na medida em que a Administração é vislumbrada em seu caráter funcional, objetivo ou material.[288] Nas palavras de Eurico Bitencourt Neto,

> tanto a necessidade de integrar interesses do usuário no bojo da atividade prestacional, quanto a imposição de correção e qualidade obrigam, em vista do sistema constitucional brasileiro, a vinculação do delegatário de serviços públicos ao Direito do procedimento administrativo, no que toca a suas relações com os usuários.[289]

[286] Vide art. 7º da Lei Federal nº 8.987/95, que dispõe sobre o regime de concessão e permissão da prestação de serviços públicos, e art. 3º, 4º, VII, e 6º, X, do Código de Defesa do Consumidor (Lei Federal nº 8.078/90). Em que pese a discussão na temática, o Superior Tribunal de Justiça já assentou a aplicabilidade da legislação consumerista na relação havida entre usuário e concessionárias de serviços públicos. Nesse sentido: "A jurisprudência desta Corte possui entendimento pacífico no sentido de que a relação entre concessionária de serviço público e o usuário final, para o fornecimento de serviços públicos essenciais, tais como água e energia, é consumerista, sendo cabível a aplicação do Código de Defesa do Consumidor" (STJ – AgRg no AREsp 354.991/RJ, Relator Ministro Mauro Campbell Marques, Segunda Turma, julgado em 5/9/2013, publicação em 11/9/2013).

[287] Bitencourt Neto, Eurico. *Devido procedimento equitativo e vinculação de serviços públicos delegados no Brasil.* Belo Horizonte: Fórum, 2009. p. 110.

[288] No dizer de Eurico Bitencourt Neto em relação ao particular prestador de serviço público, "a natureza da atividade que desempenha não autoriza que suas relações com os usuários sejam pautadas pelo Direito Privado, ao menos não exclusivamente, recebendo o influxo de normas de Direito Administrativo, em especial, [...] normas decorrentes do princípio do devido procedimento equitativo" (Bitencourt Neto, 2009, p. 106).

[289] Bitencourt Neto, 2009, p. 110.

Assim é que se faz necessária a estipulação de diretrizes gerais a serem observadas no desenvolvimento dos processos administrativos envolvendo Administração, prestadores e usuários, indicando-se, desta feita, os princípios de observância obrigatória, os direitos e deveres dos administrados (usuários), a forma, tempo e lugar dos atos do processo, as normas sobre as fases processuais (instauração, instrução e decisão), sobre eventuais recursos, a exigência de motivação, os prazos, dentre outras normas relevantes.

Por certo, ainda que se tenha um vasto arcabouço jurídico acerca da prestação de serviços públicos (Lei Federal nº 8.987/95, Lei Federal nº 9.074/95 e as próprias leis relativas a serviços específicos, com a criação de agências reguladoras para tal[290]), resta impossível se vislumbrar em caracteres gerais um processo administrativo que regule a interação tridimensional entre Administração, prestadores e usuários de serviços públicos.[291]

Nesse sentido, o arquétipo trazido pela LPAF viabiliza a regulamentação da relação havida entre os sujeitos acima elencados, mormente pelo fato de se tratar de nítido exercício de função administrativa. Ademais – e novamente na linha trilhada por Eurico Bitencourt Neto –, o fato de a LPAF não mencionar de forma expressa sua aplicabilidade aos prestadores de serviços públicos não os retira de sua incidência, visto que tais sujeitos se incluem como exercentes de função administrativa por um processo de descentralização por colaboração (integrantes, portanto, de um conceito amplo de Administração Pública Indireta, via descentralização).[292]

Por fim, é de se reiterar a ressalva já trabalhada anteriormente quando da investigação da processualidade administrativa a partir do quesito da autoridade. Em suma, resta nítido que a atuação em patamares processuais que se exige dos prestadores de serviço público diz respeito àquilo que intrinsecamente ligado à prestação e sua relação funcional com Administração e usuários. No mais – e quanto à sua atividade meramente privatística e relacional com particulares ter-

[290] Como exemplo, a Lei Federal nº 9.427/96 e a Lei Federal nº 9.472/97, tratando respectivamente dos serviços de energia elétrica e de telecomunicações.

[291] Veja-se que há fundamento constitucional expresso para a disciplina de tal interação, na medida em que o art. 37, §3º, da CF/88 indica que a lei disciplinará as formas de participação do usuário na administração pública direta e indireta, regulando especialmente: I – as reclamações relativas à prestação dos serviços públicos em geral, asseguradas a manutenção de serviços de atendimento ao usuário e a avaliação periódica, externa e interna, da qualidade dos serviços; II – o acesso dos usuários a registros administrativos e a informações sobre atos de governo, observado o disposto no art. 5º, X e XXXIII; III – a disciplina da representação contra o exercício negligente ou abusivo de cargo, emprego ou função na administração pública. Em complementação, a própria Lei 8.987/95 aponta que as concessões e permissões sujeitar-se-ão à fiscalização pelo poder concedente responsável pela delegação, com a cooperação dos usuários (art. 3º).

[292] Bitencourt Neto, 2009, p. 111.

ceiros –, inocorrente a necessária incidência processual administrativa a teor da LPAF.

2.6. Empresas estatais e a aplicabilidade da LPAF

Vista a discussão acerca da processualidade administrativa a partir do quesito de autoridade, merece aprofundamento, pois, sua aferição em função dos quadros permanentes da Administração Pública: no caso, dos quadros integrantes da estrutura da Administração Pública Indireta, a teor das definições do Decreto-Lei nº 200/67[293].

Nesse particular, a despeito do enquadramento subjetivo enquanto componentes da Administração Indireta, é certo que as entidades classicamente dispostas no Decreto-Lei nº 200/67 desenvolvem múltiplas e distintas atividades que hão de trazer consigo os caracteres processuais administrativos, conforme será aqui investigado.

De antemão, resta claro que sob um viés eminentemente subjetivo as entidades integrantes da Administração Pública Indireta se sujeitariam à incidência da LPAF sem maiores digressões, a teor de seu art. 1º, *caput*. No entanto – e conforme já assentado no presente trabalho[294] –, a lógica ou critério primário e preponderante para aplicação da LPAF é material, objetivo ou funcional, tendo como suporte último o próprio exercício de função administrativa, o que torna o critério formal, subjetivo ou orgânico apenas uma lógica auxiliar e residual para a análise da aplicabilidade da lei.

Assim, o presente debate é centrado nas chamadas empresas estatais, cuja personalidade jurídica de direito privado[295] e as atividades efetivamente desempenhadas podem ser tidas ou não como suporte para uma acepção diferenciada de regime jurídico em relação às demais entidades componentes da Administração Indireta (*v. g.* autarquias[296], que seguem, no todo, os caracteres de incidência de processualidade em razão do exercício de função administrativa).

O que se pretende, assim, é verificar se tal sorte de distinção de regime jurídico das empresas estatais é capaz de lhes implicar diferentes fórmulas de incidência da processualidade administrativa em termos materiais, o que faria com que a apli-

[293] Veja-se que a Lei das Estatais (Lei Federal nº 13.303/2016) não alterou a disciplina básica acerca da configuração jurídica das entidades da Administração Indireta, restando a definição basilar do Decreto-Lei nº 200/67.

[294] Vide item 2.2 e seus subitens.

[295] Vide art. 5º do Decreto-Lei nº 200/67.

[296] A englobar, por certo, outras entidades cujos regimes sejam análogos e assemelhados ao das autarquias, como as associações públicas, agências reguladoras e as fundações públicas de direito público.

cabilidade da LPAF, nesses casos, fosse guiada não pelo critério objetivo (função administrativa), mas pelo já aludido critério subjetivo. É o que há de se investigar.

Em um primeiro plano – e na linha do que já afirmado com base na clássica acepção de Themistocles Cavalcanti[297] –, a opção relativa às feições estruturais administrativas a partir das quais o Estado desempenhará suas atividades depende de época, local, ideologia e, enfim, de suas concepções políticas, econômicas e sociais determinadas no bojo da Constituição. De fato, é de acordo com tais opções que a estrutura institucional da Administração é manejada, sobretudo a fim de abranger a realização das atividades finalísticas postas a cargo do Estado.

A partir disso – e voltando-se à análise da situação existente no Brasil –, vê-se que, além da incumbência do exercício de funções tidas como típicas e primárias – os serviços públicos propriamente ditos –, ao Estado é dada a realização de atividades que se imiscuem no domínio econômico, traduzidas na produção ou comercialização de bens ou prestação de serviços tradicionalmente incumbidos à iniciativa particular.[298]

No caso da Constituição brasileira de 1988, a escolha do traço político-econômico a cargo do Estado foi realizada em seu Título VII, Capítulo I, quando trata da ordem econômica e financeira e apresenta os princípios gerais da atividade econômica. É nesse patamar que o art. 173 da Constituição estabelece como regra matriz que a exploração direta de atividade econômica pelo Estado só será permitida quando necessária aos imperativos da segurança nacional ou a relevante interesse coletivo, conforme definidos em lei.[299]

O que até aqui exposto viabiliza a conclusão de que o Estado tem legitimidade constitucional para manejar serviços públicos e explorar atividades notadamente econômicas, ainda que desempenhadas a partir das hipóteses excepcionalmente elencadas pelo legislador constituinte. Com efeito, o fundamento de tal distinção constitucional é encontrado no art. 173 no que toca à atividade econômica e no art. 175 no que diz respeito ao serviço público.

Nesse quadrante – e no que importa ao presente trabalho –, revela-se interessante o estudo acerca das entidades estatais componentes da Administração Indi-

[297] Cavalcanti, 1960, p. 39.

[298] Sobre o tema, Araújo, 1997.

[299] De acordo com Toshio Mukai, enquanto o serviço público é aquele que o Estado exerce a fim de atender necessidade essencial ou quase essencial da coletividade, apurada a partir de um critério de interesse público objetivo, a atividade econômica é aquela que o Estado resolve assumir dentro de sua política econômica pelo fato de entender que tal atividade atende a um interesse público de ordem subjetiva e contingencial, com a observância dos princípios gerais da ordem econômica. Nesse sentido: Mukai, Toshio. *O direito administrativo e os regimes jurídicos das empresas estatais*. 2. ed. Belo Horizonte: Fórum, 2004. p. 219-223.

reta que exploram atividade econômica ou prestam serviço público: as chamadas empresas estatais (empresas públicas e sociedades de economia mista). Acerca delas, o que se discutirá, como já mencionado, são as fórmulas de incidência e aplicabilidade da LPAF.

Adentrando no tema – e sem pretender expô-lo em minúcias, o que se afastaria do objetivo presente –, o que se vê é que a distinção dicotômica entre função econômica e serviço público acaba por trilhar todo o regime jurídico das empresas estatais. Em linhas gerais, o que se verifica é que as empresas prestadoras de serviços públicos podem e devem ter um regime muito mais assemelhado ao das entidades públicas; por seu turno, aquelas que explorem atividade econômica terão regime mais flexível e próximo das empresas privadas.[300]

Ainda que sem dissecar os pontos específicos de diferenciação, é interessante notar que a já referida dicotomia de regimes jurídicos tem respaldo, em termos gerais, no Supremo Tribunal Federal. As empresas que explorem atividade econômica em sentido estrito estão sujeitas, nos termos do disposto no § 1º do art. 173 da Constituição do Brasil, ao regime jurídico próprio das empresas privadas. Por outro lado, o § 1º do art. 173 da CF/88 não se aplicaria às empresas públicas, sociedades de economia mista e entidades (estatais) que prestam serviço público.[301]

No entanto, há de se salientar a existência de uma base comum aplicável às duas possíveis atividades desempenhadas por tais empresas, representando um verdadeiro regime híbrido que, a par de sua criação a partir de entidades com personalidade jurídica de direito privado, sofre notável influxo de normas de direito público (em especial, de direito administrativo).

Em suma, esse influxo – de aplicação indistinta às prestadoras de serviços públicos ou exploradoras de atividade econômica, frise-se – diz respeito, entre outros, à incidência dos princípios vetores da Administração Pública, ao possível manejo de ação popular e mandado de segurança, à proteção contra o abuso do exercício de emprego ou função pública para fins de inelegibilidade, ao regramento de admissão de servidores, à proibição de acumulação remunerada de cargos, empregos e funções, à fiscalização e controle pelo Legislativo, aos limites e condicionantes de crédito externo, ao controle pelo Tribunal de Contas e às

[300] GROTTI, Dinorá Adelaide Musetti. O regime jurídico das empresas estatais. In: WAGNER JÚNIOR, Luiz Guilherme da Costa (Coord.). *Direito público*: estudos em homenagem ao professor Adilson Abreu Dallari. Belo Horizonte: Del Rey, 2004. p. 132.

[301] E aqui, o chamado tratamento de Fazenda Pública que se dá às prestadoras de serviço público. Vide, entre outros: 1) STF – ADI 1642/MG, Relator Ministro EROS GRAU, Tribunal Pleno, julgado em 3/4/2008, publicação em 19/9/2008; 2) STF – RE 220906/DF, Relator Ministro MAURÍCIO CORRÊA, Tribunal Pleno, julgado em 16/11/2000, publicação em 14/11/2002.

regras orçamentárias, aos regramentos de aquisições e alienações processualizadas, etc.[302]

Nesse sentido, Dinorá Adelaide Musetti Grotti aponta que o nominativo 'empresas estatais' é um designativo genérico para se aludir às empresas públicas e às sociedades de economia mista às quais a Constituição faz referência. Segundo a autora – e a despeito das atividades efetivamente exercidas por tais sujeitos –, é possível destacar um quadro de características marcantes de tais empresas que assim pode ser resumido:

> [...] têm como traço essencial, como marca que as distingue de quaisquer outras o fato de serem meros instrumentos de ação do Estado; simples sujeitos auxiliares seus e, portanto, figuras pelas quais se realiza administração pública, vale dizer, administração de interesses que pertencem a toda a Sociedade e, portanto, inconfundíveis com interesses privados. Enfim, tais criaturas existem para que o Estado, por seu intermédio, conduza de modo satisfatório assuntos que dizem respeito a toda a coletividade.
>
> Assim a razão de existir, as finalidades em vista das quais são criadas, os recursos econômicos que manejam, captados total ou parcialmente nos cofres públicos, os interesses a que servem, os controles existentes, servem para demonstrar que as empresas estatais, conquanto constituídas sob figurino privado, não poderiam receber o mesmo tratamento que a ordem jurídica confere às entidades privadas, o que, aliás, está consagrado por imperativo constitucional.[303]

Em obra específica sobre o regime jurídico das empresas estatais, Toshio Mukai evidencia, em signos próprios, a distinção do conceito central 'empresas estatais' entre empresas públicas *latu sensu* e empresas estatais *latu sensu*, ainda que ambas estejam sujeitas a condicionantes e princípios jurídicos diversos dentro do instrumental do direito público, especialmente do direito administrativo.

[302] De acordo com Dinorá Adelaide Musetti Grotti, "o regime de umas e outras não é idêntico. Ambas, pelas razões expostas, embora criadas com personalidade de direito privado, sofrem o influxo de regras de direito público. Assim, uma série de dispositivos constitucionais cuida de situações que se aplicam às empresas estatais em geral, de qualquer espécie, indistintamente, e que não vigoram para as demais pessoas de Direito privado, evidenciando a peculiaridade de seu regime (arts. 5º, LXXIII, 14, §9º, 37, *caput*, II, XVII, XIX, xx, 49, X, 52, VII, 54, 70, 71, incisos II, III e IV, 165, §5º, 169, §1º). Este rol de dispositivos demonstra, à saciedade, que as empresas estatais, quer sejam exploradoras de atividade econômica ou prestadoras de serviços públicos, por imperativo da própria Lei Maior, se submetem a um regime jurídico que apresenta diferenças profundas em relação à disciplina própria das empresas privadas, já que a estas últimas não se aplica nenhum dos preceitos referidos" (Grotti, 2004, p. 131).

[303] Grotti, 2004, p. 129.

Para o referido autor, as empresas públicas *latu sensu*, prestadoras que são de serviços públicos, têm seu regime demarcado inteiramente pelo direito público (regime jurídico administrativo). Assim, ainda quando se utilizem de formas de direito privado, é o regime administrativo que comanda a vida de tais entidades.[304]

De outro lado, as empresas estatais *latu sensu*, alinhadas que são à exploração de atividade econômica, que não lhes permite privilégios em detrimento da empresa notadamente privada (CF/88 – Art. 173, § 1º, II e § 2º), têm no direito privado sua disciplina primordial.[305] No entanto, ainda que não vislumbre uma verdadeira derrogação do direito privado como apontado por outros autores[306], Toshio Mukai assim evidencia a incidência do instrumental do direito administrativo às empresas estatais *latu sensu*:

> [...] se é justificado que o Estado imponha à vida dessas empresas o direito administrativo, não menos certo é que este direito aqui é restrito a normas de organização, controle financeiro e de gestão, e outras que ele (Estado) possa estabelecer (sempre por lei, nunca por decreto) sem contrariar, em princípio, as normas comerciais, civis, trabalhistas e tributárias que as regem preferencialmente.[307]

De fato – e voltando-se ao contexto geral –, é certa a não incidência do regime jurídico integralmente de direito privado às empresas estatais. No ponto, ainda que a Constituição instaure em seu art. 173, § 1º, II, no que toca à exploração de atividade econômica, a sujeição das empresas estatais ao regime jurídico próprio das empresas privadas, inclusive quanto aos direitos e obrigações civis, comerciais, trabalhistas e tributários, é nítido que a mesma Constituição traz em outras passagens o temperamento para tal.[308] No dizer de Dinorá Adelaide Musetti Grotti, há verdadeiro "exagero nesta dicção da Lei Magna, pois ela mesma se encarrega de desmentir-se em inúmeros outros artigos".[309]

[304] Mukai, 2004, p. 305. Em passagem elucidativa, assim discorre o autor: "no que toca às relações orgânicas da empresa, ao regime de bens, às relações de pessoal (que são apenas formas privadas), às relações com terceiros fornecedores e empreiteiros e às relações com usuários dos serviços, bem assim, no que toca aos privilégios dos seus dirigentes, aos atos (administrativos), aos contratos (públicos), às licitações (obrigatórias) e à sua responsabilidade patrimonial (objetiva), ao direito administrativo e seus princípios é que cabe reger esses aspectos e notas essenciais de sua existência jurídica".

[305] Mukai, 2004, p. 305-306.

[306] Dentre os que vislumbram a referida derrogação, veja-se, entre outros: 1) Araújo, 2010, p. 218; 2) Grotti, 2004, 131 e ss.

[307] Mukai, 2004, p. 286.

[308] Vide nota nº 302 e os caracteres de influxo de normas de direito público acima expostos.

[309] Grotti, 2004, p. 132.

Assim, o regime jurídico geral das empresas estatais é notadamente híbrido, com um núcleo comum básico que não as dispensa da observância das normas e princípios que condicionam a atuação em geral do Poder Público, notadamente em exercício de função administrativa (art. 37, *caput*, da CF/88). É que a opção legal pela personalidade de direito privado para as empresas estatais é recurso técnico que intenta flexibilizar os sistemas tradicionais da Administração Pública, dando-lhes agilidade funcional, mas sem desnaturar seu caráter publicístico imanente.[310]

Em outro norte, o próprio Código Civil reconhece a existência de um regime jurídico minimamente hibridizado no que tange às ditas empresas estatais. Assim é que, de forma expressa em seu art. 41, parágrafo único, o Código Civil indica que, ressalvadas as disposições em contrário, as pessoas jurídicas de direito público, a que se tenha dado estrutura de direito privado, regem-se, no que couber, quanto ao seu funcionamento, por suas normas (de direito privado). Por certo, a ressalva expressamente apresentada pelo Código Civil – as ditas disposições em contrário – reside justamente na acepção de um regime jurídico de direito público que derroga normas de direito privado aplicáveis às empresas estatais.

Por derradeiro – e tendo-se como fundamento a atuação efetivamente desempenhada –, resta possível afirmar a incidência material da processualidade administrativa da LPAF às empresas estatais, em sentido amplo, a abranger aquelas que prestam serviços públicos e as que exploram atividade econômica, na medida em que o controle estatal e o arcabouço de princípios gerais da Administração Pública e de direito público assim as direciona. Mesmo se assim não o fosse – e em eventuais situações limítrofes de atuação eminentemente privada –, a conexão da processualidade administrativa seria manejada por seu aspecto subjetivo residual.

Assim é que a atuação e a formulação da vontade funcional das empresas estatais, em quaisquer de suas modalidades, são aptas a atrair a incidência do quadro normativo da LPAF, indicando-se um patamar processual de atuação atento aos princípios de observância obrigatória e aos direitos e deveres dos interessados na atuação administrativa. Em suma, um patamar de atuação condizente com as estipulações quanto à forma, ao tempo e ao lugar dos atos processualizados, com as normas sobre as fases de atuação administrativa (instauração, instrução e decisão), eventuais recursos, exigência de motivação, prazos, dentre outras normas relevantes.

[310] PESSOA, Robertônio. Administração pública indireta. In: CARDOZO, José Eduardo Martins; QUEIROZ, João Eduardo Lopes; SANTOS, Márcia Walquíria Batista dos (Orgs.). *Curso de direito administrativo econômico*. v. I. São Paulo: Malheiros, 2006. p. 312.

2.7. A organização da Administração Pública e a extensão da LPAF. Tendo em vista o que debatido anteriormente com base no Decreto-Lei nº 200/ /67, faz-se necessário apresentar, ainda que minimamente, os caracteres gerais da organização administrativa que influenciam a incidência da processualidade administrativa. Mais do que isso, o que se pretende, por ora, é analisar a virtual incidência da LPAF em casos específicos que ultrapassam o sentido subjetivo de Administração Pública adotado no referido Decreto.

Com isso, ainda que já se tenha trabalhado acima com o eventual exercício de função administrativa por pessoa que não diretamente o próprio Estado-Administração, importa discutir, agora, a existência de um verdadeiro regime jurídico geral de atividade pública (função administrativa/exercício de potestade pública) que traga consigo a aplicação da LPAF.

Nesse quadro – e na linha organizatória demarcada pelo Anteprojeto de Lei Orgânica da Administração Pública Federal e Entes de Colaboração[311], em sua parcela de substitutividade em relação às disposições do Decreto-Lei nº 200/67 –, é necessário que se investigue a incidência da LPAF aos seguintes sujeitos: a) às entidades paraestatais, nelas incluídas as corporações profissionais e os serviços sociais autônomos; e, b) às entidades de colaboração com a Administração Pública, como as organizações sociais, as organizações da sociedade civil de interesse público, as filantrópicas, as fundações de apoio, as de utilidade pública e outras congêneres.

Em um primeiro plano, é de ver-se que o referido Anteprojeto não se dispôs a meramente trilhar o traço organizacional da Administração Pública. Assim – e como afirma Paulo Bernardo, então Ministro do Planejamento e responsável pela constituição da Comissão de Juristas responsável pela elaboração do Anteprojeto –, buscou-se possibilitar o devido enquadramento jurídico de novos modelos e instrumentos de prestação de serviços ao público desenvolvidos nos últimos anos, dos quais são exemplos as organizações sociais e as organizações da sociedade civil de interesse público; de outro lado, resgatou-se e revigorou-se o

[311] Referido Anteprojeto é fruto dos estudos e análises elaborados pela Comissão de Juristas constituída pela Portaria nº 426, de 6/12/2007, do Ministério do Planejamento, Orçamento e Gestão (MPOG). Participaram da comissão os professores Almiro do Couto e Silva, Carlos Ari Sundfeld, Floriano de Azevedo Marques Neto, Paulo Eduardo Garrido Modesto, Maria Coeli Simões Pires, Sergio de Andréa e Maria Sylvia Zanella Di Pietro, sendo que os resultados dos estudos, incluída a minuta do Anteprojeto de Lei Orgânica da Administração Pública Federal e Entes de Colaboração, foram entregues oficialmente ao MPOG em 16/7/2009. Disponível em: < http://www.planejamento.gov.br/secretarias/upload/Arquivos/seges/comissao_jur/arquivos/090729_seges_Arq_leiOrganica.pdf>.

modelo de atuação paraestatal e de serviços sociais autônomos, dando-lhes congruência com os objetivos de parceria com o Estado.[312]

Justificando a necessidade de que o Anteprojeto tratasse de tal temática, Maria Sylvia Zanella Di Pietro – uma das componentes da Comissão de Juristas – afirma que, ainda que se discuta se as entidades paraestatais e as entidades de colaboração se enquadrem ou não na composição orgânica estatal, sua normatização básica dentro da lei de organização da Administração Pública é dada por uma série de razões, dentre as quais é possível destacar: a) o desempenho de atividade de interesse público, atuando paralelamente ao Estado em objetivos comuns; b) muitas são instituídas ou autorizadas pelo Estado; c) em grande parte, administram verbas e bens públicos; d) submetem-se a controle estatal.[313]

Assim é que, nas palavras da referida autora – e com base na própria exposição de motivos do Anteprojeto –, "tais entidades submetem-se a regime jurídico de direito privado derrogado, em parte, pelo direito público, tendo em vista os aspectos que as aproximam do Estado".[314] Como complemento, os dizeres da referida exposição de motivos:

> É importante ressaltar que a Comissão abandonou, logo de início, a ideia de fazer uma simples lei orgânica para a Administração Pública federal, por entender que a necessidade atual – no âmbito federal, mas não restrita a ele – é de uma redefinição das várias classes de entidades que compõem a administração indireta, especialmente as que têm personalidade de direito privado, bem como a reconfiguração de seu regime jurídico. Como também considerou altamente relevante abranger, no anteprojeto, determinadas entidades que, embora instituídas no âmbito não estatal – ainda que, em alguns casos, com impulso estatal – desenvolvem atividades de interesse público, que as habilitam a atuar como parceiras do Estado. Elas estão a meio caminho entre o estatal e o não estatal, gerindo, muitas delas, verbas públicas. Por isso mesmo, sua atuação está sujeita, sob alguns aspectos, a normas de direito público, especialmente no que diz respeito ao controle. Trata-se das entidades paraestatais e das entidades de colaboração (estas últimas pertencentes ao chamado terceiro setor).[315]

Vistos tais caracteres introdutórios, importa adentrar e discutir minimamente os gêneros de entidades acima apontados – entidades paraestatais e entidades

[312] BERNARDO, Paulo. Apresentação. In: MODESTO, Paulo (Coord.). *Nova organização administrativa brasileira*. 2. ed. Belo Horizonte: Fórum, 2010. p. 13-14.

[313] DI PIETRO, Maria Sylvia Zanella. Transformações da organização administrativa. Diretrizes, relevância e amplitude do anteprojeto. In: MODESTO, Paulo (Coord.). *Nova organização administrativa brasileira*. 2. ed. Belo Horizonte: Fórum, 2010. p. 22-23.

[314] DI PIETRO, 2010, p. 22.

[315] Vide Nota nº 311.

de colaboração –, dando especial ênfase ao eventual trato de processualidade administrativa pelas mesmas, o que se fará em consonância com as atuais leis de regência de tais entidades e de acordo com as estipulações trazidas pelo Anteprojeto acima debatido.

De toda sorte, é de se notar, de antemão, que a inovação do Anteprojeto quanto a essas entidades é mais formal do que material. Como anota Carlos Ari Sundfeld,

> o anteprojeto inovou do ponto de vista da *arquitetura conceitual*, pois nem o Decreto-Lei nº 200/67, nem o Código Civil, nem a Constituição trabalharam explicitamente com uma classificação em três classes: entidades estatais, paraestatais e não estatais. Todavia, a inovação é sobretudo arquitetônica pois, pelo ângulo do regime jurídico aplicável, há muito tempo a prática nos órgãos de controle, embora não uniforme, era a de aplicar, para as entidades que denominamos de paraestatais, um regime peculiar, que tem razões profundas e base constitucional, explícita ou implícita.[316]

Diante disso, restou trilhada uma das missões precípuas do Anteprojeto, qual seja, a definição distintiva de regimes jurídicos aplicáveis a três classes de entidades: estatais, paraestatais e não estatais relacionadas ao Estado, classificadas da seguinte forma segundo Carlos Ari Sundfeld.[317]

Dentre as entidades estatais, são apontadas as entidades de caráter político-administrativo (União, Estados, Distrito Federal e Municípios), as autarquias (com as subclasses autarquia comum e autarquia especial), as empresas estatais (com as subclasses empresa pública e sociedade de economia mista), as fundações estatais e os consórcios públicos com personalidade de direito privado. Na classe das entidades paraestatais, as corporações profissionais e os serviços sociais autônomos. E, por fim, quanto às entidades não estatais relacionadas ao Estado, destaque para as entidades de colaboração (como as organizações sociais, as organizações da sociedade civil de interesse público, as filantrópicas, as fundações de apoio, as de utilidade pública e outras congêneres).

Até o momento – e em termos subjetivos –, o presente trabalho cuidou de analisar a reflexão da LPAF especificamente às entidades estatais.[318] Passa-se,

[316] SUNDFELD, Carlos Ari. Uma lei de normas gerais para a organização administrativa brasileira: o regime jurídico comum das entidades estatais de direito privado e as empresas estatais. In: MODESTO, Paulo (Coord.). *Nova organização administrativa brasileira*. 2. ed. Belo Horizonte: Fórum, 2010. p. 60.

[317] SUNDFELD, 2010, p. 60-61.

[318] Com a ressalva dos consórcios públicos – de direito público e de direito privado –, os quais merecerão aprofundamento no capítulo seguinte, na medida em que a discussão que se instaura parte de patamares federativos.

assim, à análise das figuras componentes do quadro das entidades paraestatais e das não estatais relacionadas ao Estado (entidades de colaboração com a Administração Pública).

2.7.1. Entidades paraestatais

A teor do quadro de entidades suscitado pelo Anteprojeto de Lei Orgânica da Administração Pública Federal e Entes de Colaboração, as denominadas entidades paraestatais restaram divididas em duas categorias: as corporações profissionais, com personalidade jurídica de direito público, e os serviços sociais autônomos, com personalidade jurídica de direito privado.[319]

As chamadas corporações profissionais (ou conselhos profissionais) sempre foram alvo de intenso debate, seja quanto a sua natureza e regime jurídicos, seja quanto às peculiaridades de suas atuações daí decorrentes, tendo-se na Ordem dos Advogados do Brasil (OAB) o expoente maior das discussões.[320]

Classicamente, tais entidades foram tratadas enquanto autarquias – ainda que algumas leis criadoras não as definissem de forma expressa enquanto tal –, seguindo-se à tendência de descentralização administrativa por serviços (autarquização) que se desenhava em meados do século passado. Em específico, doutrina e jurisprudência as tratavam como autarquias corporativas, diferenciando-as das chamadas autarquias administrativas comuns. O traço distintivo referente aos Conselhos (autarquias corporativas), pois, repousava na discussão acerca da extensão e da existência ou não de supervisão ministerial e de sua sujeição ou não ao controle externo manejado pelo Tribunal de Contas da União.[321]

Ainda que existissem discussões acerca da intensidade do que apontado acima – e à exceção da OAB, já em situação diferenciada, especialmente no que diz respeito a sua não submissão ao controle externo pelo TCU –, a natureza e o regime jurídico de tais entidades pareciam consolidados enquanto entes da Administração Indireta (autarquias), sujeitos a regime jurídico de direito público.[322]

[319] Vide art. 68 do Anteprojeto de Lei Orgânica da Administração Pública Federal e Entes de Colaboração. Veja-se, no entanto, que de há muito a doutrina trabalha na tentativa de conceituação, distinção e agrupamento das chamadas entidades paraestatais, sendo certo o grande debate sobre o tema.

[320] Sobre o tema das corporações profissionais, veja-se o minucioso estudo histórico realizado por Durval Carneiro Neto. Quanto aos imbróglios acerca do regime jurídico aplicável à OAB e, bem assim, sua submissão ao controle do TCU, por exemplo, o autor indica que são matérias que se discutem desde a década de 1950. Nesse sentido: CARNEIRO NETO, Durval. Os conselhos de fiscalização profissional: uma trajetória em busca de sua identidade jurídica. In: MODESTO, Paulo (Coord.). *Nova organização administrativa brasileira*. 2. ed. Belo Horizonte: Fórum, 2010. p. 292 e ss.

[321] CARNEIRO NETO, 2010, p. 292 e ss.

[322] No ponto – e repisando a exceção havida em relação à OAB, não submetida ao controle pelo TCU –, é de ver-se que o próprio TCU titubeia até hoje em suas instruções normativas no que diz

Com o advento da Lei Federal nº 9.649/98, todos os conselhos profissionais, à exceção da OAB, passaram a ter personalidade jurídica de direito privado. No entanto, em julgamento de Ação Direta de Inconstitucionalidade em face da referida lei o STF concluiu "no sentido da indelegabilidade, a uma entidade privada, de atividade típica de Estado, que abrange até poder de polícia, de tributar e de punir, no que concerne ao exercício de atividades profissionais regulamentadas".[323] Diante disso, revigorou-se o posicionamento já assentado acerca da qualificação autárquica de tais entidades, com sua personalidade de direito público.

No entanto, as questões de alocação constitucional e de natureza e regime jurídico de tais entidades permanecem em constante discussão na doutrina e na jurisprudência, levando-se em conta, especialmente, a dicotomia havida a partir da atuação das corporações profissionais. É que, a um só tempo, tais entidades exercem competências tipicamente estatais (poder de polícia disciplinar como ente regulador das atividades profissionais), embora não se subordinem à ordinária tutela jurídica estatal, tendo-se como exemplo maior a escolha, indicação e investidura em suas funções de direção, que não seguem a regra geral da supervisão ministerial inerente ao regime autárquico.

O que se costuma extrair de tal dicotomia, no mais das vezes, são as discussões que versem sobre a incorporação orgânica de tais entidades à Administração Pública enquanto entidades autárquicas e, por conseguinte, os reflexos de tal alocação e do regime jurídico que lhes é peculiar (regime de trabalho de seus agentes, natureza de suas contribuições, incidência de regramentos de compras e alienações e submissão ao controle externo, por exemplo).

No que tange especificamente ao ambiente jurisprudencial – e especialmente acerca dos caracteres acima listados e suas eventuais derivações: licitações, concurso público, contribuições, controle externo –, ainda que haja posições disso-

respeito à prestação de contas dos demais conselhos profissionais. Na IN nº 57/2008, o TCU indicava que "os responsáveis pelas entidades de fiscalização do exercício profissional estão dispensados de apresentar relatório de gestão ou processo de contas ordinárias ao Tribunal, sem prejuízo da manutenção das demais formas de fiscalização exercidas pelo controle externo" (art. 2º, §1º). Mais tarde, tal regulamento restou revogado pela IN nº 63/2010, que manteve a mesma previsão em seu art. 2º, §1º, com a dispensa de apresentação de relatórios de gestão ou processo de contas ordinárias, sem prejuízo das demais formas de fiscalização manejadas pelo controle externo. No entanto, a IN nº 72/2013 houve por revogar o §1º do art. 2º da IN 63/2010 acima mencionada, incluindo um inciso IX ao seu art. 2º, a indicar, por ora, que os responsáveis pelas entidades de fiscalização do exercício profissional estão sujeitos ordinariamente à apresentação de relatório de gestão e à constituição de processo de contas anual perante o TCU.

[323] STF – ADI 1717/DF, Relator Ministro Sydney Sanches, Tribunal Pleno, julgado em 7/11/2002, publicação em 28/3/2003.

nantes em diversos juízos e tribunais[324], o entendimento consolidado do Supremo Tribunal Federal é no sentido da caracterização autárquica dos conselhos profissionais[325], sendo considerados integrantes da Administração Indireta e submetidos ao regime jurídico administrativo, com a exceção da OAB, conforme será visto.

No que tange à Ordem dos Advogados do Brasil, grande parte da celeuma foi abordada e resolvida a partir do julgamento da Ação Direta de Inconstitucionalidade nº 3.026 pelo Supremo Tribunal Federal. Por sua elucidativa ementa, passa-se à transcrição de trecho que bem explicita a chamada natureza *sui generis* da OAB:

> Não procede a alegação de que a OAB sujeita-se aos ditames impostos à Administração Pública Direta e Indireta. A OAB não é uma entidade da Administração Indireta da União. A Ordem é um serviço público independente, categoria ímpar no elenco das personalidades jurídicas existentes no direito brasileiro. A OAB não está incluída na categoria na qual se inserem essas que se tem referido como "autarquias especiais" para pretender-se afirmar equivocada independência das hoje chamadas

[324] Apenas na seara da seleção de pessoal, eis os posicionamentos recentes do TST e do TCU, respectivamente, a indicar verdadeiro embate na temática relativa à qualificação e caracterização dos conselhos profissionais e no regime jurídico daí decorrente: 1) CONSELHO PROFISSIONAL. NATUREZA JURÍDICA PARAESTATAL ATÍPICA. CONCURSO PÚBLICO. NÃO EXIGÊNCIA. Os conselhos de fiscalização profissional são entes autárquicos atípicos, que não exploram atividade econômica, mas desempenham função delegada pelo poder público, incumbindo-lhes fiscalizar, punir e tributar no âmbito das atividades profissionais regulamentadas. Não obstante o reconhecimento da natureza paraestatal dos conselhos profissionais, o entendimento majoritário deste Tribunal Superior do Trabalho orienta-se no sentido de que, em face da autonomia administrativa e financeira que lhes é atribuída, caracterizam-se como autarquias atípicas, não se sujeitando à exigência de concurso público para a admissão de empregados. Válido o contrato de emprego firmado entre as partes, resulta devido o pagamento das verbas salariais e rescisórias que lhes são inerentes. Recurso de revista conhecido e provido (TST – RR 735-57.2011.5.09.0653, Relator Desembargador Convocado José Maria Quadros de Alencar, Primeira Turma, julgado em 30/10/2013, publicação em 8/11/2013); 2) TCU – Súmula 277 – Por força do inciso II do art. 37 da Constituição Federal, a admissão de pessoal nos conselhos de fiscalização profissional, desde a publicação no Diário de Justiça de 18/5/2001 do acórdão proferido pelo STF no mandado de segurança 21.797-9, deve ser precedida de concurso público, ainda que realizado de forma simplificada, desde que haja observância dos princípios constitucionais pertinentes (TCU – Súmula 277, Plenário, aprovação em 30/5/2012, publicação em 6/6/2012).

[325] Entre outros, eis alguns dos recentes precedentes nesse sentido: 1) STF – MS 28469/DF AgR-segundo, Relator Ministro DIAS TOFFOLI, Relator para Acórdão Ministro LUIZ FUX, Primeira Turma, julgado em 19/2/2013, publicação em 10/5/2013; 2) STF – RE 592811/RJ AgR, Relator Ministro MARCO AURÉLIO, Primeira Turma, julgado em 21/5/2013, publicação em 6/6/2013; 3) STF – RE 735703/PR ED, Relatora Ministra CÁRMEN LÚCIA, Segunda Turma, julgado em 17/9/2013, publicação em 16/10/2013.

> "agências". Por não consubstanciar uma entidade da Administração Indireta, a OAB não está sujeita a controle da Administração, nem a qualquer das suas partes está vinculada. Essa não-vinculação é formal e materialmente necessária. A OAB ocupa-se de atividades atinentes aos advogados, que exercem função constitucionalmente privilegiada, na medida em que são indispensáveis à administração da Justiça [artigo 133 da CB/88]. É entidade cuja finalidade é afeita a atribuições, interesses e seleção de advogados. Não há ordem de relação ou dependência entre a OAB e qualquer órgão público. A Ordem dos Advogados do Brasil, cujas características são autonomia e independência, não pode ser tida como congênere dos demais órgãos de fiscalização profissional. A OAB não está voltada exclusivamente a finalidades corporativas. Possui finalidade institucional. Embora decorra de determinação legal, o regime estatutário imposto aos empregados da OAB não é compatível com a entidade, que é autônoma e independente. Improcede o pedido do requerente no sentido de que se dê interpretação conforme o artigo 37, inciso II, da Constituição do Brasil ao caput do artigo 79 da Lei nº 8.906, que determina a aplicação do regime trabalhista aos servidores da OAB. Incabível a exigência de concurso público para admissão dos contratados sob o regime trabalhista pela OAB.[326]

O cerne da discussão, enfim – e como bem assenta Durval Carneiro Neto – está na assunção da possibilidade de existência de uma pessoa jurídica de direito público que, mesmo criada por lei para o exercício de atividade típica de Estado, esteja situada fora da estrutura orgânica da Administração Pública. Na linha do referido autor, trata-se do

> terreno do *público não estatal*, antes admitido no sentido funcional (entes privados exercendo funções públicas delegadas), mas agora alcançando inclusive um sentido orgânico (entes de direito público não pertencentes ao aparelho administrativo do Estado).
>
> [...] Seja como for, a conjugação entre os entendimentos firmados pelo STF nos julgamentos da ADI nº 1.717 e da ADI nº 3.026, ambas com efeito *erga omnes* e força vinculante, conduz à conclusão de que a OAB é um ente com personalidade de direito público, que desempenha função pública descentralizada, mas está localizada fora do aparelho estatal, Enquadra-se, portanto, como uma *entidade paraestatal de direito público*.[327]

Voltando-se ao Anteprojeto de Lei Orgânica da Administração Pública Federal e Entes de Colaboração, é de ver-se que se pretende a institucionalização de

[326] STF – ADI 3026/DF, Relator Ministro Eros Grau, Tribunal Pleno, julgado em 8/6/2006, publicação em 29/9/2006.
[327] Carneiro Neto, 2010, p. 306-308.

todas as entidades paraestatais com base nesse lócus público não estatal. Especificamente quanto aos conselhos profissionais – e, frise-se, não só para a OAB, mas a partir dela –, vislumbra-se o encaixe de tal espécie de entidades em um regime híbrido: predominantemente privado no que diz respeito aos atos de gestão e publicizado no tocante às atividades finalísticas de fiscalização profissional, em que pese a já aludida caracterização notadamente autárquica que lhes é dada atualmente pelo Supremo Tribunal Federal (repisando-se a exceção referente à OAB).

Nesse sentido, o inegável entendimento da Comissão de Juristas apresentado na exposição de motivos do Anteprojeto quanto aos conselhos profissionais (dentro da categoria das entidades paraestatais):

> Nessa categoria se incluem as chamadas corporações profissionais, tais como OAB, CREA, CREM e outras semelhantes que, por exercerem atividade de polícia (melhor se diria atividade disciplinar), de regulação e de repressão sobre os seus associados, têm que ser tratadas como pessoas jurídicas de direito público, no que diz respeito a esse seu papel fiscalizador, regulador e sancionador, que constitui sua atividade-fim. Acompanha-se entendimento adotado pelo Supremo Tribunal Federal, no sentido de que tais atividades, sendo típicas de Estado, só podem ser exercidas por pessoas jurídicas de direito público, com os controles respectivos. Porém, nos aspectos estritamente de gestão (pessoal e contratações, por exemplo), a aplicação do regime das entidades estatais de direito público seria incompatível com a independência de que essas entidades paraestatais devem, por sua natureza, gozar frente ao Estado, como, aliás, já decidiu o Supremo Tribunal Federal relativamente ao caso da OAB. Assim, o anteprojeto acompanha a tendência crescente, no direito estrangeiro, de excluir tais entidades do âmbito da Administração Pública direta e indireta, o que é compatível com a peculiaridade de sua missão e com seu caráter corporativo.[328]

Com esse pensamento, o texto do Anteprojeto, em seu art. 72, § 2º, consignou a síntese do regime dos conselhos profissionais aludindo que se submetem "ao direito público no exercício do seu poder fiscalizador, regulador e sancionador, regendo-se, quanto ao mais, pelo direito privado e do trabalho".

Desse regime híbrido – que entrelaça gestão privada, aproximada das atividades particulares, com prerrogativas públicas inerentes a sua atividade finalística –, conclui-se que, na linha do Anteprojeto, as corporações profissionais representariam a consagração do ambiente público não estatal no cenário jurídico nacional (uma pessoa jurídica de direito público não integrante da Administração Pública).

[328] Vide Nota nº 311.

Afora a própria natureza pública – que, por ora, sequer é levada em consideração como elemento de conexão –, não há dúvidas que tais entidades manejam funções administrativas em sua atividade finalística. Atuam, pois, investidas de prerrogativas ínsitas ao poder estatal. Quanto às atividades tidas como meio, ainda que não se tenha um influxo direto e imediato do regime jurídico notadamente público (*v. g.* licitação, concursos públicos e controle externo nos mesmos moldes das entidades estatais), é certo que sua atuação, no todo, é informada pelos princípios da Administração Pública, sendo manejada em função de suas finalidades e a partir de patamares obrigatoriamente objetivos e impessoais.

Em vistas disso, resta inegável a incidência do instrumental da LPAF aos conselhos profissionais em sua atuação, de forma a bem ordenar sua marcha de atividades, pautar-lhe requisitos extrínsecos mínimos e, ao final, auxiliar a consecução de seus resultados. Em suma, a aplicação da LPAF é dada de modo a instrumentalizar mínima e juridicamente a atuação dos conselhos profissionais, vislumbrados como exercentes de atividade pública (administrativa) desenvolvida fora dos limites da estrutura estatal, e que, como tal, deve ser disciplinada juridicamente a partir dos princípios gerais de atuação administrativa dados pela LPAF.

É nesse viés, pois, a formulação dada pelo Anteprojeto, a indicar a extensão de um regime ampliado de atuação administrativa aos conselhos profissionais (e, bem assim, a todas as entidades paraestatais), o que fundamenta, por sua vez, a extensão da LPAF. Tal conclusão, pois, pode ser extraída do regime geral a que se submetem tais entidades, na forma indicada pelo Anteprojeto:

> Art. 72 As entidades paraestatais devem observar os princípios de legalidade, legitimidade, moralidade, eficiência, interesse público e social, razoabilidade, impessoalidade, economicidade e publicidade, e atender às normas constitucionais, legais, regulamentares, estatutárias e regimentais aplicáveis.
>
> § 1º As entidades paraestatais não se submetem às normas das entidades estatais sobre contratação administrativa e servidores públicos, devendo adotar procedimentos próprios de gestão financeira, contratação e seleção de pessoal que assegurem a eficiência e a probidade na aplicação de seus recursos, publicando anualmente suas demonstrações financeiras e prestando contas nos termos do parágrafo único do art. 70 da Constituição, as quais devem ser apreciadas, pelo Tribunal de Contas da União, dentro dos limites determinados pelo respeito à autonomia que lhes foi conferida por lei.

Embora seja possível antecipar que a conclusão quanto aos Serviços Sociais Autônomos é análoga no que diz respeito à necessária processualidade em sua atuação – uma vez que contidos na expressão maior das entidades paraestatais às quais se aplicam, em linhas gerais, o que visto acima –, importa caracterizar minimante sua existência e institucionalização, de forma a conformar-lhes materialmente o regime exposto.

Um dos traços marcantes dos Serviços Sociais Autônomos reside no fato de que, a despeito de sua não integração orgânica à Administração Pública, atuam de forma colaborativa e paralela ao Estado em matéria de competência não exclusiva deste último. De fato, ao passo que os conselhos profissionais titularizam atribuição estatal que lhes é exclusiva (fiscalização e regulação profissional), os Serviços Sociais Autônomos desempenham atuação paraestatal por excelência, eis que: a) funcionam paralelamente ao Estado sem nele se integrar; b) realizam uma atividade de interesse público, sem se confundir com o serviço próprio do Estado; c) submetem-se precipuamente a um regime jurídico de direito privado, mas, ao mesmo tempo, gozam de privilégios e sofrem restrições próprias da Administração Pública.[329]

Em suma, referidos Serviços são caracterizados como entidades com criação autorizada por lei[330], com personalidade de direito privado e sem finalidade lucrativa, ministrando assistência ou ensino a certas categorias sociais ou profissionais vinculadas ao sistema sindical, sendo mantidos por contribuições parafiscais ou por destinação de dotações orçamentárias.[331]

De fato, as chamadas entidades componentes do "Sistema S" não recebem delegação para a operação de serviço público propriamente dito, prestando atuação material administrativa de cunho prestacional como verdadeira atividade privada de interesse público que interessa ao Estado incentivar e fomentar. Na linha de Maria Sylvia Zanella Di Pietro, a característica principal de tais entidades é a prestação de atividade de interesse público em colaboração ao Poder Público, considerada "como atividade que atua na vizinhança com o serviço público. Ela não é serviço público e não é atividade inteiramente privada. Ela está numa zona intermediária".[332]

Quanto ao seu regime jurídico, o fato de manejarem e aplicarem dinheiros públicos constitui elemento atrativo de caracteres publicísticos. É que, na espécie, resta inegável a participação estatal indireta na existência e manutenção de tais entidades, ainda que em termos de fomento, já que o Estado autoriza sua

[329] di Pietro, 2012, p. 279.

[330] Como exemplo, o Decreto-Lei nº 9.403/46, que atribuiu à Confederação Nacional da Indústria o encargo de criar, organizar e dirigir o Serviço Social da Indústria.

[331] Borges, Alice Gonzalez. Serviços sociais autônomos: natureza jurídica. In: Modesto, Paulo (Coord.). *Nova organização administrativa brasileira*. 2. ed. Belo Horizonte: Fórum, 2010. p. 260.

[332] di Pietro, 2012, p. 279.

criação com a garantia de subvenção por meio da instituição de contribuições parafiscais compulsórias e estritamente destinadas as suas finalidades.[333]

Assim, em que pesem as discussões jurisprudenciais e doutrinárias sobre a efetiva demarcação do regime jurídico de tais entidades, com a utilização de institutos de direito administrativo flexibilizados ou não (*v. g.* processo seletivo de pessoal e normas de licitação e contratação diferenciadas[334]), é indubitável a obrigatoriedade da observância de patamares de atuação geral com base nos princípios da Administração Pública e, bem assim, a submissão ao controle externo pelo Tribunal de Contas.[335]

Diante desse quadro, vislumbra-se quanto aos Serviços Sociais Autônomos a mesma sorte dos conselhos profissionais em termos de incidência do patamar normativo da LPAF. De fato, a derrogação pelo direito público de sua sujeição primária ao direito privado[336] acaba por instaurar, como já afirmado acima, nítido e suficiente elemento de conexão material para a LPAF em todo o seu atuar.

Mais do que isso, resta inegável sua submissão a um verdadeiro regime jurídico geral de atividade pública que traz consigo a aplicação da LPAF, suas regras

[333] DI PIETRO, 2010, p. 246. Veja-se, por oportuno, que a Constituição Federal de 1988 foi expressa ao prever a fonte de recursos de tais entidades em seu art. 240: CF/88 – Art. 240. Ficam ressalvadas do disposto no art. 195 as atuais contribuições compulsórias dos empregadores sobre a folha de salários, destinadas às entidades privadas de serviço social e de formação profissional vinculadas ao sistema sindical.

[334] O Tribunal de Contas da União entende que os serviços sociais autônomos não estão sujeitos à observância dos estritos procedimentos das normas gerais de licitações e contratos, e sim aos seus regulamentos próprios devidamente publicados, os quais devem se pautar nos princípios gerais do processo licitatório, ser consentâneos com os princípios constantes do art. 37, caput, da Constituição Federal e seguir os princípios gerais relativos à Administração Pública. Vide, por exemplo: TCU – Acórdão nº 3.362/2009, Relator Ministro AUGUSTO NARDES, Primeira Câmara, julgado em 23/6/2009, publicação em 26/6/2009.

[335] Muito embora, como indica Alice Gonzalez Borges, haja grande discussão se o controle seria exercido somente *a posteriori* ou se seriam tais entidades submetidas ao controle prévio de suas contas. Nesse sentido: BORGES, 2010, p. 268.

[336] Maria Sylvia Zanella Di Pietro aponta que "essa derrogação ocorre não pela natureza da atividade, que pode ser desempenhada por entidades privadas por sua própria iniciativa, mas pelo fato de receberem contribuições de natureza tributária. Elas administram verbas públicas e, em decorrência, submetem-se ao controle pelo Tribunal de Contas. Pela mesma razão de administrarem verbas públicas, devem obediência aos princípios da legalidade, legitimidade, moralidade, eficiência, interesse público e social, razoabilidade, impessoalidade, economicidade e publicidade, bem como às normas constitucionais, legais, regulamentares, estatutárias e regimentais aplicáveis. [...] devem adotar procedimentos próprios de gestão financeira, contratação e seleção de pessoal que assegurem a eficiência e a probidade na aplicação dos seus recursos, publicando anualmente suas demonstrações financeiras e prestando contas nos termos do parágrafo único do artigo 70 da Constituição" (DI PIETRO, 2010, p. 246-247).

e princípios, e lhes empresta a juridicidade necessária em sua atuação, especialmente em termos de marcha ordinária de operação e controlabilidade.

2.7.2. Terceiro Setor: entidades privadas com poderes públicos

Avançando no quadro de entidades dispostas no Anteprojeto de Lei Orgânica da Administração Pública Federal e Entes de Colaboração – tido, para os fins do presente trabalho, como base para o estudo da extensão de processualidade –, importa discutir a eventual incidência da LPAF às denominadas entidades de colaboração com a Administração Pública (ou, na linha de Carlos Ari Sundfeld, entidades não estatais relacionadas ao Estado).[337]

No corpo do Anteprojeto, inexiste menção direta às espécies de entidades abrangidas pelo conceito de 'entidades de colaboração', muito embora a já citada exposição de motivos acabe por indicar expressamente que a ideia é a de alcançar a multiplicidade de entidades não estatais, sem fins lucrativos e constituídas pela iniciativa privada que, para o desempenho de atividades de relevância pública, mantenham vínculo jurídico com o Poder Público. Entre tais entidades, as organizações sociais, as organizações da sociedade civil de interesse público, as filantrópicas, as fundações de apoio, as de utilidade pública e outras congêneres, já existentes ou que venham a existir com denominações diversas.[338]

No mais das vezes, a expressão Terceiro Setor é utilizada a fim de identificar tais entidades, sendo que, em suma, tal designação decorre do dualismo tradicional entre o público e o privado, tanto no tocante as suas características como a sua personalidade. Assim, junto com o Estado (Primeiro Setor) e o Mercado (Segundo Setor), firma-se a existência de um Terceiro Setor no qual se situam organizações privadas com adjetivos públicos, em uma posição intermediária que lhes permita prestar serviços voltados para o interesse e desenvolvimento social.[339]

Como enuncia Boaventura de Souza Santos, o Terceiro Setor representa o "conjunto de organizações sociais que não são nem estatais nem mercantis, ou seja, organizações sociais que, por um lado, sendo privadas, não visam a fins lucrativos, e, por outro lado, sendo animadas por objetivos sociais, públicos ou

[337] SUNDFELD, 2010, p. 60-61.

[338] Eis, no ponto, a redação do Anteprojeto: Art. 73. São entidades de colaboração as pessoas jurídicas de direito privado não estatais, sem fins lucrativos, constituídas voluntariamente por particulares, que desenvolvam atividades de relevância pública, essenciais à coletividade, objeto de incentivo e fiscalização regular do Poder Público.

[339] PAES, José Eduardo Sabo. Terceiro setor: conceituação e observância dos princípios constitucionais aplicáveis à Administração Pública. In: PEREIRA, Cláudia Fernanda de Oliveira (Org.). *O novo direito administrativo brasileiro*: o Estado, as agências e o terceiro setor. Belo Horizonte: Fórum, 2003. p. 275.

coletivos, não são estatais".[340] Em sentido convergente, a lição expandida de José Eduardo Sabo Paes:

> [...] o Terceiro Setor é aquele que não é público nem privado, no sentido convencional desses termos; porém, guarda uma relação simbiótica com ambos, na medida em que ele deriva sua própria identidade da conjugação entre a metodologia deste com as finalidades daquele. Ou seja, o Terceiro Setor é composto por organizações de natureza "privada" (sem o objetivo do lucro) dedicadas à consecução de objetivos sociais ou públicos, embora não seja integrante do governo (Administração Estatal).
>
> Podemos, assim, conceituar o Terceiro Setor como o conjunto de organismos, organizações ou instituições sem fins lucrativos dotados de autonomia e administração própria que apresentam como função e objetivo principal atuar voluntariamente junto à sociedade civil visando ao seu aperfeiçoamento.[341]

De fato, o intuito maior da regulamentação dada ao ora chamado Terceiro Setor reside na reinvenção e no redimensionamento das relações havidas entre o Estado e a Sociedade Civil, entre o público e privado, na medida em que os papéis de cada um de tais atores sociais são redesenhados em prol do alcance do bem comum, tendo-se a assunção, pela Sociedade Civil, de novas responsabilidades na proteção e concretização de direitos, as quais restavam anteriormente inseridas na órbita exclusiva do Estado.[342]

Assim, em que pesem as riquíssimas discussões travadas acerca das peculiaridades e da possibilidade de atuação de tais entidades[343], é de se focar, por ora, no fator e no instrumento de vinculação das mesmas com o Poder Público, sobretudo tendo-se como substrato duas das mais recorrentes espécies de entidades de colaboração: as organizações sociais (OS) e as organizações da sociedade civil de interesse público (OSCIP).

[340] SANTOS, Boaventura de Souza. Para uma reinvenção solidária e participativa do Estado. In: PEREIRA, Luiz Carlos Bresser; SOLA, Lourdes; WILHEIM, Jorge (Orgs.). *Sociedade e Estado em transformação.* São Paulo: UNESP, Brasilia: ENAP, 1999. p. 250.

[341] PAES, 2003, p. 275-276.

[342] PONTONI, Maria José Reis. A formalização jurídica das OSCIPs. In: OLIVEIRA, Gustavo Justino de (Coord.). *Direito do terceiro setor.* Belo Horizonte: Fórum, 2008. p. 55.

[343] Dentre tais discussões, destaque-se a própria concepção do modelo público não estatal de tais entidades, tendo-se como inspiração o patamar gerencial de Reforma do Estado. Nesse quadro – e a partir das chamadas organizações sociais –, iniciou-se no Brasil a ideia de transferência de serviços não exclusivos do Estado e sua consequente absorção por um setor público não estatal que, como tal, seria fomentado e incentivado pelo próprio Estado. Para maiores detalhes, veja-se: BRASIL. Ministério da Administração Federal e Reforma do Estado. *A reforma do Estado no Brasil.* Brasília: MARE, 1998.

Conforme expressado no Anteprojeto ora em debate, a conjugação ou o vínculo de colaboração de tais entidades com o Poder Público é dado a partir de quaisquer das situações a seguir: a) o fomento de atividade de relevância pública; b) a atribuição, à entidade de colaboração, da execução de ação ou programa de iniciativa estatal; c) a execução conjunta de atividade estatal.[344] Tais situações revelam, de antemão, a atuação notadamente publicizada das entidades de colaboração, na medida em que ora assumem por completo e ora compartilham com o ente estatal uma atuação típica sua, ainda que não exclusiva.

Formalmente, a legislação de regência das OS's e OSCIP's instaura, respectivamente, o contrato de gestão e o termo de parceria como instrumentos hábeis a viabilizar e legitimar as parcerias do Estado com tais entidades (que representam, no caso, a própria Sociedade Civil). Tais instrumentos revelam, assim, a chancela estatal para a possível atuação compartilhada e hibridizada em termos de regime de prestação, a coadunar e convergir o público e o privado diante de interesse comum.

Em termos concretos, o Anteprojeto não altera a essência do que já ocorrido na prática atual das OS's e OSCIP's, uma vez que abrange o contrato de gestão e o termo de parceria no gênero dos 'contratos públicos de colaboração', que instrumentalizam a parceria e determinam-lhe as minúcias do regime híbrido inerente ao Terceiro Setor. Nesse sentido – e modelando o contrato público de colaboração –, a expressão do Anteprojeto:

> Art. 73. São entidades de colaboração as pessoas jurídicas de direito privado não estatais, sem fins lucrativos, constituídas voluntariamente por particulares, que desenvolvam atividades de relevância pública, essenciais à coletividade, objeto de incentivo e fiscalização regular do Poder Público.
>
> [...]
>
> § 3º O vínculo da entidade estatal com as entidades referidas no caput será estabelecido exclusivamente por contrato público de colaboração, inclusive nas modalidades de contrato de gestão, termo de parceria, convênio ou outra prevista em lei específica.
>
> § 4º Sujeita-se ao regime do contrato público de colaboração todo instrumento que institua vínculo de colaboração, nos termos definidos nesta Lei, independentemente da terminologia utilizada na legislação específica, que será aplicada subsidiariamente.

[344] É o que dispõe, em suma, o art. 74 do Anteprojeto. Veja-se: Art. 74. Vínculo de colaboração é o que tem por objeto: I – o fomento, pela entidade estatal, de atividade de relevância pública de iniciativa da entidade não estatal; II – a atribuição, à entidade não estatal, da execução de ação ou programa de iniciativa estatal, de relevância pública, mediante contrapartidas da entidade estatal; III – a execução conjunta, por entidade estatal e entidade não estatal, de atividade de relevância pública.

Assim, importa anotar que a Lei Federal nº 9.637/98 (Organizações Sociais) e a Lei Federal nº 9.790/99 (Organizações da Sociedade Civil de Interesse Público) já trilhavam o regime de tal parceria a partir de nítido influxo publicístico, uma vez que o legislador houve por entender que, pela importância e atuação destas organizações privadas na promoção e defesa do interesse público, deveriam elas sujeitar-se aos princípios fundamentais inerentes à Administração Pública.[345] E aqui, por certo, já um primeiro e forte indicativo da necessária presença da LPAF.

De fato, o texto das leis em questão é enfático quanto ao conteúdo do documento que instrumentaliza a parceria e lhe confere o regime de atuação. Quanto às OS's, o art. 7º da Lei Federal nº 9.637/98; quanto às OSCIP's, o art. 4º da Lei Federal nº 9.790/99, a saber:

> Lei Federal nº 9.637/98 – Art. 7º Na elaboração do contrato de gestão, devem ser observados os princípios da legalidade, impessoalidade, moralidade, publicidade, economicidade e, também, os seguintes preceitos:
>
> I – especificação do programa de trabalho proposto pela organização social, a estipulação das metas a serem atingidas e os respectivos prazos de execução, bem como previsão expressa dos critérios objetivos de avaliação de desempenho a serem utilizados, mediante indicadores de qualidade e produtividade;
>
> II – a estipulação dos limites e critérios para despesa com remuneração e vantagens de qualquer natureza a serem percebidas pelos dirigentes e empregados das organizações sociais, no exercício de suas funções.
>
> Parágrafo único. Os Ministros de Estado ou autoridades supervisoras da área de atuação da entidade devem definir as demais cláusulas dos contratos de gestão de que sejam signatários.

> Lei Federal nº 9.790/99 – Art. 4º Atendido o disposto no art. 3o, exige-se ainda, para qualificarem-se como Organizações da Sociedade Civil de Interesse Público, que as pessoas jurídicas interessadas sejam regidas por estatutos cujas normas expressamente disponham sobre:
>
> I – a observância dos princípios da legalidade, impessoalidade, moralidade, publicidade, economicidade e da eficiência;
>
> II – a adoção de práticas de gestão administrativa, necessárias e suficientes a coibir a obtenção, de forma individual ou coletiva, de benefícios ou vantagens pessoais, em decorrência da participação no respectivo processo decisório;
>
> [...]

[345] Paes, 2003, p. 280.

VII – as normas de prestação de contas a serem observadas pela entidade, que determinarão, no mínimo:

a) a observância dos princípios fundamentais de contabilidade e das Normas Brasileiras de Contabilidade;

[...]

d) a prestação de contas de todos os recursos e bens de origem pública recebidos pelas Organizações da Sociedade Civil de Interesse Público será feita conforme determina o parágrafo único do art. 70 da Constituição Federal.

O que se vê, diante do exposto, é que a colaboração é demarcada por verdadeiro regime de responsividade, transparência e objetividade, alinhando-se ao regime que se pretende para a própria função administrativa diretamente manejada pelo Estado-Administração. Assim, a própria colaboração e seu regime, conforme visto acima, revestem-se na qualidade de elemento de conexão para a utilização da processualidade administrativa por tais entidades, eis que suas atividades de interesse público ou relevância pública são manejadas, ainda que indiretamente, a partir de competência e função administrativa.

Como já assentado, o regime geral da LPAF, na espécie, é utilizado a fim de ordenar a atuação de tais entidades e permitir sua concretização em patamares minimamente jurídicos, dada a nítida necessidade de observância dos princípios da Administração Pública e, bem assim, de controle das atividades das entidades não estatais relacionadas ao Estado.

É certo, bem de ver, que as entidades de colaboração bem representam a existência de verdadeiro regime jurídico geral de atividade pública ou de relevância pública fomentada pelo Estado, o qual, como tal, traz consigo a aplicação da LPAF. Em outras palavras, a presente constatação indica uma perspectiva da função administrativa não estatal, o que ocorre, como no caso das entidades de colaboração, "sempre que uma entidade pública, designadamente o Estado, confia a prossecução de atribuições públicas a uma entidade privada".[346]

Chega-se, pois, ao debate que aproxima e discute as intercorrências e penetrações entre direito público e privado, tendo-se como certa uma reserva constitucional de direito administrativo em termos de regime jurídico aplicável[347], o que, segundo Maria João Estorninho, impõe a demarcação de vinculações jurí-

[346] ALMEIDA, Mário Aroso de. *Teoria geral do direito administrativo*: temas nucleares. Coimbra: Almedina, 2012. p. 21.

[347] GONÇALVES, 2005, p. 1021.

dico-públicas a evitar a fuga total da atuação notadamente administrativa para o direito privado.[348]

É nesse sentido, por certo, a lição de Mário Aroso de Almeida:

> [...] o Direito Administrativo tem respondido ao fenômeno da chamada fuga para o direito privado através da extensão, sempre que o interesse público o justifica, da aplicabilidade de regras e princípios de direito administrativo, concebidos por referência às entidades que integram a Administração Pública, a entidades privadas que, para esse efeito, àquelas são, em maior ou menos medida, equiparadas. Ora, nesse sentido, têm-se multiplicado, no nosso ordenamento jurídico as disposições legais que têm determinado a extensão do âmbito de aplicação de regimes normativos de Direito Administrativo (e de Direito Processual Administrativo) a entidades privadas.[349]

Há na atuação das entidades de colaboração, em suma, uma concomitante relativização do papel do Direito Administrativo orgânico ou organizatório em contraste com a potencialização do Direito Administrativo das relações jurídicas administrativas (funcional), sendo nítida a submissão de tais entidades às normas de direito administrativo ainda que não integrem subjetivamente a Administração.[350]

Com efeito, o que se vislumbra é a ocorrência do fenômeno já anteriormente aludido das chamadas entidades privadas com poderes públicos – exaustiva e minuciosamente estudadas e trabalhadas por Pedro Gonçalves –, as quais, na medida em que manejam interesse eminentemente publicizado, submetem-se, tal qual a Administração Pública em sentido orgânico, ao direito administrativo ou, no mínimo, a "um regime jurídico moldado com base na ética, nos princípios e nos valores do direito administrativo, enquanto direito que se ocupa da defesa do interesse público e dos direitos dos cidadãos".[351]

Enfim, resta notória a existência de um campo de atuação público não estatal, estando cada vez mais presente em nosso cotidiano a perspectiva de desempenho de funções administrativas e de relevância pública fora de entidades estatais. Levando-se em consideração a conjugação público-privada de tal sorte de atuação – seja em termos de recursos financeiros, chancela e autorização estatal ou mesmo de controle finalístico –, válida a assertiva de Marçal Justen Filho a indicar

[348] Estorninho, Maria João. *A fuga para o direito privado*: contributo para o estudo da actividade de direito privado pela administração pública. Coimbra: Almedina, 1995. p. 160-161.

[349] Almeida, 2012, p. 29.

[350] Almeida, 2012, p. 24.

[351] Gonçalves, 2005, p. 1097.

que é imperioso "estender o direito administrativo para esse relevante segmento de atividades de interesse coletivo".[352]

Nesse mesmo norte, Cármen Lúcia Antunes Rocha vislumbra a extensão do princípio do devido processo legal administrativo, em sua concepção formal e material, para o ambiente público não estatal, o que, por certo, traz consigo a necessária processualidade. Tratando especificamente do referido princípio, a autora aponta que

> o que importa consideravelmente relevar na fase atual de repensamento de modelos de atuação da sociedade (por meio, inclusive, de organizações não governamentais), é que não apenas nos processos administrativos havidos no seio dos órgãos e entidades públicas, mas também naqueles que se façam por entidades civis dotadas de competência delegada ou regulada pelo Poder Público (como se dá com as entidades de classe) é imperativo o princípio, que tem que ser acatado com rigor e observância irrestrita, pena de nulidade e de responsabilidade a quem tenha causado ablação a direito sem a sua obediência.[353]

De fato – e com apoio em Marçal Justen Filho –, é de se evidenciar que, existindo organizações devidamente estruturadas, de forma perene e estável, para a promoção e concretização de interesses coletivos (públicos) em atuação conjugada ao Estado-Administração – sendo, inclusive, por ele reconhecidas e fomentadas –, mostra-se imprescindível a aplicação dos princípios do direito administrativo como método de conformação e controle estatal de tais atividades, dando-se, a partir de então, a própria legitimação jurídica da atuação particular em atividades públicas.[354]

Em última análise, a conformação formal e material da atuação administrativa em termos jurídicos há de ser dada com a aplicação da LPAF, ainda que a partir de entidades de colaboração (privadas), na medida em que o referido diploma normativo, conforme já extensamente tratado no presente trabalho, denota o sentimento e a necessidade de disciplinar e racionalizar a atividade administrativa para o atingimento de decisões justas, legais, úteis e oportunas aos fins visados.

[352] Justen Filho, 2012, p. 101.

[353] Rocha, 1997, p. 206.

[354] Na expressão de Marçal Justen Filho, "a legitimação jurídica da atuação dos particulares para o desempenho de atividades relevantes para a realização dos direitos fundamentais não equivale à ausência de limites normativos ou de controles estatais. A redução da intervenção direta do Estado é acompanhada da ampliação do controle normativo sobre os particulares – de modo a se impor a realização dos valores e o atingimento dos fins buscados pela comunidade" (Justen Filho, 2012, p. 102).

2.8. Sinopse conclusiva do Capítulo

1. A LPAF pode ser reconhecida como diploma legal disciplinador de um quadro geral de processualidade administrativa a partir do qual a Administração – de forma expressa, a federal – irá sustentar sua atividade cotidiana. Para tal ilação, basta-nos vislumbrar que a fórmula encontrada pelo legislador trouxe a generalidade como pedra de toque para referida lei.

2. A generalidade da LPAF é trilhada de forma jurídico-positiva na medida em que seus artigos 1º e 69 tratam, respectivamente: 1) da estipulação expressa de um tratamento do processo administrativo a partir de normas básicas (art. 1º); e, 2) da subsidiariedade da lei em relação aos processos administrativos específicos já regidos por lei própria (art. 69).

3. A perspectiva generalista da LPAF, no sentido de abranger a processualidade administrativa em termos amplos, pode ser vista, também, a partir da ausência de delimitação legal do conceito de processo administrativo. Não há, na lei, qualquer definição a respeito do instituto, que independe da existência de "litígio" ou de partes perfeitamente contrapostas para sua caracterização.

4. No que tange ao binômio "normas básicas e subsidiariedade", é certo que a LPAF buscou enunciar critérios básicos a que se devem submeter os processos administrativos, de forma a atender à essencialidade na regulação dos pontos fundamentais da atuação administrativa e, bem assim, deixar margem para a criação e recepção de leis explicitadoras de processos próprios e específicos.

5. Cabe ao administrador, na qualidade de intérprete-aplicador da norma administrativa, a operação jurídico-hermenêutica de concretização da subsidiariedade. Assim é que, a partir de eventuais ausências e omissões nas normas processuais específicas, fará incidir o disciplinamento da lei geral aos casos concretos.

6. Duas premissas guiam a aferição de subsidiariedade da LPAF: 1) sua concretização só ocorre a partir de normas de igual hierarquia, ou seja, com status de lei ou superior; e, 2) a conjugação entre lei geral e leis especiais não pode ser feita de forma monolítica, mas sim a partir de análise tópica e compartimentalizada em atenção aos distintos institutos processuais em jogo.

7. Dentre os casos emblemáticos de interpenetração entre lei geral e especial, é possível destacar o processo administrativo disciplinar, fiscal, de desapropriação e licitatório.

8. O processo administrativo fiscal e, em especial, as normas do Programa de Recuperação Fiscal (REFIS) instauram, sob o pálio da ampla defesa e do contraditório, debate a respeito da necessidade de normas especiais de mesma hierarquia (legal) para fins de aplicação em detrimento da norma geral. No caso, pende discussão a abordar a validade da disposição normativa acerca da comunicação de atos em processo administrativo fiscal relativo ao REFIS, eis que tais normas foram manejadas, a partir de remissão legislativa, por intermédio de mera Resolução (ato normativo infralegal).

9. A licitação é espécie processual administrativa com fundamento constitucional direto e expresso (art. 37, XXI, CF/88) e que merece tratamento legislativo especializado (art. 22, XXVII, da CF/88). Em suma, é regulada a partir de normas gerais de caráter nacional e densificada em nível subnacional, sendo certa a presença da aplicação subsidiária da LPAF em sua regulamentação.

10. Ainda que a LPAF inicie o detalhamento de seu âmbito de aplicação a partir de caracteres notadamente subjetivos (Administração Direta e Indireta), a lógica ou critério primário e preponderante de sua aplicabilidade é material, objetivo ou funcional, tendo como suporte último o próprio exercício de função administrativa. De fato, uma consideração subjetiva não pode, de antemão, obstar a aplicabilidade da LPAF, eis que o critério formal, subjetivo ou orgânico é apenas auxiliar e residual na análise da aplicabilidade da lei.

11. Há, pois, verdadeiro escalonamento (ordem de preferência) entre os critérios de alcance da LPAF, sendo certo que o desempenho de função administrativa é que indica, primordialmente, a extensão da LPAF, com a preponderância do critério material, objetivo e funcional, eis que o critério formal, subjetivo ou orgânico seria dado como apenas auxiliar e subsidiário na análise da aplicabilidade da lei.

12. O conceito legal de Administração Indireta não há de ser dado a partir de caracterização subjetiva, como o faz o Decreto-Lei nº 200/67. Há de se entender por Administração Indireta toda a sorte de realização de função administrativa por pessoa distinta dos entes primariamente competentes (União, Estados, Distrito Federal e Municípios), chegando-se, assim, a uma concepção que efetivamente une o conceito de descentralização, em sentido ampliado, ao de Administração Indireta: exercício de função administrativa por pessoa que não diretamente o próprio Estado-Administração.

13. Assim é que se vislumbra, em verdade, a aplicabilidade da LPAF em função de um regime jurídico geral de atividade administrativa. Enfim, um regime que tenha como suporte último e amplo a própria prescrição específica do artigo 1º, § 1º, da LPAF, na medida em que designa a aplicabilidade da lei em consonância com o desempenho de função administrativa.

14. O exercício atípico de função administrativa pelo Legislativo e pelo Judiciário traz consigo a incidência da processualidade administrativa e da LPAF, especialmente na medida em que tal processualidade indica o *modus operandi* inerente à própria função atípica desempenhada.

15. A lógica do exercício de função administrativa atípica induz a aplicabilidade da LPAF ao Ministério Público e aos Tribunais de Contas, especialmente no que diz respeito a caracteres organizativos e gerenciais que subsidiem e apoiem a execução de suas funções típicas.

16. Independentemente da qualificação que é dada às funções desempenhadas pelas Cortes de Contas, nota-se que é inconteste a aplicabilidade da LPAF em sua atuação. Seja direta e subsidiariamente em suas funções atípicas; seja de forma apenas subsidiária em seus processos típicos e institucionais (processos de contas).

17. A atuação administrativa finalística do Ministério Público enseja forte debate sobre seus caracteres jurídicos. Em específico, o inquérito civil é alvo de controvérsia quanto a sua configuração enquanto processo ou procedimento administrativo, pautado ou não pela presença do contraditório.

18. Ainda que configure expressão da dita processualidade administrativa funcional – e, portanto, como realização de função administrativa em cotidiana atividade decisória – o inquérito civil não foge do patamar processual mínimo, podendo ser considerado como uma espécie de processo administrativo institucional a cargo do Ministério Público, sendo-lhe aplicáveis, ao menos subsidiariamente, os preceitos da LPAF, de forma a trilhar patamares de instauração, instrução e decisão relativos à formação e posterior execução da vontade funcional do *Parquet*.

19. O quesito da "autoridade" (art. 1º, § 2º, III) pode ser demarcado como um dos elementos de conexão para a incidência da LPAF, uma vez que é visto como verdadeiro eixo no qual se concentra o exercício de atribuições administrativas. Tanto a lei quanto a Constituição evocam, ainda que indiretamente, uma

concepção material do conceito de autoridade, a indicar a imputação de função administrativa em determinado agente.

20. O arquétipo trazido pela LPAF viabiliza a regulamentação da relação havida entre Administração, prestadores e usuários de serviços públicos, mormente pelo fato de se tratar de nítido exercício de função administrativa.

21. A distinção dicotômica entre função econômica e serviço público acaba por trilhar todo o regime jurídico das empresas estatais. No entanto, há de se salientar a existência de uma base comum aplicável às duas possíveis atividades desempenhadas por tais empresas, representando um verdadeiro regime híbrido que, a par de sua criação a partir de entidades com personalidade jurídica de direito privado, sofre notável influxo de normas de direito público (em especial, de direito administrativo).

22. Resta possível afirmar a incidência material do quadro normativo da LPAF às empresas estatais, em sentido amplo, a abranger aquelas que prestam serviços públicos e as que exploram atividade econômica, na medida em que o controle estatal e o arcabouço de princípios gerais da Administração Pública e de direito público assim as direciona.

23. Para os fins do presente trabalho – e na linha do Anteprojeto de Lei Orgânica da Administração Pública Federal e Entes de Colaboração – é necessário apartar as entidades paraestatais das entidades não estatais relacionadas ao Estado. As entidades paraestatais restaram divididas em duas categorias: as corporações profissionais, com personalidade jurídica de direito público, e os serviços sociais autônomos, com personalidade jurídica de direito privado.

24. As corporações profissionais exercem competências tipicamente estatais (poder de polícia disciplinar como ente regulador das atividades profissionais), embora não se subordinem à ordinária tutela jurídica estatal. Encontram-se, assim, em um lócus público não estatal, que apresenta regime jurídico híbrido: predominantemente privado no que diz respeito aos atos de gestão e publicizado no tocante às atividades finalísticas de fiscalização profissional, em que pese a já aludida caracterização notadamente autárquica que ainda lhes é dada pelo STF (à exceção da OAB).

25. Ao exercerem função administrativa como atividade finalística, tais corporações são investidas de prerrogativas ínsitas ao poder estatal. Sua atuação, no todo, é informada pelos princípios da Administração Pública, sendo manejada

em função de suas finalidades e a partir de patamares obrigatoriamente objetivos e impessoais. Resta inegável, assim, a incidência do patamar processual e do próprio instrumental da LPAF às corporações profissionais em sua atuação, de forma a bem ordenar sua marcha de atividades, pautar-lhe requisitos extrínsecos mínimos e, ao final, auxiliar a consecução de seus resultados institucionais.

26. Os serviços sociais autônomos, com sua personalidade jurídica de direito privado, prestam atividade de interesse público em colaboração ao Poder Público, considerada como atividade que atua na vizinhança com o serviço público. Abrangidos no gênero conceitual de entidades paraestatais, acabam por ocupar o lócus público não estatal já mencionado.

27. O fato de manejarem e aplicarem dinheiros públicos constitui elemento atrativo de caracteres publicísticos, restando indubitável a obrigatoriedade da observância de patamares de atuação geral com base nos princípios da Administração Pública. Da mesma forma que as corporações profissionais, é clara sua submissão a um verdadeiro regime jurídico geral de atividade pública que traz consigo a aplicação da LPAF.

28. As entidades de colaboração são entidades não estatais, sem fins lucrativos e constituídas pela iniciativa privada que, para o desempenho de atividades de relevância pública, mantêm vínculo jurídico com o Poder Público. Entre tais entidades, situam-se as organizações sociais, as organizações da sociedade civil de interesse público, as filantrópicas, as fundações de apoio, as de utilidade pública e outras congêneres, já existentes ou que venham a existir com denominações diversas.

29. Na medida em que manejam interesse eminentemente publicizado, submetem-se, tal qual a Administração Pública em sentido orgânico, ao direito administrativo ou, no mínimo, a um regime jurídico moldado com base na ética, nos princípios e nos valores do direito administrativo, enquanto direito que se ocupa da defesa do interesse público e dos direitos dos cidadãos.

30. Ainda que a partir de entidades de colaboração (privadas), a conformação formal e material da atuação administrativa em termos jurídicos há de ser dada com a aplicação da processualidade administrativa trazida pela LPAF, na medida em que o referido diploma normativo denota o sentimento e a necessidade de disciplinar e racionalizar a atividade administrativa para o atingimento de decisões justas, legais, úteis e oportunas aos fins visados.

Capítulo 3
A Aplicabilidade Nacional da LPAF: a Questão Federativa

Várias das temáticas tratadas nos dois Capítulos anteriores acabam por remeter as questões inerentes ao quadro normativo da LPAF a um patamar federativo. Assim, ainda que as discussões federativas tenham sido aludidas até o presente momento de forma apenas incidental, chega-se ao ponto do trabalho em que uma virtual aplicabilidade nacional da LPAF há de ser discutida.

O que se busca debater, a seguir, é a topografia constitucional e federativa do processo administrativo, traçando-se o panorama jurídico-constitucional da matéria atualmente no Brasil. Pretende-se investigar, a partir de então, o alcance geopolítico da processualidade administrativa instaurada pela Lei Federal nº 9.784/99, com foco em uma virtual nacionalização de seu quadro normativo, suas premissas, consequências e repercussões.

De fato, o caráter sóbrio, geral e principiológico da Lei Federal nº 9.784/99 – em muito ligada à aplicação de inúmeros princípios constitucionais atinentes à relação entre Administração e cidadão-administrado e à própria conformação constitucional da realização de função administrativa – é que a torna a pedra angular do presente estudo, principalmente quando se extrai da própria expressão legal – e de sua aplicação e conformação prática –, o intento de proteção dos direitos dos administrados e do melhor cumprimento dos fins da Administração (art. 1º).

É dizer: se o devido processo legal administrativo, como imperativo constitucional, lança luzes sobre todas as manifestações do exercício de função administrativa, atingindo tanto a forma quanto o conteúdo das decisões administrativas em geral[355], importa discutir a alocação federativa de uma possível lei geral sobre

[355] Rocha, 1997, p. 205-206.

a temática, com sua eventual abrangência nacionalizante. É o que se faz a partir da LPAF.

3.1. A Lei Federal nº 9.784/99 como possível lei geral nacional

Em termos históricos, de há muito se debatia o estabelecimento no ambiente nacional de uma lei para o tratamento do processo administrativo. Essa constatação é alinhada, pois, à própria discussão acerca das codificações jurídicas e, em especial, das codificações no direito administrativo.[356]

No que toca ao direito administrativo, a partir do reconhecimento da existência de regras voltadas para o atuar administrativo e, bem assim, para o exercício da autoridade – mormente com o advento do Estado de Direito e a submissão do próprio Estado aos ditames da lei –, a discussão acerca de uma codificação dos preceitos de tal ramo jurídico ganhou força.

Neste contexto, o que se pretendia era a concretização de um corpo normativo capaz de representar e regulamentar as possíveis formas de atuação administrativa, levando em conta notadamente os direitos do cidadão-administrado na relação com o ente estatal e o próprio desenvolvimento regular e conveniente das atividades públicas.

Como exemplo do viés codificador – e ressaltando uma de suas finalidades merecedoras de atenção –, Guimarães Menegale já apontava que a devida e racional estruturação normativa dos preceitos inerentes ao atuar administrativo serviria como um mecanismo positivo a fim de "arrebatar a administração e suas relações ao cambiante influxo da orientação política e às interferências do arbítrio dos administradores ocasionais".[357]

No que tange especificamente à sistematização do processo administrativo, necessário salientar, de antemão, a discussão acerca das possíveis codificações gerais ou parciais de uma determinada matéria jurídica, *in casu*, do direito administrativo. Nesse contexto – e concluindo pela viabilidade de tal sistematização parcial, mormente na seara processual administrativa –, Manoel de Oliveira Franco Sobrinho assenta que

> embora seja difícil formar um Código único da legislação administrativa, podem ser agrupadas em um só corpo as disposições legais que, por serem referentes a matérias semelhantes, se aprestam a certa uniformidade em seus princípios.
>
> Um regime codificado deve apoiar-se, indisfarçavelmente, naqueles princípios ou normas que se possam uniformizar adotando os métodos conhecidos na técnica jurídica processual.[358]

[356] Para tal sorte de discussão, veja-se: CUNHA, 2011, p. 214-218.

[357] MENEGALE, 1957, p. 30.

[358] FRANCO SOBRINHO, 1971. p. 38-39.

Neste quadro, resta incontroversa a possibilidade de codificação, em âmbito próprio, da matéria processual administrativa. Assim, respeitada a organicidade do direito administrativo, restariam disciplinadas em legislação única as decorrências da relação jurídica havida entre Administração e administrados, a representar a mecânica processual tendente a garantir o exercício pleno dos direitos em uma ordem jurídica notadamente democrática e justa.

Mais do que isso, a própria ordenação da atuação administrativa seria trilhada e regulamentada por essa codificação. É que ao processo administrativo cabe, em última análise: 1) dar aos litigantes, além de ampla defesa, instrumental para a solução das contendas que surjam; 2) dar à Administração instrumentos efetivos para a realização dos serviços e tarefas públicas, essenciais ou não; 3) dar aos administrados segurança nos seus direitos e à Administração segurança para que o Estado atinja seus fins, com a realização profícua da função administrativa.[359]

Tem-se, assim – e na esteira de Manoel de Oliveira Franco Sobrinho, a enfatizar a possibilidade de uma codificação parcial do ramo jurídico-processual relativo à Administração –, os efeitos benéficos de uma sistematização geral da matéria.[360]

Vista a possível incidência do regime de codificação no âmbito do direito processual administrativo, é de se notar que a experiência brasileira – na contramão do caminho traçado por Guimarães Menegale e Franco Sobrinho, acima exposto – houve por retardar a edição de um código de processo administrativo, a representar verdadeira lei geral sobre a matéria.

No tocante às experiências pioneiras no âmbito nacional, vale apontar a insistência histórica de Themistocles Cavalcanti na edição de uma lei geral sobre a matéria.[361] Em termos de documentos enviados ao Legislativo, impende ressaltar os embrionários Projetos nº 1.419 e 1.491, ambos de junho de 1956, disciplinando, respectivamente, as normas gerais de procedimento no inquérito administrativo e o procedimento normativo no recurso administrativo. No entanto – e conforme expõe Franco Sobrinho –,

> não estava o legislativo federal brasileiro preparado para receber e completar um trabalho de unidade, tão grande se faziam os interesses locais, tão enormes eram os interesses da política sectária, tão demorados os trabalhos de aferição do mérito dos projetos e das proposições apresentadas.[362]

[359] Franco Sobrinho, 1971. p. 39.
[360] Franco Sobrinho, 1971, p. 39.
[361] Sobre o tema, veja-se: Guimarães, 2008, p. 21-23.
[362] Franco Sobrinho, 1971, p. 64-65.

Ainda antes da Constituição de 88, Cotrim Neto advogava a tese da necessária simplificação e uniformização do processo administrativo. Como fundamento, indicava o imprescindível combate ao "morbo que entorpece a atividade administrativa, com sérios prejuízos para o Erário, para o Serviço Público e para os Administrados".[363] A partir disso, evidenciava uma razão econômica e de busca de eficiência com a uniformização das normas regedoras do processo administrativo, para além da questão do necessário combate à crescente burocratização da Administração.

Nessa linha – e afastando, de plano, os embates terminológicos entre processo e procedimento –, Cotrim Neto salientava a urgência de uma lei disciplinadora da matéria. Segundo o autor, referida legislação teria como escopo último organizar a Administração, fazendo-a segura naquilo que concernente ao resguardo do interesse público que lhe compete perseguir e tutelar: seja mediante a justa aplicação do direito objetivo, seja quanto ao respeito dos interesses dos administrados, pelo correto atendimento de seus direitos subjetivos.[364]

Ainda no ambiente prévio à LPAF, Diogo de Figueiredo Moreira Neto abraçava com entusiasmo as ilações e pretensões de Cotrim Neto. Assim, indicava a necessidade de se fazer coro com referido autor, que advogava com admirável empenho e persistência a adoção de uma processualística básica para todos os gêneros e órbitas da ação administrativa pública.[365]

De toda sorte, muito embora a matéria da referida codificação já viesse sendo tratada há algum tempo no Brasil, somente com o advento da Constituição de 1988 é que se pode falar em uma base constitucional ampliada para a processualidade administrativa, ressaltando-se a importância de uma lei explicitadora de caráter geral. E aí, pois, o ambiente de formulação da LPAF, gestada pela Comissão de Juristas já indicada anteriormente.[366]

De fato – e a despeito da própria discussão federativa, que será tratada nos tópicos seguintes –, três considerações preliminares são necessárias para se investigar o efetivo cabimento da LPAF, em seus termos, como uma possível lei geral sobre o processo administrativo: 1) o tratamento da processualidade de forma ampla; 2) a normatização do processo administrativo em caracteres eminentemente principiológicos, mormente a partir da base constitucional do devido processo legal administrativo; 3) o tratamento do processo administrativo a partir de princípios e regras básicas e com o instrumental da subsidiariedade, sendo

[363] Cotrim Neto, 1986, p. 38.

[364] Cotrim Neto, 1986, p. 43-44.

[365] Moreira Neto, Diogo de Figueiredo. *Curso de direito administrativo*. 11. ed. Rio de Janeiro: Forense, 1999. p. 442.

[366] Vide itens 2 e 2.1 do Capítulo anterior.

possível a interpenetração de normas referentes a específicas modalidades processuais.

Ainda que todas essas considerações preliminares já tenham sido abordadas no decorrer do presente trabalho, válido realçá-las em breve resumo, sobretudo para que se possa, a partir de então, adentrar nas candentes discussões acerca do âmbito geopolítico de aplicação da LPAF.

Em um primeiro plano – e voltando-se ao que já discutido no primeiro Capítulo – importa destacar que a Lei Federal 9.784/99, por si, não se limita às tratativas do processo administrativo em sentido estrito, eis que abrange a já pontuada processualidade administrativa relacional, de caráter mais restrito e indicando a necessária incidência da participação em contraditório, e a processualidade funcional, mais ampla e a indicar o exercício natural da função administrativa em cotidiana atividade decisória.

É vista, então, enquanto ordenadora da processualidade ampla, o que ultrapassa as discussões entre processo e procedimento e, bem assim, sobre a litigiosidade ou não dos feitos que tramitam a fim de instrumentalizar a função administrativa. Em outras palavras, sua amplitude abarca a operação da vontade funcional administrativa, abrangendo o conjunto de atos coordenados que levam a uma decisão final.[367]

Como segundo ponto, resta claro que a LPAF traz consigo normas jurídicas com alto grau de abstração, generalidade e imprecisão, o que "as aproxima mais da condição normativa de princípios jurídicos do que propriamente de regras jurídicas".[368] Diante de tal concepção eminentemente principiológica, suas normas são alçadas a vetores interpretativos do sistema processual administrativo, informando o agir administrativo como um todo. Ainda assim, apresenta o quadro básico de regras para o profícuo desenvolvimento da função administrativa.

Mais do que isso, é certo que sua abrangência normativa teve como um de seus principais objetivos o de dar aplicação a princípios constitucionais pertinentes à interação dos cidadãos com a Administração e, como um todo, à própria atuação funcional administrativa. Apenas como exemplo – o que não indica que os ditames principiológicos não estejam espraiados por quase todo seu quadro normativo –, o art. 2º da LPAF indica, em rol aberto, uma extensa relação de princípios a reger a atuação administrativa.[369]

[367] di Pietro, 2011a, p. 197.

[368] Ferreira, 2009, p. 15.

[369] Lei Federal nº 9.784/99 – Art. 2º A Administração Pública obedecerá, dentre outros, aos princípios da legalidade, finalidade, motivação, razoabilidade, proporcionalidade, moralidade, ampla defesa, contraditório, segurança jurídica, interesse público e eficiência.

É nesse sentido, pois, a expressão de Rodrigo Pagani de Souza:

> A principiologia constitucional sobre a atividade de administração pública viria a ser reproduzida em âmbito infralegal, notadamente na Lei 9.784/99 – a chamada Lei Federal de Processo Administrativo. Dita lei consagra em seu art. 2º boa parte dos princípios do direito administrativo nacional. [...]
>
> Não causa surpresa uma norma como esta do art. 2º da Lei Federal de Processo Administrativo brasileira, ao menos no que tange à sua aspiração de constranger a ação da Administração Pública. Um dos reconhecidos papéis de leis gerais de processo administrativo, no mundo, é o de servir para reger a atuação da Administração Pública, impondo-lhe sujeições. Se a atuação da Administração Pública, no caso, é constrangida por princípios – pois assim o determina a Constituição de 1988 –, nada mais natural que uma lei geral de processo administrativo, normalmente vocacionada a sujeitar a Administração, reforçar a determinação de que também se submeta a um conjunto de princípios jurídicos.[370]

Há, com efeito, um verdadeiro devido processo legal no ambiente administrativo, a conformar como um todo a realização de função administrativa.[371] Assim é que Adilson Abreu Dallari aduz que é preciso deixar claro que os preceitos da LPAF "outra coisa não são senão a positivação, mediante normas, dos princípios implícitos decorrentes dos acima citados princípios constitucionais do devido processo legal e da ampla defesa".[372]

Em um terceiro e derradeiro ponto – e ainda no que diz respeito à acepção da LPAF como possível lei geral sobre o processo administrativo –, é de se ressaltar que, conforme versado em sua própria exposição de motivos, a lei buscou enunciar critérios básicos a que se devem submeter os processos administrativos, de forma a atender à essencialidade na regulação dos pontos fundamentais e, bem assim, deixar margem para a criação e recepção de leis explicitadoras de processos próprios e específicos.

Nesse quadrante, a lei houve por trabalhar expressamente o processo administrativo a partir de normas básicas (art. 1º) e com o instrumental da subsidia-

[370] SOUZA, Rodrigo Pagani de. As várias faces do princípio do contraditório no processo administrativo. In: MEDAUAR, Odete; SCHIRATO, Vitor Rhein (Orgs.). *Atuais rumos do processo administrativo*. São Paulo: Revista dos Tribunais, 2010. p. 113.

[371] Conforme já anotado no capítulo inicial, a cláusula do devido processo legal administrativo decorre de imperativo constitucional, sendo que, de acordo com Cármen Lúcia Antunes Rocha, "em sua concepção substantiva e não apenas formal, integra a principiologia que informa a atividade administrativa de qualquer entidade e de qualquer dos ramos do Poder Público" (ROCHA, 1997, p. 206).

[372] DALLARI, 2013, p. 690.

riedade (art. 69), na linha do que discutido no Capítulo anterior.[373] Pretendeu, portanto, versar sobre os caracteres necessários e/ou essenciais para o desenvolvimento da atuação administrativa em termos amplos, eis que, diante da ausência de lei específica, os processos e a própria atividade administrativa cotidiana são regulados pelo conteúdo da lei geral.

O que se vê, por derradeiro, é que diante de tais assertivas resta notória a possibilidade de se instaurar a LPAF como uma lei geral sobre o processo administrativo no Brasil. A dúvida, pois, reside na conformação constitucional e federativa de tal possibilidade, já que inexistem óbices de ordem econômica e estritamente política para tal.

É que, como bem anota Diogo de Figueiredo Moreira Neto em ilação específica sobre a matéria processual administrativa, uma atomização dos princípios e de normas aplicáveis nas três ordens federativas seria apta a causar tumultos e indefinições que a ninguém aproveitam, dificultando a plena observância da garantia constitucional do devido processo legal.[374]

3.2. O entendimento da doutrina sobre a nacionalização da LPAF: pontos comuns de apoio e de negação

Ainda que aparente ser um ponto pouco trabalhado pela doutrina especializada, a extensão da LPAF para além da órbita federal é tema recorrente nos estudos específicos acerca do processo administrativo no Brasil. Ocorre, no entanto, que o tema acaba por ser geralmente tratado de forma breve e incidental.

Com efeito, é indispensável que se promova, por ora, um exame pormenorizado que dê conta dos posicionamentos existentes acerca do âmbito geopolítico de aplicação da LPAF; logo após – e em tópicos próprios –, são debatidas as expressões jurisprudenciais sobre o tema e a eventual nacionalização desejada, com a posição adotada nesse trabalho.

É que, conforme já exposto, se extrai da epígrafe da Lei Federal nº 9.784/99 que a mesma se destina a disciplinar e regular o processo administrativo no âmbito da Administração Pública Federal, a par de uma regulamentação que abarque todos os níveis federativos brasileiros. Eis, pois, uma das grandes celeumas da processualidade administrativa no atual estágio jurídico-constitucional brasileiro: unidade ou diferenciação, a ensejar um regramento uniforme em âmbito nacional ou uma possível disciplina dispersa pelos entes federados.

[373] Vide item 2.1.

[374] Moreira Neto, 1999, p. 442. No mesmo sentido a preocupação de Manoel de Oliveira Franco Sobrinho. É que, segundo o autor, "mais atuante ficará a Administração nos Estados federais quando a unificação processual se apresentar racionalizada em padrões comuns de procedimento administrativo" (Franco Sobrinho, 1971, p. 88).

Como ponto de partida – e a par de sua expressa indicação de aplicabilidade no âmbito estritamente federal –, é certo que a própria Comissão de Juristas responsável pela elaboração do anteprojeto que culminou na LPAF já expressava a expectativa de que, além de servir de subsídio para a elaboração da lei básica do processo administrativo no plano federal, seu trabalho pudesse contribuir para a modelação de normas equivalentes nos demais níveis federativos.[375]

De plano, interessa ressaltar algumas construções aplicáveis à distinção do âmbito de aplicação da normatividade afeta ao processo administrativo. Importa falar, pois, na clássica acepção de Geraldo Ataliba acerca das leis nacionais e leis federais.[376] Sob tal ótica, uma lei federal – tal qual o é expressamente a Lei Federal nº 9.784/99 – tem sua aplicabilidade restrita à União Federal, para o trato de seus assuntos intestinos; de outro lado, ao se falar em lei nacional ou lei federativa, não se evidencia a exclusividade de aplicação da lei à União ou a qualquer outro ente federado, ainda que emanada do Parlamento Federal, que, em tais casos, disporá acerca de preceitos que se destinam à organização político-administrativa do próprio Estado brasileiro e, portanto, funcionará com competência de ordem nacional.

A partir desse quadro, o mote, por ora, é evidenciar os caracteres de nacionalização da referida lei na ótica de estudiosos da matéria.

Em um primeiro plano, é importante destacar que grande parte das manifestações doutrinárias de apoio à extensão do alcance da LPAF para os chamados entes subnacionais adota como ponto de partida o seu caractere principiológico e explicitador de uma pauta constitucional de atuação administrativa, conforme acima exposto.

De outro lado, o aspecto fulcral dos posicionamentos que negam a possibilidade da extensão nacional da LPAF reside em uma perspectiva de autonomia e auto-organização administrativa dos entes federados, o que implicaria, diante da estrutura constitucional brasileira, a impossibilidade de uma lei de processo administrativo aplicável a todos os entes da federação.

Ainda que os dois argumentos acima dominem amplamente o debate nas discussões trilhadas na doutrina administrativista, é certo que, como decorrência lógica, a temática ganha nítidos contornos constitucionais na medida em que se põem em jogo as alegações acerca da competência para tratamento da matéria processual. Ressurgem, pois, os embates entre processo e procedimento e, bem assim, as controvérsias acerca da competência legislativa para a matéria processual (art. 22, I, da CF/88), para os procedimentos em matéria processual (art.

[375] Tácito, 1996, p. 350.

[376] Ataliba, Geraldo. Regime constitucional e leis nacionais e federais. *Revista de Direito Público.* São Paulo: Revista dos Tribunais, nº 53, jan/jun 1980, p. 58-75.

24, XI, da CF/88) e sobre o encaixe do processo administrativo dentro de uma noção e de uma teoria geral do processo, a culminar ou não, por conseguinte, em uma eventual e possível regulamentação do processo administrativo a partir de normas gerais nacionais.[377]

Todo modo, passa-se, agora, à exposição das expressões doutrinárias com os pontos comuns de apoio e de negação a respeito da eventual nacionalização da LPAF, utilizando-se das lições de alguns autores já visitados anteriormente e de outros ainda não mencionados.

É de se frisar, de logo, que a sistematização dos entendimentos a seguir exposta toma como base os principais argumentos elencados pelos autores para a análise da extensão da LPAF. Como será visto, vários dos autores pesquisados se utilizam de argumentos plurais, o que pode enquadrá-los em mais de uma das concepções gerais acerca da aplicabilidade nacional da LPAF. Mais do que isso – e ante a convergência intrínseca a alguns de tais argumentos –, é possível que uma mesma linha de fundamentos subsidie a formulação de distintas acepções sobre a nacionalização da LPAF.

3.2.1. A extensão eminentemente principiológica da LPAF aos entes subnacionais

Ainda que alinhados a outros argumentos, é possível identificar na doutrina uma série de autores que apontam para uma extensão eminentemente principiológica da LPAF aos entes subnacionais. Em vistas disso, o quadro normativo da LPAF restaria aplicável aos entes subnacionais na medida em que representaria a conformação, em sede legal, de princípios gerais inerentes à atuação administrativa.

José dos Santos Carvalho Filho inicia a discussão sobre o tema ratificando a expressão literal da LPAF e sua aplicabilidade notadamente federal. Para tal, indica que o regime federativo brasileiro outorga autonomia aos entes subnacionais (art. 18 da CF/88), o que lhes confere poder de autoadministração e, via de consequência, competência para regular seus processos administrativos.[378]

De qualquer forma, o autor pondera que, muito embora a eventual regulamentação subnacional não esteja vinculada a todas as normas contidas na LPAF, "sua vinculação, porém, será exigida em relação aos princípios e normas constitucionais".[379] Além disso, destaca como positivo o fato de que vários entes subnacionais editaram leis análogas à federal, visto que a LPAF "apresenta-se com desejável e inovador microssistema".[380]

[377] Temas a serem dissecados, sob a visão do autor, em tópico próprio a seguir.

[378] Carvalho Filho, 2009b, p. 41.

[379] Carvalho Filho, 2009b, p. 41.

[380] Carvalho Filho, 2009b, p. 41.

Com nítido enfoque na extensão principiológica da LPAF, Tatiana Camarão, Cristiana Fortini e Maria Fernanda Pereira[381] ressaltam que as normas da LPAF que versem sobre princípios têm aplicabilidade imediata para além da esfera federal. A partir da mesma base argumentativa, Nelson Nery Júnior e Rosa Maria de Andrade Nery informam que, quando veicular normas principiológicas, a LPAF incidirá na esfera dos Estados e Municípios.[382]

Ainda que centre seus argumentos nas questões relativas à competência legislativa e ao princípio federativo como óbice para a extensão nacional da LPAF, Cármen Lúcia Antunes Rocha trabalha, também, com o argumento da já referida extensão principiológica da LPAF. Entende a autora, no ponto, que "os princípios constitucionais processuais são fundamentos necessários da legislação sobre processo administrativo a serem tomados em consideração e acatados, em sua integralidade material e formal, pelo legislador estadual e municipal".[383] Haveria, assim, um traço comum constitucional, de caráter principiológico, que se irradiaria obrigatoriamente na legislação subnacional.

Comparando a LPAF com a Lei de Processo Administrativo do Estado de São Paulo (Lei Estadual nº 10.177/1998) em sua já clássica obra sobre o processo administrativo, Sérgio Ferraz e Adilson Abreu Dallari observam uma pauta estimativa de princípios que formam uma "coleção de vetores ideológicos diretamente emanados da Constituição, como referenciais inafastáveis de toda e qualquer atuação administrativa, de qualquer órbita ou setor do Poder Público".[384]

Nesse quadro, os autores evidenciam a existência de verdadeiro comando normativo de ordem nacional, à luz da já trabalhada diferenciação provinda de Geraldo Ataliba entre leis nacionais e federais. De todo modo, esclarecem a possibilidade de que todos os entes federados regulem seus processos e procedimentos administrativos, já que o traço normativo de ordem nacional reside na pauta principiológica que figura "na Constituição do Brasil como um patamar mínimo indeclinável, de obrigatória observância para União, Estados, Municípios e Distrito Federal".[385]

Mais tarde – e em trabalho a solo –, Adilson Abreu Dallari acentua o vigor principiológico dos preceitos da LPAF, a representar a positivação normativa do devido processo legal no âmbito administrativo. Segundo o autor – e ainda sobre a LPAF –,

[381] Camarão; Fortini; Pereira, 2011, p. 34-35.

[382] Nery Júnior, Nelson; Nery, Rosa Maria de Andrade. *Código de processo civil comentado*. 7. ed. São Paulo: Revista dos Tribunais, 2002. p. 1437.

[383] Rocha, 1997, p. 197.

[384] Dallari; Ferraz, 2001, p. 29.

[385] Dallari; Ferraz, 2001, p. 29.

> isso significa que alguns dispositivos, dada a sua umbilical vinculação aos mencionados princípios constitucionais, assumem o valor de princípios gerais de processo administrativo, funcionando como normas nacionais, de observância obrigatória não apenas pela União Federal, mas também por Estados, Municípios e Distrito Federal.[386]

Em trabalho específico sobre a ideia matriz e o âmbito de aplicação da LPAF, a professora Maria Sylvia Zanella Di Pietro acata entendimento que dá maior amplitude a alguns de seus dispositivos, relegando a um segundo plano a interpretação do texto legal que indicaria uma limitação federal de sua incidência.

Segundo a autora, ademais de a lei ter estabelecido normas básicas sobre os processos administrativos em geral, é certo que esse não foi seu único objetivo. Houve, de fato, a preocupação em "dar aplicação a princípios constitucionais pertinentes aos direitos do cidadão perante a Administração Pública"[387], o que indica a entrada em uma "esfera de temas de interesse nacional e, portanto, de competência da União".[388]

Assim – e na visão da autora –, as normas da LPAF que "se limitam a fazer exigências mínimas essenciais aos princípios constitucionais devem ser aplicadas em âmbito nacional".[389]

Veja-se, ao final, que o padrão argumentativo da extensão eminentemente principiológica da LPAF em muito se alinha à ideia de uma base constitucional comum como suporte nacional para a LPAF. É que a pauta principiológica básica seria dada a partir da Constituição, conforme se trabalha a seguir.

3.2.2. O núcleo constitucional comum de processualidade administrativa e a extensão da LPAF

Na visão de Wellington Pacheco Barros, o processo administrativo tem seus fundamentos básicos na Constituição Federal, razão pela qual cada ente federativo pode legislar a seu respeito na medida em que alinhado aos preceitos constitucionais. Haveria, assim, um núcleo comum constitucional de processualidade administrativa que vincularia toda a Administração Pública, de quaisquer das esferas federadas.

Com base nesse núcleo comum, cada ente tem a possibilidade de criar suas regras próprias para a disciplina da atividade administrativa, mas "desde que res-

386 Dallari, 2013, p. 690.
387 di Pietro, 2011a, p. 190.
388 di Pietro, 2011a, p. 190.
389 di Pietro, 2011a, p. 191.

peite as regras vinculadoras de toda Administração Pública, como são aquelas previstas no art. 37 da Constituição Federal".[390]

Dessa forma, ainda que não exista uma autonomia legislativa absoluta no âmbito subnacional, fica claro que o processo administrativo tem características de direito local, "o que, sem nenhuma dúvida, dificulta uma codificação ou mesmo a sistematização doutrinária de temas comuns".[391]

Para Arnaldo Esteves Lima, a autonomia dos entes subnacionais evidencia que a LPAF é mesmo lei federal e não nacional. Caso tivesse sido manejada como lei nacional, padeceria do vício de inconstitucionalidade no pertinente à referida autonomia. De qualquer forma, ainda que o diploma não seja diretamente aplicável aos Estados, Distrito Federal e Municípios, o autor deixa "claro que várias de suas regras incidem nacionalmente, porque decorrem diretamente da CF".[392]

Romeu Felipe Bacellar Filho trabalha com uma noção de unidade constitucional do direito administrativo, eis que a compatibilidade entre o direito administrativo constitucional e o infraconstitucional é dada formal e materialmente: a primeira a indicar a competência e o procedimento de elaboração para as normas administrativas; a segunda representando o respeito a uma ordem de valores que se irradia por todo o sistema jurídico nacional.[393]

A partir dessa concepção – e baseado nas lições de Roberto Dromi –, Bacellar Filho menciona a existência de "uma 'solução de continuidade' entre o direito administrativo e a Constituição".[394]

Em seguida, o professor paranaense enuncia que essa unidade constitucional do direito administrativo ganha especial relevo nas federações, eis que

> diante da repartição constitucional de competências legislativas entre as unidades federativas, se garante um núcleo mínimo de unidade e coerência a partir dos postulados constitucionais.
>
> A circunstância de a Constituição de 1988 ter dedicado capítulo próprio à administração pública conduz à formação de um direito administrativo nacional, baseado em normas constitucionais principiológicas, gerais e específicas. A autonomia dos entes federados – e notadamente o exercício de suas competências legislativas

[390] BARROS, Wellington Pacheco. *Curso de processo administrativo*. Porto Alegre: Livraria do Advogado, 2005. p. 33.

[391] BARROS, 2005, p. 33-34.

[392] LIMA, Arnaldo Esteves. *O processo administrativo no âmbito da administração pública federal*. Rio de Janeiro: Forense Universitária, 2005. p. 5.

[393] BACELLAR FILHO, 2012, p. 29-30.

[394] BACELLAR FILHO, 2012, p. 30.

– subordina-se às normas constitucionais aplicáveis à União, aos Estados, aos Municípios e ao Distrito Federal, segundo o *caput* do art. 37.[395]

À luz dessa unidade constitucional do direito administrativo e tendo em vista a complexa distribuição de competências relativas à disciplina na Constituição, entende Bacellar Filho que o texto constitucional privilegia de forma separada os vários institutos administrativos, enfocando-os unitariamente em sua dupla face: material e procedimental/processual.[396] Assim, o direito administrativo, em geral, não suportaria a divisão de competências entre processo e procedimento exposta nos artigos 22, I, e 24, XI, da CF/88.

A partir desse entendimento, Bacellar Filho indica que a competência para legislar tanto sobre processo quanto sobre procedimento administrativo será do ente a quem a Constituição atribuiu competência legislativa para o respectivo direito administrativo material.[397]

De qualquer sorte, o autor é enfático ao estabelecer que o caractere de unidade constitucional conforma a autonomia dos entes, eis que equivocada a evocação do princípio federativo a fim de reconhecer a competência de cada ente da federação para a disciplina do processo administrativo. Há na Constituição, pois, uma ordem mínima que confere unidade à multiplicidade.[398]

Em específico sobre a LPAF, Bacellar Filho reafirma que a autonomia dos entes federados, em sede de direito administrativo, subordina-se às normas constitucionais a todos os entes aplicáveis. Diante disso, a Lei Federal nº 9.784/99 "deve ser respeitada pelos demais entes da federação quando desdobra princípios constitucionais".[399]

Márcia Maria Tamburini Porto Saraiva instaura o processo administrativo como uma espécie típica da figura geral "processo", embora ressalte os traços peculiares que o matizam de modo singular entre as espécies processuais já tradicionais.[400]

[395] Bacellar Filho, 2012, p. 30-31.

[396] Bacellar Filho, 2012, p. 88.

[397] Bacellar Filho, 2012, p. 88-89. Especificamente quanto ao direito disciplinar dos servidores públicos – e a competência para legislar sobre tal tema –, o autor informa que "a matéria está compreendida no 'regime jurídico', previsto no art. 61, §1º, II, alínea *c*, da Constituição Federal. Força convir que cada ente da Federação, ao legislar sobre regime jurídico dos servidores da administração direta, será competente também para legislar sobre procedimento e processo administrativo disciplinar" (Bacellar Filho, 2012, p. 89).

[398] Bacellar Filho, 2012, p. 84-86.

[399] Bacellar Filho, 2012, p. 77-78.

[400] Saraiva, 2005, p. 117.

Em seguida, ainda que estabeleça a existência do processo em sentido estrito (ou em sua dupla face) apenas quando se impõe a presença do contraditório, indica que no âmbito da Administração Pública a processualidade não se faz presente apenas nas situações contenciosas, eis que possível vislumbrá-la na emanação de qualquer ato. Haveria, assim, uma processualística administrativa geral moldável dentro de uma teoria geral do processo (processualidade ampla).[401]

Nesse contexto, Márcia Saraiva denota a ausência de regras gerais a conferir consistência, segurança e uniformização aos processos administrativos, sendo possível alçar a LPAF para o suprimento desse vácuo normativo, eis que tal lei reúne de forma ordenada os preceitos do processo administrativo com o sentido de disciplina geral federal.[402] Na expressão da autora,

> em que pese o caráter federal da Lei nº 9.784/99, a autorizar sua incidência somente na esfera da Administração da União, possível nela identificar o embrião de uma uniformização normativa nacional, capaz de estruturar, ao lado do direito administrativo material, o direito administrativo processual, a quem incumbirá conferir igual tratamento às questões comuns aos diversos tipos de processo administrativo. Preenche-se, ao menos em parte, a lacuna legislativa tantas vezes reclamada pelos administrativistas.[403]

Na conclusão de seu trabalho, indica que a pulverização do direito administrativo e sua processualidade entre estatutos de níveis federal, estadual e municipal inibe a formulação de um diploma nacional. No entanto, o fundamento da LPAF na Constituição dá vazão a uma possível acepção de processualidade ampla, instrumentalizando as garantias constitucionais em relação ao administrado e na busca dos fins da Administração (art. 1º da LPAF).[404]

Assim é que a autora considera que a LPAF construiu o embrião de um novo ramo do saber jurídico, especialmente na medida em que lança luzes para sua releitura sob outra perspectiva: não apenas como base para uma lei geral de processo administrativo, mas como novo ramo do direito processual, o direito processual administrativo.[405]

[401] Saraiva, 2005, p. 120-121.
[402] Saraiva, 2005, p. 118-119.
[403] Saraiva, 2005, p. 118.
[404] Saraiva, 2005, p. 155-156.
[405] Saraiva, 2005, p. 160-162.

3.2.3. A subsidiariedade federativa da LPAF

Com base em precedentes do STJ[406] –, Tatiana Camarão, Cristiana Fortini e Maria Fernanda Pereira apontam a subsidiariedade da LPAF no âmbito subnacional na ausência de lei local específica, na medida em que "se trata de norma que deve nortear toda a Administração Pública, servindo de diretrizes aos seus demais órgãos".[407] Assim, "em caso de lacuna nas leis estaduais ou municipais que disciplinem processos específicos, aplicar-se-ão as normas gerais básicas, servindo de critérios gerais a serem seguidos".[408]

No mesmo sentido – e na seara dos processualistas –, interessante o posicionamento de Nelson Nery Júnior e Rosa Maria de Andrade Nery ao vislumbrar uma aplicabilidade imediata da 9.784/99 para além da esfera federal na hipótese de lacuna normativa no âmbito de ente subnacional, em um verdadeiro caso de subsidiariedade federativa.[409]

Luiz Tarcísio Teixeira Ferreira assevera, por seu turno, que a autonomia dada aos entes subnacionais pelo artigo 18 da Constituição lhes confere capacidade de auto-organização, autolegislação, autogoverno e autoadministração, o que torna indubitável a aplicação da LPAF apenas na órbita federal.[410]

Ainda no tema, destaca que a formulação da lei de processo administrativo é manejada a partir da competência concorrente secundária da União, Estados, Distrito Federal e Municípios para legislar sobre direito administrativo, o que se extrai tanto do caractere de autonomia e auto-organização dado a todos os entes como das competências materiais comuns dispostas no art. 23 da CF/88. Com isso, o poder-dever de cada um de tais entes para legislar acerca de matéria administrativa corrobora a entendimento de que a LPAF regula o processo administrativo apenas no âmbito federal.[411]

No entanto, o autor acredita que o caráter principiológico da LPAF acaba por ensejar a "possibilidade de que, na ausência de elaboração normativa própria, Estados, Municípios e Distrito Federal sirvam-se de seus critérios gerais para colmatação de lacunas na solução de conflitos internos"[412], o que se assemelharia

[406] A análise da jurisprudência acerca do âmbito geopolítico de aplicação do processo administrativo e da Lei Federal nº 9.784/99 será realizada no tópico a seguir.

[407] Camarão; Fortini; Pereira, 2011, p. 35. Vide: STJ – AgRg no Ag 683234/RS, Relator Ministro José Arnaldo da Fonseca, Quinta Turma, julgado em 8/11/2005, publicação em 5/12/2005.

[408] Camarão; Fortini; Pereira, 2011, p. 35.

[409] Nery Júnior; Nery, 2002, p. 1437.

[410] Ferreira, 2009, p. 15.

[411] Ferreira, 2009, p. 16.

[412] Ferreira, 2009, p. 16.

à subsidiariedade federativa vislumbrada acima a partir da expressão de Nelson e Rosa Maria Nery.

Por fim, Maria Sylvia Zanella Di Pietro aparenta se filiar à corrente que defende uma subsidiariedade federativa da LPAF, restringindo tal operação aos casos em que haja legislação local sobre o tema. Assim, "com relação às leis estaduais e municipais validamente promulgadas, a Lei federal terá aplicação subsidiária, da mesma forma que ocorre com relação às leis federais sobre procedimentos específicos".[413]

3.2.4. A distinção processo *x* procedimento como fundamento para a extensão nacional da LPAF

Retomando a caracterização da imposição constitucional da procedimentalização da atividade administrativa[414] –, Marçal Justen Filho aponta a vinculação de todos os entes federativos às normas gerais federais sobre processo e procedimento administrativo.

A partir dessa ordem geral, o autor não titubeia ao estabelecer que as regras de competência constitucional inerentes ao processo são de todo aplicáveis ao processo administrativo. Diante disso – e ressaltando caber à União a edição das normas gerais na matéria –, registra, de um lado, a competência privativa da União para legislar sobre o direito processual administrativo, e, de outro, a competência concorrente para dispor sobre os procedimentos.

Assim é que conclui que "as normas gerais e os princípios fundamentais contemplados na Lei Federal nº 9.784/99 são de observância obrigatória para todos os entes federativos".[415] Explicando essa opção, eis a expressão de Marçal Justen Filho:

> Não se contraponha que essa lei explicitamente determinou que suas regras seriam aplicáveis apenas aos processos administrativos da União. Essa solução seria inconstitucional, pois a competência para editar normas gerais obriga à formalização de soluções gerais aplicáveis a todas as órbitas federativas.

[413] DI PIETRO, 2011a, p. 191.

[414] JUSTEN FILHO, 2012, p. 304. Ideia essa trabalhada no primeiro capítulo em termos de processualidade ampla. Rememorando questão, trabalhou-se a processualidade ampla sob dois enfoques: 1) alinhada à ocorrência processual em quaisquer das funções estatais; 2) espraiada pelas diversas manifestações da atividade administrativa e, sobretudo, associada à cotidiana atividade decisória da Administração.

[415] JUSTEN FILHO, 2012, p. 304.

> Por isso, os demais entes federativos podem, se o desejarem, produzir a edição de lei local, veiculando normas específicas. Mas deverão, de todo modo, respeitar as normas gerais federais.[416]

Em outro sentido – mas ainda baseado na distinção processo e procedimento e com fundamento, também, em um patamar constitucional de atuação administrativa –, o tema da extensão da LPAF foi tratado por Bernardo Strobel Guimarães em trabalho específico que discute o âmbito de validade da referida lei para além da Administração federal. O autor propõe, para tal, uma interpretação conforme a Constituição do art. 1º da Lei.[417]

Segundo Guimarães, "o eixo lógico-jurídico que permite elucidar o grosso das dúvidas em relação à LPAF reside em seu cotejo com as disposições constitucionais que dão conteúdo e suporte à processualidade administrativa".[418] É a partir de tal cotejo, então, que vislumbra a possível fixação do âmbito de aplicação da lei.

Para Guimarães, a repartição de competências entre as entidades federadas não é um fim que se baste em si. Assim, é necessário cotejar tal repartição e o próprio princípio federativo em si com um patamar constitucional de atividade administrativa aplicável a todos os entes da federação, sobretudo a fim de "garantir o máximo atendimento de valores constitucionalmente tutelados, especialmente direitos e garantias individuais".[419]

Diante disso, assenta que a LPAF se reveste de dignidade constitucional na medida em que visa, em especial, à proteção dos direitos dos administrados e ao melhor cumprimento dos fins da Administração (art. 1º). Assim, haveria "um mínimo conferido pela Constituição que não está sujeito a temperamentos, caracterizando o núcleo duro de nossa função administrativa, que é definido

[416] Justen Filho, 2012, p. 304-305. Em sua tradicional obra de comentários à lei de licitações e contratos administrativos, Marçal Justen Filho também aborda o tema da extensão da LPAF, o que faz a partir de argumentos de extensão principiológica e da unidade constitucional da matéria administrativa: "A Lei de Processo Administrativo torna explícitos princípios cuja incidência deriva diretamente da própria Constituição, de observância obrigatória em toda e qualquer atividade administrativa. Logo, os princípios constitucionais explicitados através da Lei nº 9.784/99 nunca poderiam deixar de ser respeitados pelos demais entes federais: não porque esse diploma tenha natureza de lei complementar, nem porque veicule 'normas gerais', mas por ser essa a única alternativa compatível com a Constituição. Sob esse ângulo, o aplicador (em qualquer segmento da Federação) encontra na Lei nº 9.784 uma espécie de 'confirmação' do conteúdo da Constituição. As regras meramente procedimentais, porém, retratam o poder de auto-organização atribuído a todo e qualquer ente federativo" (Justen Filho, 2009, p. 100).

[417] Sobretudo no que diz respeito a sua regulamentação expressa do processo administrativo "no âmbito da Administração Federal direta e indireta" (Art. 1º da Lei Federal nº 9.784/99).

[418] Guimarães, 2004, p. 285.

[419] Guimarães, 2004, p. 287.

pela própria Carta Magna".[420] Mais do que isso, registra Bernardo Strobel Guimarães a incidência do devido processo legal administrativo a todos os entes da federação, sem distinção.

Adiante, Guimarães entende que a questão da aplicabilidade da LPAF repousa na distinção processo e procedimento administrativo. Assim – e no que se refere à competência legislativa para tal –, a nota de conflituosidade inerente ao processo (e ausente no procedimento, como mero exercício de função pública) acaba por moldá-lo no âmbito da competência privativa da União disposta no art. 22, I, da CF/88.

A partir de então – e tendo em vista que o tratamento da conflituosidade não poderia merecer solução distinta em função da federação –, conclui o autor que não se trata de "extensão analógica, principiológica, aplicação subsidiária, supletiva ou coisa que o valha; as regras da lei de processo administrativo aplicam-se diretamente ao âmbito Distrital, Estadual ou Municipal quando se tratarem de regras de processo"[421], ao passo que "as regras que tratarem de procedimento (enquanto exercício de competência sem necessário atendimento da participação do cidadão) devem vincular apenas a Administração Federal".[422]

Por seu turno, Francisco Xavier da Silva Guimarães aponta que o propósito de se respeitar a autonomia local consagrada pelo art. 18 da Constituição Federal não prospera no que diz respeito ao âmbito de incidência da LPAF. Para o autor, "a competência para legislar sobre matéria que melhor se define como sendo processual é, por força do art. 22 da CF/88, privativa da União, pouco importando o âmbito de aplicação do processo, perante qualquer dos poderes da República".[423]

Sob tal ótica, pondera que as regras a informar o processo têm que ser necessariamente uniformes e aplicadas em termos nacionais perante qualquer ente federativo, eis que o que se pretende é uma valorização do processo administrativo enquanto instrumento de garantia de direitos e interesses fundamentais constitucionalmente elencados, sobretudo no tocante ao inarredável tratamento isonômico a ser dispensado aos cidadãos-administrados em sua relação com a Administração.

[420] Guimarães, 2004, p. 288.

[421] Guimarães, 2004, p. 297.

[422] Guimarães, 2004, p. 298. Ainda no tema, Bernardo Strobel Guimarães aponta que apenas no caso de regra de procedimento "faz sentido a enunciação do princípio federativo para legitimar a aplicação restrita da Lei de Processo à Administração Federal. Neste caso, cumpre dizer que não poderia de maneira alguma a lei editada pela União dizer como se procederá o exercício da função administrativa nos outros escaninhos da Administração. A autonomia dos entes da Federação não admite esta sorte de ingerência, sendo que a elas incumbe tratar de como exercerão sua função administrativa" (Guimarães, 2004, p. 298).

[423] Guimarães, 2008, p. 31.

Assim, uma disciplina nacional da matéria encontraria espaço no afã da uniformização da atuação administrativa, ao menos em suas linhas gerais, tal qual versa a Lei Federal nº 9.784/99, que, sóbria em sua regulamentação, é capaz de abarcar as distintas esferas da federação.

Restaria aos entes subnacionais, pois, eventual complementação procedimental, com espeque no art. 24, XI da Constituição Federal. É que, conforme anota Francisco Xavier da Silva Guimarães, "nesse sentido a lei federal tem nítido caráter de lei geral que fortalece a autonomia federativa, preserva a unidade processual sem impedir que situações peculiares e próprias de determinados Estados sejam por eles atendidas procedimentalmente".[424]

E continua o aludido autor, ao dispor que a Lei Federal nº 9.784/99

> veio estabelecer regras, a meu sentir, de obrigatória abrangência nacional, portanto, sem as restrições de seu equivocado enunciado ao pretender regular o processo administrativo tão-só no âmbito da Administração Pública Federal.
>
> Realmente, as normas constitucionais sobre Direito Processual de competência legislativa exclusiva da União são de eficácia plena e de aplicabilidade ampla a todos os entes federativos, não sendo, portanto, passíveis das limitações que a Lei nº 9.784/99 quer impor ao restringir sua abrangência ao âmbito federal.[425]

Por intermédio de ilações assemelhadas, Carolina Caiado Lima também aponta que o tratamento desigual entre os cidadãos nas diversas esferas federativas poderia comprometer o aspecto garantístico inerente ao processo administrativo. Diante disso – e ponderando entendimentos dissonantes –, entende ser

> possível inserir o processo administrativo no "direito processual" a que se refere o art. 22, I, da Constituição Federal de 1988, o que permitira a existência de uma lei geral de processo administrativo, aplicável a todos os entes da federação, e veiculadora das principais diretrizes regedoras do processo administrativo.
>
> A existência de uma lei geral não violaria o princípio federativo e tampouco impedira a existência de leis específicas sobre processo administrativo, como é o caso da Lei Federal 8.666/1993, que trata dos processos licitatórios.[426]

Como suporte para tal, menciona o perfil generalista da LPAF, que não impediria a aproximação procedimental dos entes subnacionais no que diz respeito à

[424] Guimarães, 2008, p. 32.

[425] Guimarães, 2008, p. 13.

[426] Lima, Carolina Caiado. Por uma lei geral de processo administrativo. In: Medauar, Odete; Schirato, Vitor Rhein (Orgs.). *Atuais rumos do processo administrativo*. São Paulo: Revista dos Tribunais, 2010. p. 76.

tramitação interna dos feitos. Ademais, a autora entende que a extensão federativa da LPAF "asseguraria as garantias constitucionais relacionadas ao processo administrativo"[427] e, ao mesmo tempo, "teria o condão de evitar os claudicantes posicionamentos dos tribunais a respeito da matéria".[428]

Em adição, Carolina Caiado Lima argumenta que a adoção nacional da LPAF

> permitiria melhor assimilação tanto pelos cidadãos quanto pela Administração Pública das normas relativas a processo administrativo no Brasil. A existência de uma lei geral nacional permitiria a qualquer cidadão se valer do mesmo instrumento legal para interagir processualmente com qualquer órgão e entidade pública de qualquer ente da Federação e também proporcionaria mais eficácia na realização e concretização das garantias constitucionais relativas ao processo administrativo.[429]

3.2.5. A impossibilidade de extensão da LPAF a partir da competência legislativa e do princípio federativo

Thiago Marrara e Irene Patrícia Nohara adentram no tema aduzindo que as regras de competência ditadas pela Constituição Federal não fixam competência legislativa privativa da União no caso do processo administrativo, o que "permite que cada ente crie seu regramento básico ou essencial, tendo em vista sua autonomia".[430]

Com base na lição de Cármen Lúcia Antunes Rocha e na distinção processual e procedimental – as quais serão expostas a seguir –, referidos autores apontam que "não havendo permissivo decorrente do sistema federativo que admita a edição de lei nacional sobre o tema, então, não há dúvidas no sentido de que a Lei nº 9.784/99 aplica-se tão somente ao âmbito federal".[431] De qualquer sorte, Marrara e Nohara ressaltam a existência de posicionamentos doutrinários e jurisprudenciais em contrário, sobretudo no âmbito do STJ.

Conforme exposto, Cármen Lúcia Antunes Rocha aborda a questão da extensão nacional do processo administrativo em trabalho específico sobre seus princípios constitucionais no direito brasileiro, concluindo no sentido de que a organização federativa brasileira não permite que haja lei nacional sobre o tema.[432]

Para tal sorte de conclusão, Cármen Lúcia apresenta a distinção de competências relativas à regulamentação do processo (art. 22, I, da CF/88) e do proce-

[427] Lima, 2010, p. 75.
[428] Lima, 2010, p. 75.
[429] Lima, 2010, p. 75-76.
[430] Marrara; Nohara, 2009, p. 27-28.
[431] Marrara; Nohara, 2009, p. 28.
[432] Rocha, 1997, p. 196.

dimento (art. 24, XI, da CF/88), sendo a primeira privativa da União e a segunda concorrente com Estados e Distrito Federal. Ainda que tal disposição constitucional pudesse aparentemente representar a competência nacional para a matéria processual, estampada no art. 22, I, da CF/88 acima mencionado, assim pondera a autora:

> [...] a Constituição somente pode ser entendida na globalidade de suas normas, especialmente a partir daquelas que veiculam princípios. Ora, um dos princípios mais fortes e vinculantes do sistema constitucional brasileiro é exatamente o federativo [...]. Esse princípio é formulado a partir da garantia da autonomia política e administrativa das entidades que compõem a federação. [...] Se o processo administrativo, instrumentalizador das condutas administrativas e somente utilizado para a garantia dos direitos subjetivos do cidadão e do administrado em geral, não fosse inserido no espaço de competência própria e autônoma de cada entidade federada, como se ter que a autoadministração dessa pessoa estaria garantida? [...] Assim, tanto o processo administrativo quanto os procedimentos que lhe são inerentes são objetos precípuos de tratamento autônomo de cada qual das entidades da federação brasileira e a referência à legislação processual que compete privativamente à União, por definição constitucional expressa, é tão-somente aquela correspectiva à unidade do direito processual judicial (civil ou penal).[433]

Com isso, a atual Ministra do STF entende que as distinções de competências constitucionais para a regulamentação de processo e procedimento não alcançam o processo administrativo, que segue o rumo da autonomia de cada um dos entes federados.

Trabalhando especificamente com a questão da codificação do processo administrativo, Vítor Monteiro enfrenta a temática de sua extensão nacional a partir do óbice travado pela forma federativa do Estado brasileiro.

Nesse sentido, sustenta que a forma federativa é a pedra angular para que se examine a organização político-administrativa do Estado. A partir de tal premissa, a leitura e a interpretação constitucional dos ditames inerentes à auto-organização dos entes subnacionais há de ser orientada em favor de sua autonomia, razão pela qual não são admitidos os entendimentos que promovem a aplicação da LPAF para além da União.[434]

No que diz respeito à competência legislativa, o autor vislumbra a impossibilidade de se alocar o processo administrativo dentro da seara processual (art. 22,

[433] Rocha, 1997, p. 198.

[434] Monteiro, Vítor. Desafio à codificação do processo administrativo no ordenamento brasileiro: a forma federativa de Estado. *Revista Digital de Direito Público*, vol. 1, nº 1, 2012, p. 94-115. Disponível em: <www.direitorp.usp.br/periodicos>. Acesso em: 10 de agosto de 2013. p. 103.

I). Em verdade, a regulamentação do processo administrativo seria decorrente da competência para o trato com o direito administrativo material, estando esse último encartado na autonomia dos entes federados.[435]

Aponta o autor, então, que a única solução possível de extensão da LPAF aos entes subnacionais – e que se mostra conciliável com a forma federativa de Estado – reside na internalização de seus preceitos por tais entes pela via legislativa própria, a exemplo do que ocorre com a Lei Distrital nº 2.834/2001, que, em artigo único, declara aplicabilidade da LPAF aos atos e processos administrativos no âmbito da Administração direta e indireta do Distrito Federal.[436]

Em conclusão, Vítor Monteiro alerta que mesmo que se configure o processo administrativo como direito fundamental, não se pode perder de vista a organização político-administrativa de índole federativa, o que requer deferência à autonomia das entidades federadas.[437]

Em minucioso trabalho no qual persegue uma conceituação científica para o processo administrativo, Ricardo Marcondes Martins afirma, de forma peremptória, que os artigos 22, I, e 24, XI, da CF/88 não tratam da competência para legislar sobre processo ou procedimento administrativo, eis que tais dispositivos restam destinados à figuração processual e procedimental inerente à função jurisdicional.[438]

Segundo o autor, ao trilhar o leque competências legislativas das entidades federadas nos artigos 22, 24, 25 e 30, a Constituição não previu, em qualquer deles, o direito administrativo. Aponta, assim, que não houve qualquer "esquecimento do constituinte: legislar sobre direito administrativo é decorrência lógica da autonomia política do ente federativo, expressamente prevista no art. 18"[439],

[435] Segundo o autor, a União Federal não possui competência legislativa privativa no âmbito do direito administrativo, tendo a aptidão genérica tão somente para ordenar a sua própria Administração Pública. Exemplifica o autor, na linha do que ocorrido com as outras disciplinas jurídicas, que "não fosse a competência legislativa privativa da União Federal sobre os *direitos substantivos* civil, penal e trabalhista (Constituição Federal, art. 22, I), não teria a União Federal competência legislativa privativa sobre os *direitos ancilares*: processo civil, processo penal e processo trabalhista" (Monteiro, 2012, p. 107).

[436] Tivemos a oportunidade de nos manifestar sobre a Lei Distrital em questão em trabalho anterior. Na ocasião, vislumbramos o "processo crescente de verdadeira internalização dos preceitos da Lei Federal nº 9.784/99 por entes subnacionais, o que seria condizente, ao menos por via transversa, com o escopo de uniformidade processual administrativa, tido como uma das premissas da aplicabilidade nacional da referida lei". Vide: Cunha, 2011, p. 226-227.

[437] Monteiro, 2012, p. 113.

[438] Martins, 2004, p. 362-363.

[439] Martins, 2004, p. 362.

o que inclui o processo e o procedimento administrativo.[440] Diante disso, "a competência para legislar sobre processo e procedimento administrativo é da respectiva entidade federativa que os exerce"[441], o que indica a impossível extensão nacional da LPAF.

3.3. A jurisprudência acerca do âmbito geopolítico de aplicação do processo administrativo e da Lei Federal nº 9.784/99

Vistas as manifestações doutrinárias acerca da virtual nacionalização da Lei Federal nº 9.784/99, importante discutir a questão com base nos precedentes judiciais sobre a matéria.

Ainda que se tenha notícia de decisões abordando a temática em diversos Tribunais brasileiros, interessa focar naquelas que explicitam a fundamentação da extensão da LPAF e, especialmente, nas que são provenientes do Superior Tribunal de Justiça, sobretudo pelo fato de o mesmo ser responsável, enquanto Tribunal nacional, pela uniformização da interpretação da lei federal em todo o Brasil.[442]

Alinhando-se ao que debatido acima em relação à doutrina, os julgados sobre a possível extensão do alcance da LPAF se apegam ao seu caractere principiológico, com a expressão de uma pauta constitucional de atuação administrativa como um dos fundamentos maiores para tal. Em sentido oposto – ainda que em menor quantidade –, o princípio federativo e a autonomia dos entes subnacionais são também discutidos nas decisões sobre o tema, ensejando o debate sobre a competência legislativa na matéria processual administrativa.

Especificamente no que diz respeito à questão federativa e legislativa, é possível encontrar, fora do ambiente do STJ, julgados que evidenciam a competência da União para edição de normas gerais acerca de procedimentos em matéria processual (art. 24, XI, § 1º, da CF/88), o que traria, como um todo, o regime de legislação concorrente do art. 24 da CF/88 para a matéria, relegando aos Estados

[440] Martins, 2004, p. 362. O autor indica a existência de processo e de procedimento administrativo, ainda que não se aplique a essa distinção às competências legislativas dos artigos 22, I, e 24, XI, da CF/88. Ainda que sob a égide de um conceito de relação jurídica como traço distintivo entre processo e procedimento, a diferenciação conceitual parte, em suma, da noção de participação em contraditório.

[441] Martins, 2004, p. 363.

[442] De fato, tendo em vista que os precedentes existentes são, no mais das vezes, bastante dispersos, fundada está a razão para que o foco da presente análise repouse, de forma preponderante, na discussão atualmente manejada pelo STJ.

e ao Distrito Federal a densificação de tal legislação de forma concorrente.[443] Eis, nesse sentido, a expressão do Tribunal de Justiça de Minas Gerais:

> Cabe esclarecer que à União compete, a teor do inciso XI combinado com o § 1º, ambos do art. 24 da Constituição da República, estabelecer as normas gerais sobre procedimento em matéria processual, atribuindo aos Estados e ao Distrito Federal legislar de forma concorrente.
>
> Assim, a Lei nº 9.784/99, que regula o processo administrativo no âmbito da Administração Pública Federal, embora elaborada para a aplicação no âmbito da União, contém, em seu corpo, normas gerais que devem ser observadas pelas diversas esferas de governo.[444]

Esse, no entanto, não tem sido o entendimento do Superior Tribunal de Justiça.

Em uma primeira análise, vale apontar que os movimentos jurisprudenciais no âmbito do STJ no sentido da aplicação da Lei Federal nº 9.784/99 a Estados, Distrito Federal e Municípios surgiram a partir de uma aplicação circunstancial da referida legislação, sem que se adentrasse de forma percuciente na discussão acerca de competências legislativas, da organização federativa e, bem assim, do mérito da questão inerente ao âmbito de aplicabilidade da lei em si.

As primeiras questões de aplicabilidade da LPAF a tais entes – que ainda são as mais debatidas até hoje – dizem respeito ao seu art. 54, a tratar do direito da Administração de anular os atos administrativos de que decorram efeitos favoráveis para os destinatários em prazo decadencial de cinco anos, contados da data em que foram praticados, salvo comprovada má-fé.

Nesse ponto – e recorrendo-se à argumentação amplamente debatida nos precedentes –, a questão que se coloca à apreciação resume-se em saber se aplicável o prazo decadencial de cinco anos à Administração de entes subnacionais para anulação de seus atos diante da falta de norma local expressa a respeito da matéria. O que se coteja, em especial, é a tese primordialmente aventada pelos entes locais de que, na ausência de norma estadual ou municipal específica, os atos da Administração Pública subnacional seriam imprescritíveis.

O traço comum dos julgados do STJ indica que não pode o administrado ficar sujeito indefinidamente ao poder de autotutela do Estado, sob pena de se desestabilizar um dos pilares mestres do Estado Democrático de Direito, qual seja, o princípio da segurança das relações jurídicas. É que, no ordenamento jurídico

[443] Demais disso, o que se teria é a conjugação, na matéria processual administrativa, do regramento de competências disciplinado pelo art. 22, I e 24, XI da CF/88.

[444] TJMG – Apelação Cível 1.0377.07.010394-2/001, Relator Desembargador Alvim Soares, Sétima Câmara Cível, julgamento em 14/7/2009, publicação em 24/7/2009.

brasileiro, a prescritibilidade é a regra, e a imprescritibilidade a exceção. Por conseguinte, "na ausência de lei estadual específica, a Administração Pública Estadual poderá rever seus próprios atos, quando viciados, desde que observado o prazo decadencial de cinco anos, em aplicação analógica da Lei nº 9.784/99".[445]

Em complemento – e conforme já exposto –, este passou a ser o posicionamento reiterado do Superior Tribunal de Justiça, consagrando a aplicação do art. 54 da Lei nº 9.784/99 a todas as esferas da Administração uma vez que ausente lei local a disciplinar a matéria.

Como exemplo, o seguinte trecho de ementa de julgado do STJ, a demonstrar o entendimento uniforme daquele Tribunal e, mais do que isso, definir que o termo *a quo* da contagem do prazo de 5 (cinco) anos para revisão de atos viciados da Administração é dado a partir da entrada em vigor da LPAF:

> É firme a jurisprudência do Superior Tribunal de Justiça no sentido de a contagem do prazo decadencial previsto no art. 54 da Lei 9.784/99 se iniciou a partir de sua entrada em vigor, ou seja, na data de sua publicação, uma vez que não seria possível retroagir a norma para limitar a Administração em relação ao passado. Precedentes da Corte Especial.
>
> Ausente lei local específica, a Lei 9.784/99 pode ser aplicada de forma subsidiária no âmbito dos demais Estados-Membros, tendo em vista que se trata de norma que deve nortear toda a Administração Pública, servindo de diretriz aos seus demais órgãos. Precedentes do STJ.[446]

No entanto, os constantes e repetidos julgamentos sobre a matéria acabaram por não adentrar na fundamentação por detrás da aplicação do respectivo preceito da LPAF aos entes subnacionais. No mais das vezes, ainda que nada fosse explicitado no inteiro teor dos acórdãos, aludia-se a uma aplicação analógica, principiológica ou subsidiária da LPAF aos entes subnacionais.

Recentemente, o STJ aparenta trilhar uma fundamentação jurídico-constitucional um pouco mais densa para a aplicação da LPAF aos entes subnacionais, na medida em que chega a indicar que o prazo decadencial de cinco anos para anulação, pela Administração Pública, de seus atos tidos por ilegais é um corolário do princípio constitucional implícito da segurança jurídica, o qual estaria sendo exposto pela LPAF em termos concretos.

[445] STJ – REsp 645856/RS, Relatora Ministra Laurita Vaz, Quinta Turma, julgado em 24/8/2004, publicação em 13/9/2004.

[446] STJ – REsp 852493/DF, Relator Ministro Arnaldo Esteves Lima, Quinta Turma, julgado em 29/5/2008, publicação em 25/8/2008.

Mais do que isso, o Tribunal debate – ainda que minimamente[447] – a questão de autonomia federativa e competência legislativa, trazendo os princípios da razoabilidade e proporcionalidade como reitores da aplicação da LPAF a Estados e Municípios. Nesse sentido, veja-se:

> Com vistas nos princípios da razoabilidade e da proporcionalidade, este Superior Tribunal de Justiça tem admitido a aplicação, por analogia integrativa, da Lei Federal nº 9.784/1999, que disciplina a decadência quinquenal para revisão de atos administrativos no âmbito da administração pública federal, aos Estados e Municípios, quando ausente norma específica, não obstante a autonomia legislativa destes para regular a matéria em seus territórios. Colheu-se tal entendimento tendo em consideração que não se mostra razoável e nem proporcional que a Administração deixe transcorrer mais de cinco anos para providenciar a revisão e correção de atos administrativos viciados, com evidente surpresa e prejuízo ao servidor beneficiário. Precedentes.[448]

Em breve síntese, é de ver-se que a total imprescritibilidade de atuação administrativa foi combatida com a extensão do art. 54 da LPAF aos entes subnacionais, de forma a estabelecer um marco temporal para a revisibilidade por parte da Administração. É que o reconhecimento da necessidade de fixação de prazos decadenciais para o exercício do poder-dever de autotutela é imperativo lógico do sistema, sendo a estabilização das relações jurídicas pelo decurso do tempo uma consequência necessária do princípio da segurança jurídica.

A partir do já citado art. 54 da LPAF – prazo decadencial para a Administração rever seus atos –, Fernando Dias Menezes de Almeida empreende estudo acerca de decisões judiciais que determinam sua aplicação a entes subnacionais.

Em tal trabalho, o autor entende que a LPAF cristaliza a tendência de processualização da ação administrativa, instrumentalizando o devido processo legal no ambiente administrativo. Mais do que isso, salienta que a lei cuidou, também, de aspectos importantes "sobre a matéria dos atos administrativos em geral, dando, assim, tratamento legislativo a temas que antes era apenas objeto de construções doutrinárias e jurisprudenciais".[449]

[447] Tão diminuta é a expressão do STJ sobre o tema que as transcrições de ementas bastam por si para indicar a menção do Tribunal aos fundamentos da aplicação da LPAF aos entes subnacionais, eis que os acórdãos em praticamente nada aprofundam a discussão.

[448] STJ – REsp 1251769/SC, Relator Ministro Mauro Campbell Marques, Segunda Turma, julgado em 6/9/2011, publicação em 14/9/2011. No mesmo sentido – e com exposição mais incisiva do tema –, veja-se: TJSC – Apelação Cível nº 2011.034805-2, Relator Desembargador Jaime Ramos, Quarta Câmara de Direito Público, julgado em 16/6/2011, publicação em 29/6/2011.

[449] Menezes de Almeida, Fernando Dias. Competências legislativas e analogia – breve ensaio a partir de decisões judiciais sobre a aplicação do art. 54 da lei nº 9.784/99. *Revista da Faculdade de*

Vislumbrando julgados do STJ que expressam o entendimento firmado pelo Tribunal de que o prazo decadencial de 5 (cinco) anos para a Administração rever seus atos, nos termos da Lei 9.784/99, deve ser aplicado no âmbito estadual, quando ausente norma específica, o professor de direito administrativo da USP discute a forma e o fundamento pra tal sorte de aplicação.

Em primeiro plano, Menezes de Almeida aponta, com perspicácia, a sutileza havida nos julgados do STJ: ora se fala em aplicação do prazo de 5 (cinco) anos, nos termos da LPAF, ora se fala na aplicação da lei em si, na medida em que nortearia a atividade da Administração Pública como um todo.

De qualquer sorte, entende o autor que o caso específico de aplicação do art. 54 da LPAF aos entes subnacionais que não disponham de tal regra em seu ordenamento local deve ser entendido a partir do conceito de analogia, sendo que "a supressão de lacuna do ordenamento jurídico, recorrendo-se à analogia, não significa afirmação da incidência da lei cujos preceitos, analogicamente, são invocados".[450] De fato,

> ao decidir-se por analogia, não é uma norma federal que incide, mas uma norma estadual, que é inserida no ordenamento jurídico (parcial) de determinado Estado federado, mediante uma decisão da autoridade competente para aplicação do Direito estadual ao caso concreto.
>
> Essa norma estadual, criada por analogia, pode ser elaborada a partir de elementos extraídos de normas vigentes no Ordenamento Jurídico do Brasil, aí concebido como um todo único, independentemente de se considerarem suas frações parciais próprias do regime federativo.[451]

Nesse quadro, entende o autor, em suma, ser impossível se cogitar da extensão geral da LPAF a todos os níveis da federação, vislumbrando o óbice da autonomia dos entes subnacionais já ressaltado por diversos autores acima.[452] A analogia, assim, seria possível na medida em que não representaria a afirmação da extensão da lei em si.[453]

Direito da USP. São Paulo: Universidade de São Paulo, nº 102, 2007. Disponível em: <http://www.revistas.usp.br/rfdusp/article/view/67759/70367>. Acesso em: 28 de dezembro de 2013. p. 358.

[450] MENEZES DE ALMEIDA, 2007, p. 363.

[451] MENEZES DE ALMEIDA, 2007, p. 363-364.

[452] Vide item 3.2.5.

[453] No ponto, Fernando Dias Menezes de Almeida aponta que o "fato de a supressão de lacuna do Direito estadual dar-se pela invocação analógica da norma federal, sendo a lacuna em matéria de competência legislativa privativa dos Estados, não importa violação da repartição de competências" (MENEZES DE ALMEIDA, 2007, p. 363).

Todo modo – e como já visto –, o próprio STJ não tem definição plena e uniforme sobre a fundamentação da extensão da LPAF aos entes subnacionais (analogia, aplicação subsidiária ou principiológica), o que impossibilita conclusão sobre uma *ratio decidendi* uniformemente adotada.[454]

Veja-se, também, que as hipóteses de extensão da LPAF tratadas pelo referido Tribunal ultrapassam as questões do art. 54 da LPAF, alcançando diversos princípios e regras da Lei. No ponto – e a par de qualquer expressão jurisprudencial específica sobre o âmbito geopolítico de aplicação da LPAF –, interessa notar que o STJ costuma apontar de há muito a referida lei como "um dos mais importantes instrumentos de controle do relacionamento entre Administração e Cidadania", eis que "seus dispositivos trouxeram para nosso Direito Administrativo, o devido processo legal"[455], o que pode auxiliar na análise da extensão de sua aplicação dada pelo Tribunal.

Por certo, ainda que o debate até aqui travado seja dado em consonância ao preceito específico da LPAF inerente à decadência para revisão da atuação administrativa (art. 54), é patente que tal aplicação por ente subnacional traz consigo a necessária processualidade administrativa em sua instauração (isto é, a revisão do ato não prescinde de atuação processualizada administrativa).

Tal ilação se coaduna com o fato de o Superior Tribunal de Justiça vislumbrar, atualmente, uma aplicabilidade ainda mais ampla da referida Lei aos entes subnacionais, salientando que a eventual aplicação das regras e princípios elencados na Lei Federal 9.784/99 no âmbito dos demais entes federados é possível na medida em que inexistente lei local específica.

Apenas como expressões finais – e a demonstrar a cambaleante definição do STJ na matéria –, interessante apontar dois exemplos recentes de aplicabilidade da Lei Federal nº 9.784/99 a entes subnacionais.

O primeiro, a partir de processo relativo à já citada questão da decadência, no qual se afirma a aplicabilidade geral e subsidiária da LPAF a ente subnacional que não disponha de lei própria sobre processo administrativo:

[454] Para que se tenha ideia, há precedentes no STJ que, em sua ementa, falam, ao mesmo tempo – e de forma indistinta –, de analogia e aplicação subsidiária, ocorrendo o mesmo no corpo do acórdão. Veja-se apenas a ementa nesse ponto específico: [...] REVISÃO DE ATO ADMINISTRATIVO. DECADÊNCIA. NÃO OCORRÊNCIA. APLICABILIDADE DO ART. 54 DA LEI 9.784/1999 POR ANALOGIA. POSSIBILIDADE. [...] ao contrário da tese defendida pelo agravante, a jurisprudência do STJ firmou-se no sentido de que a Lei 9.784/1999 pode ser aplicada de forma subsidiária no âmbito dos demais Estados-Membros e Municípios, se ausente lei própria que regule o processo administrativo local, como ocorre na espécie. Vide: STJ – AgRg no AREsp 263.635/RS, Relator Ministro Herman Benjamin, Segunda Turma, julgado em 16/5/2013, publicação em 22/5/2013.

[455] STJ – MS 8946/DF, Relator Ministro Humberto Gomes de Barros, Primeira Seção, julgado em 22/10/2003, publicação em 17/11/2003.

> O Estado de Santa Catarina não logrou demonstrar em que consistiria o desacerto do acórdão recorrido, limitando-se a alegar genericamente a inaplicabilidade do art. 54 da Lei Federal 9.784/1999, sem indicação da existência de lei estadual a disciplinar a matéria em questão. [...].
>
> Ademais, ao contrário da tese defendida pelo agravante, a jurisprudência do STJ firmou-se no sentido de que a Lei 9.784/1999 pode ser aplicada de forma subsidiária no âmbito dos demais Estados-Membros, se ausente lei própria que regule o processo administrativo local, como ocorre na espécie.[456]

O segundo – que tem como pano de fundo a discussão sobre as regras de motivação do art. 50 e § 1º da LPAF em processo administrativo disciplinar de militar estadual de São Paulo –, assenta-se, ao final, no debate acerca de leis federais e nacionais, indicando que a LPAF seria espécie de lei federal, aplicável apenas à União. Veja-se trecho da ementa:

> A partir da clássica lição de Geraldo Ataliba ("Regime constitucional e leis nacionais e federais". In Revista de Direito Público. Ano XIII, Janeiro/Junho 1980, nºs 53-54., pp. 58-75), verifica-se que a Lei Federal 9.784/99 se trata de uma típica lei federal, porquanto aplicável exclusivamente à UNIÃO, voltada ao seus próprios assuntos político-administrativos, diferentemente do que ocorre com as leis federativas, que não se circunscrevem ao âmbito exclusivo de nenhum dos entes federados, na medida em que se destinam à organização político-administrativa do próprio Estado brasileiro, como v.g., a Lei Federal 8.666/93, ou, ainda, das leis nacionais, aplicáveis a toda Nação, tais como o Código Penal Brasileiro e o Código Civil.[457]

Por fim – e conforme apontado no início deste tópico –, há bastante dispersão de fundamentos e premissas nas decisões judiciais que debatem o âmbito geopolítico da processualidade administrativa inerente à Lei Federal nº 9.784/99.

Em vistas disso, passa-se, por ora, para uma idealização da nacionalização processual administrativa desejada[458] a partir da exposição adotada no presente trabalho. Antes, no entanto, expõem-se os resultados de estudos pretéritos do autor, os quais serão retomados para que se chegue à posição agora defendida.

[456] STJ – AgRg no REsp 1261695/SC, Relator Ministro Herman Benjamin, Segunda Turma, julgado em 13/9/2011, publicação em 16/9/2011.

[457] STJ – AgRg no Ag 1375802/SP, Relator Ministro Arnaldo Esteves Lima, Primeira Turma julgado em 17/3/2011, publicação em 24/3/2011.

[458] Conforme bem aponta Carolina Caiado Lima, a melhor e mais fiel definição acerca da extensão da processualidade administrativa "teria o condão de evitar os claudicantes posicionamentos dos tribunais a respeito da matéria" (Lima, 2010, p. 75).

3.4. A posição anteriormente defendida sobre a nacionalidade da LPAF

A temática da nacionalização do processo administrativo tal qual ora se discute foi objeto de análise pretérita pelo autor. Em oportunidade anterior, o que se discutia era uma suposta codificação nacional do processo administrativo às avessas, tendo-se como suporte e fundamento a aplicação da LPAF a entes subnacionais.[459]

Naquela ocasião, o cerne do debate envolvia o âmbito de aplicação da LPAF a partir das regras de competência para sua edição e de uma necessária uniformização da processualidade administrativa em nível nacional, com sua aplicação à União, Estados, Distrito Federal e Municípios, de forma a garantir um tratamento isonômico perante a Administração.[460] Mais do que isso – e com base nesse referencial de garantia isonômica aos cidadãos –, tinha-se premente a necessidade de estabelecimento de um núcleo geral de processualidade administrativa em termos nacionais, com aplicação indistinta a todas as esferas da Administração Pública.[461]

Por ora, o escopo uniformizador, como já dito, remanesce, devendo ser estudados e aprofundados os fundamentos e as perspectivas para tal.

A partir de breve incursão às questões de competência legislativa e do princípio federativo, defendeu-se, na ocasião pretérita, uma processualidade administrativa ampla, como parte integrante de uma doutrina processual de caráter ainda mais amplo. Desta feita, instaurava-se a celeuma de se enquadrar ou não o processo administrativo, nestes termos ampliados, como subespécie processual moldável ao gênero processo emanado a partir das competências de âmbito nitidamente nacional encartadas no art. 22, I, da Constituição Federal de 1988.[462]

Diante de tal quadro – e da configuração do processo administrativo como veículo para a concretização de pautas e valores fundamentais constitucionais a partir da Administração, a legitimar a própria ação estatal –, apontou-se para uma necessária normatização de *status* constitucional acerca das linhas gerais da atuação administrativa, especialmente a partir da conjugação das competências processuais e procedimentais elencadas nos artigos 22, I e 24, XI, da Constituição Federal de 1988. Em suma – e conforme colocado naquela oportunidade –,

> uma disciplina nacional da matéria encontraria espaço no afã da uniformização da atuação administrativa, ao menos em suas linhas gerais, tal qual versa a Lei Federal nº 9.784/99, que, sóbria em sua regulamentação, é capaz de abarcar as distintas esferas

[459] Cunha, 2011.

[460] Cunha, 2011, p. 213.

[461] Cunha, 2011, p. 227.

[462] Cunha, 2011, p. 220-221.

da federação. Restaria aos entes subnacionais, pois, eventual complementação procedimental, com espeque no art. 24, XI da Constituição Federal.[463]

A partir de tal construção, o trabalho lançou luzes sobre o que se denominava, à época, de codificação nacional do processo administrativo às avessas. Em outras palavras, vislumbrava-se a aplicação da LPAF a entes subnacionais não pela questão de competência acima mencionada, como seria esperado, mas sim a partir de construções jurisprudenciais, legislativas e administrativas específicas.

Afirmava-se, então, que coube à jurisprudência e à legislação, em alguns casos, e à própria praxe administrativa, em outros, o papel de delimitar a extensão da aplicabilidade da LPAF aos chamados entes subnacionais, a abranger Estados, Distrito Federal e Municípios. Tal seria dado nas três situações já apresentadas: 1) por intermédio de decisões judiciais (vide tópico 3.3 acima); 2) por legislação dos entes subnacionais, na chamada internalização legislativa, com o exemplo clássico da Lei Distrital nº 2.834/2001, que instaura a aplicabilidade da LPAF ao Distrito Federal; e, 3) por regulamentação no âmbito dos órgãos centrais de advocacia pública – e, notadamente, em seu exercício de assessoramento jurídico do Poder Executivo, nos termos do art. 131 da Constituição Federal de 1988 – no sentido de, por meio de pareceres normativos, indicar a aplicabilidade dos preceitos da LPAF ao âmbito interno dos entes em questão.

Exposto esse pensamento inicial – e a partir do trabalho já anteriormente mencionado[464] –, é de se dizer que o enfrentamento da questão merece, agora, um outro olhar, ainda que as premissas de necessário estabelecimento de um núcleo geral de processualidade administrativa em termos nacionais sejam mantidas.

Por certo, não havendo o compromisso imutável com as conclusões anteriormente atingidas – sobretudo a partir de um aprofundamento do estudo –, importa buscar nessa abordagem inicial a base para as próximas reflexões.

E aqui se remete, ainda que por via transversa, à apologia do erro bem trabalhada por José Souto Maior Borges em seu já clássico *Ciência Feliz*[465], na medida em que as teorias devem propiciar soluções audaciosas para os problemas havidos, sendo certo que o erro permitirá o aperfeiçoamento e o desenvolvimento das mesmas. É que, na linha do mencionado autor,

> a conotação pejorativa imemorial que persegue o erro oculta o que de positivo nele deveria ser investigado, pois, se o erro é uma presença biologicamente inelutável no conhecimento humano, há muito deveríamos ter aprendido a conviver com ele e

[463] CUNHA, 2011, p. 221.
[464] Vide: CUNHA, 2011.
[465] BORGES, José Souto Maior. *Ciência feliz*. 3. ed. São Paulo: Quartier Latin, 2007.

reconhecer que ele demarca por exclusão o conteúdo de verdade de uma hipótese científica, fornecendo o critério de demarcação do conteúdo-de-verdade (parcial) de uma teoria. Ali, onde está a verdade no interior das proposições descritivo-explicativas que a ciência tece está também o erro de uma teoria. Não há hipóteses científicas insusceptíveis de erro. Elas são como redes lançadas ao mar, podem recolher um conteúdo-de-verdade, mas também o erro, que o esforço crucial de refutação revela. Temos muito que aprender com CHURCHILL, comandante da resistência inglesa ao nazismo, nessa feliz apologia do erro: 'Eu nada teria feito se não houvesse cometido erros' [...].[466]

3.5. A nacionalização desejada e a posição adotada: o tratamento do processo administrativo e o entrelaçamento com o princípio federativo. Fontes, competência, normas gerais e unidade do devido processo administrativo

Partindo das expressões doutrinárias, jurisprudenciais e das ilações pretéritas acima expostas, interessa discutir, agora, a extensão da aplicabilidade nacional da LPAF até que se chegue à posição adotada no presente trabalho. Como premissa, pois, são adotadas as conclusões já trilhadas no primeiro e segundo Capítulos.

Em breve síntese, é necessário ter como pano de fundo a perspectiva ampliativa da processualidade administrativa, o que instaura a ocorrência do fenômeno processual nas diversas manifestações da atividade administrativa, restando associado à cotidiana atividade decisória inerente à função administrativa. Assim, a LPAF pode ser reconhecida como diploma legal disciplinador de um quadro geral de processualidade administrativa a partir do qual a atividade e o exercício de função administrativa se sustentam.

De início, é de ver-se que é longa e histórica a discussão acerca das fontes do direito administrativo no Brasil, pairando a questão sobre a necessária definição e identificação de um bloco normativo (bloco de legalidade) capaz de subsidiar a ação administrativa tanto internamente quanto em relação à sociedade (administrados).[467]

Sem adentrar em tais discussões, o que se vê é que a partir da legalidade administrativa as chamadas fontes legislativas ou legisladas – primárias em relação a outras fontes – podem ser caracterizadas como as mais relevantes para o direito administrativo, eis que, em um contexto democrático, dizem, em nome do povo, em que medida o Estado existe e atua.[468]

[466] BORGES, 2007, p. 24-25.

[467] MARRARA, Thiago. As fontes do direito administrativo e o princípio da legalidade. In: DI PIETRO, Maria Sylvia Zanella; RIBEIRO, Carlos Vinícius Alves (Coords.). *Supremacia do interesse público e outros temas relevantes do direito administrativo*. São Paulo: Atlas, 2010. p. 230.

[468] MARRARA, 2010, p. 236.

Importa evidenciar, a partir de então, o quadro geral da possível regulamentação da atividade administrativa no Brasil, o que põe em destaque, de logo, a própria fórmula de estruturação político-administrativa constitucionalmente adotada: o princípio federativo. Há de se investigar, pois, o lócus do direito administrativo material e processual diante do regime jurídico-constitucional de competências legislativas e da própria estrutura da federação.

Como já visto acima quando da análise das distintas posições doutrinárias acerca da nacionalização da LPAF, vislumbra-se quanto ao direito administrativo material uma consonância a respeito de sua pluralidade de fontes legislativas. Em outras palavras, parece inexistir dúvida de que referida disciplina tem como base a possível atuação comum, em termos legiferantes, da União, dos Estados, do Distrito Federal e dos Municípios.

Em suma, o que se vê é que o direito administrativo não se coaduna com a expressa repartição de competências legislativas estipulada no texto constitucional, na medida em que seus institutos e a própria formulação de atuação administrativa, em geral, encontram-se diluídos e espalhados ao longo do texto constitucional. Muito de sua disciplina decorre, entre outros, do capítulo constitucional inerente à organização administrativa, das disposições acerca de direitos e garantias fundamentais[469], da própria organização do Estado, etc.

Como bem anota Romeu Felipe Bacellar Filho, o direito administrativo

> não será encontrado na competência exclusiva e privativa da União (arts. 21 e 22 respectivamente), na competência concorrente entre União, Estados e Distrito Federal (art. 24), ou na competência comum da União, dos Estados, do Distrito Federal e dos Municípios (art. 23), menos ainda na competência dos Municípios (art. 30).[470]

De fato, o cerne da composição do direito administrativo encontra-se espraiado por todo o texto constitucional, em função de inúmeras variantes, o que indica a verdadeira base constitucional ampliada que se tem na matéria. Em termos de técnica legislativa e federativa, tal sorte de arranjo a que se submete o direito administrativo escapa dos contornos comumente dados às demais disciplinas jurídicas, o que nos leva a concordar, na espécie, com a leitura de Gustavo Binenbojm. Para o autor, a multiplicidade de fontes na matéria é respaldada pela riqueza por meio da qual a Constituição, em seu destacado papel

[469] O que já tem implicado, inclusive, a configuração jurídico-constitucional de um verdadeiro direito fundamental à boa administração. Vide: CUNHA, Bruno Santos. O princípio da eficiência e o direito fundamental à boa administração. In: MARRARA, Thiago (Org.). *Princípios de direito administrativo*. São Paulo: Atlas, 2012.

[470] BACELLAR FILHO, 2012, p. 88.

de centro do sistema, evidencia regras e princípios de direito administrativo, servindo de base para a sistematização do mosaico de normas da disciplina.[471]

A primeira questão que se põe, adiante, é a de saber se o processo administrativo estaria inserido, para fins de competência legislativa e consequente regulamentação, na seara processual ou material, o que poderia implicar solução distinta para a análise dos fundamentos da extensão da processualidade.

Na linha do que exposto no tópico anterior – e em estudo pretérito acerca da questão –, chegou-se a afirmar a alocação do processo administrativo, de forma autônoma e para fins de competências legislativas, dentro das matérias traçadas pelos artigos 22 e 24 da Constituição Federal, com uma clara acepção de que o tratamento da temática seria demarcado a partir do regulamento básico de competências inerente à matéria processual.[472] Aqui, pois, reside o câmbio em nossa orientação, a ensejar a releitura a seguir proposta.

Em primeiro plano, não se nega – e, muito pelo contrário, se afirma – a alocação do processo administrativo no quadro geral do fenômeno jurídico do processo, sendo abarcado, via de consequência, por uma teoria geral do processo e, bem assim, pela própria teoria geral do direito enquanto instituto comum. É que o fenômeno processual, no sentido amplo em que ora se trabalha, alude ao *modus operandi* de uma determinada função estatal. No dizer de Romeu Felipe Bacellar Filho, o processo representa instrumento constitucional de atuação de todos os poderes estatais, o que enseja a formação de um núcleo constitucional comum de processualidade e, a seu lado, núcleos distintos derivados da função exercida e dos objetos debatidos.[473]

Ainda que exposto em nítido caractere processual como componente possível de uma teoria geral do processo, o processo administrativo não pode ser extraído a partir da competência legislativa que se desenha constitucionalmente para o processo e procedimento (arts. 22, I e 24, XI da CF/88).

À luz da unidade constitucional do direito administrativo – e tomando como base a complexa distribuição de competências relativas à disciplina na Constituição –, entende-se, juntamente com Bacellar Filho, que o texto constitucional privilegia de forma espraiada os vários institutos administrativos, enfocando-os unitariamente em sua dupla face: material e processual.[474] Há, pois, uma ordem constitucional mínima que confere unidade à multiplicidade de acepções relacionadas ao direito administrativo.

[471] Binenbojm, Gustavo. *Uma teoria do direito administrativo*: direitos fundamentais, democracia e constitucionalização. Rio de Janeiro: Renovar, 2006. p. 163.

[472] Cunha, 2011, p. 220-221.

[473] Bacellar Filho, 2012, p. 53-57.

[474] Bacellar Filho, 2012, p. 88.

Diante disso, seria impossível dissociar o processo administrativo dos patamares de regulamentação da própria matéria administrativa em concreto (direito administrativo material). Essa afirmação traz à tona, ainda que diante de aparente paradoxo, o fato de que todos os entes federados têm competência para legislar sobre processo administrativo, na medida em que, como já afirmado, titularizam competência para regulamentação do direito administrativo material.

É a partir desse ponto, então, que se mostra necessário o refinamento do debate, sobretudo a fim de demonstrar a acepção possível de extensão nacional da LPAF e, ao mesmo tempo, a amplitude da competência legislativa da matéria disposta por todos os entes de federação. De fato, a questão principal reside na identificação da pauta comum de atuação administrativa, a qual, no dizer de Sérgio Ferraz e Adilson Abreu Dallari, figura "na Constituição do Brasil como um patamar mínimo indeclinável, de obrigatória observância para União, Estados, Municípios e Distrito Federal".[475]

Tal qual no direito administrativo material, o núcleo duro de direito administrativo processual é de base constitucional, o que inclui, por certo, o quadro normativo básico da LPAF. É que a processualidade administrativa representa, em verdade, um microssistema jurídico processual (adjetivo) inerente à função administrativa, galgado na já aludida unidade constitucional da disciplina em sua dupla face (material e processual). Mais do que isso, há de se salientar que o direito e o processo administrativos fundam-se na estruturação constitucional da Administração e da própria função administrativa, com a configuração, como

[475] Dallari; Ferraz, 2001, p. 29. Sobre o tema das fontes do direito administrativo e seu entrelaçamento com a questão federativa, Thiago Marrara anota que a multiplicidade de profusão da legalidade administrativa traz implicações práticas significantes ao cenário jurídico nacional. Ressalta, pois, as dificuldades enfrentadas pelo administrador público para identificar, no seu dia a dia, o bloco normativo ou 'bloco de legalidade' que rege suas condutas. "Assim, ainda que o federalismo seja quase irrelevante para alguns ramos do direito, para o direito administrativo a existência de três esferas políticas é necessária, porém desastrosa. Tal como as fontes federais, as fontes estaduais e municipais também criam direito administrativo. Isso não significa apenas uma federal, estadual e municipal, mas sim uma União, mais de duas dezenas de Estados e mais de cinco milhares de Municípios, todos criando constantemente normas de direito administrativo. Nesse contexto e em razão da distribuição de competências e seus variados arranjos (competência concorrente, comum, exclusiva), chega-se a uma situação em que a aplicação do direito administrativo tende a se tornar mais difícil conforme se desçam os degraus da federação (da União aos Municípios). A complicação nos níveis mais locais da federação torna-se ainda mais grave quando se considera a escassa existência de fontes doutrinárias de direito administrativo estadual e municipal, bem como a incapacidade financeira de os entes políticos locais – via de regra, os mais pobres – tomarem medidas efetivas de profissionalização de seus recursos humanos de modo a capacitar os agentes públicos a compreenderem o ordenamento jurídico e a transformarem a legalidade-princípio em legalidade real" (Marrara, 2010, 257-258).

imperativo constitucional, do devido processo legal administrativo, que se irradia por todas as manifestações do exercício de função administrativa.

A processualidade administrativa é fruto, consequentemente, de uma pauta constitucional comum e geral de atuação administrativa, vislumbrada em decorrência da densificação principiológica e normativa (princípios e regras basilares) que a própria Constituição traz sobre o tema.

Isso não afeta, por certo, a autonomia federativa, que é trilhada no mesmo patamar constitucional. Assim, ainda que seja notória a possibilidade legislativa acerca da matéria processual administrativa por todos os entes federados, não é possível que se negue a existência de uma parametrização constitucional de tal competência.

Com efeito, o princípio federativo é insuficiente para fundamentar a afirmação de que todo e qualquer ente federativo poderá dispor livremente sobre processo administrativo – ou mesmo sobre direito administrativo material –, descurando, assim, das assertivas constitucionais inerentes ao tema. É que, a partir da clássica acepção jurídico-hermenêutica trazida por Eros Grau, "não se interpreta a Constituição em tiras, aos pedaços. [...] a interpretação do direito é interpretação do direito, não de textos isolados, desprendidos do direito. Não se interpreta textos de direito, isoladamente, mas sim o direito – a Constituição – no seu todo".[476]

Discorda-se, assim, das construções que elevam, de maneira quase mítica, a forma federativa e suas decorrências como pedra angular intocável para que se examine a organização político-administrativa e as próprias matrizes e formulações gerais de atuação do Estado, em uma amplíssima deferência à autonomia das entidades federadas.[477]

Na espécie, inexistiria ferimento às autonomias locais ou às competências legislativas, uma vez que, como já visto em relação ao direito administrativo e em relação à disciplina da atuação administrativa, tais competências não se socorrem do arranjo tradicional da Constituição trilhado em seus artigos 21 a 30, eis que fundadas na estruturação constitucional da Administração e da própria função administrativa. Em verdade, um elenco normativo nacionalizado referente à atuação administrativa decorreria de mero cumprimento da pauta comum constitucional.

Conforme anota Bernardo Strobel Guimarães – ainda que, posteriormente, chegue à conclusão diversa da aqui trabalhada –, a repartição de competências entre as entidades federadas não é um fim que se baste em si. Assim, é necessário cotejar tal repartição e o próprio princípio federativo com um patamar cons-

[476] Trecho do voto do Ministro Eros Grau no seguinte processo: STF – ADI 3685/DF, Relatora Ministra Ellen Gracie, Tribunal Pleno, julgado em 22/3/2006, publicação em 10/8/2006.

[477] Nesse sentido: 1) Monteiro, 2012, p. 113; 2) Menezes de Almeida, 2007, p. 363-364.

titucional de atividade administrativa aplicável a todos os entes da federação, sobretudo a fim de garantir o máximo atendimento de valores constitucionalmente tutelados, eis que haveria "um mínimo conferido pela Constituição que não está sujeito a temperamentos, caracterizando o núcleo duro de nossa função administrativa"[478], com a incidência ampla e irrestrita de um devido processo legal administrativo de patamar constitucional.

Nesse ponto, é possível adicionar ao debate, como argumentação de reforço, o arcabouço conceitual de Raul Machado Horta no que diz respeito à existência de verdadeiras normas centrais federais que condicionam a atuação administrativa de forma indistinta a partir da Constituição.[479]

Na medida em que estuda a expansividade das normas constitucionais, Raul Machado Horta indica que a CF/88 contém em sua estrutura um tipo normativo que vincula diretamente a organização da forma federal do Estado: as denominadas normas centrais.[480] Haveria na Constituição, pois, trechos e segmentos de 'Constituição total', "entendida como a identificação do conjunto das normas centrais, selecionadas pelo constituinte, para ulterior projeção no Estado-Membro, sem organizá-lo integralmente".[481] A nosso sentir, é o que ocorre na questão relativa ao quadro geral de realização de função administrativa.

De fato, a transposição das ilações de Raul Machado Horta para a questão da organização administrativa – eis que foca seus estudos na própria organização do Estado – é bastante salutar, sobretudo pelo fato de o autor enfatizar que, entre outras, as normas da Administração Pública constituem centros de irradiação das normas centrais da Constituição, projetando-se na modelagem federativa e com incidência na atividade legislativa, administrativa e jurisdicional do ente subnacional.[482]

Disso não decorre, por certo, qualquer sacrifício federativo, na medida em que o que se estabelece é apenas um padrão ou parametrização constitucional de atuação administrativa, o que é amplamente aceito no federalismo cooperativo e de equilíbrio. Assim – e ainda com base em Raul Machado Horta –, o que se vê é que

[478] GUIMARÃES, 2004, p. 288.

[479] Ainda que vislumbre que a competência constitucional inerente ao processo seria de todo aplicável ao processo administrativo, Marçal Justen Filho parece se aproximar da enunciação da existência de normas centrais federais que regeriam tal matéria. Vide: JUSTEN FILHO, 2012, p. 304-305.

[480] HORTA, Raul Machado. *Direito constitucional*. 5. ed. Belo Horizonte: Del Rey, 2010. p. 175.

[481] HORTA, 2010, p. 257.

[482] HORTA, 2010, p. 257. O que indica, pois, a existência de normas centrais federais havidas na regulamentação do direito administrativo, ainda que tal ramo jurídico seja operado, em termos de competência legislativa, a partir de uma amplitude de legisladores.

> o equilíbrio na dosagem do volume das normas centrais da Constituição Federal tem o relevo de condição essencial, para assegurar a organização e o funcionamento do complexo sistema federal de Estado. [...]
>
> O federalismo de equilíbrio, que superou o federalismo centrífugo de escassas normas centrais e o federalismo centrípeto de pletóricas normas centrais, corresponde à forma de organização apta a assegurar, contemporaneamente, o desenvolvimento das normas centrais da Constituição Federal, dentro de concepção equidistante de modelos extremados.[483]

Em tal contexto é que se vislumbra a possibilidade de a LPAF, enquanto fonte normativa, informar o quadro de normas gerais nacionais inerentes ao núcleo comum constitucional de realização da função administrativa. Basta evidenciar, por ora, a significação de tais normas gerais.

De plano, importa destacar que o quadro de normas gerais ora tratado não é aquele tecnicamente trilhado a partir da conjugação dos artigos 22 e 24 da Constituição, que servem à repartição de competências classicamente estudada. É, sim, um quadro que deriva da pauta constitucional unitária e que não pode ser relativizado e flexibilizado, em seus parâmetros gerais, em nome do princípio federativo, eis que assentado na Constituição como todo orgânico (sistema).

Remontando ao que já debatido quando da análise das normas gerais de licitações e contratos[484] – expostas no art. 22, XXVII, da CF/88 –, é certo que a própria noção de norma geral não encontra, na doutrina e na jurisprudência, uma definição adequadamente operacional, eis que evidencia termo correlativo que se concretiza a partir de confrontação prática (normas gerais *x* normas especiais). Reiterando a disposição de Marçal Justen Filho, a fórmula não permite uma interpretação de natureza aritmética.[485]

Diante disso, parece-nos salutar a identificação de uma visão do instituto das 'normas gerais' que perpassa a determinação existente nos artigos 22 e 24 da Constituição Federal.[486] Assim, as normas gerais ora tratadas são aquelas que se apresentam de forma cogente para as ordens subnacionais a partir de sua aferição em um contexto constitucional de necessária unidade no trato da matéria. Nessa identificação de normas gerais, pois, residiriam as normas evidenciadas em consonância com o já debatido núcleo comum constitucional de realização da função administrativa.

[483] Horta, 2010, p. 258.

[484] Vide item 2.1.1.4.

[485] Justen Filho, 2009, p. 15.

[486] Veja-se, no ponto, que tal percepção assemelha-se à solução apresentada por Alice Maria Gonzales Borges. Vide: Borges, Alice Gonzalez. *Normas gerais no estatuto de licitações e contratos administrativos*. São Paulo: Revista dos Tribunais, 1994.

A fim de explicitar essa última ilação – e para além das normas gerais relacionadas à processualidade administrativa estampada na LPAF –, é de ver-se que a própria organização administrativa é dada a partir de preceitos constitucionais que, à semelhança do que acima exposto, partem de uma conotação de normatização geral que abrange todas as esferas federativas. Como tal, nunca se chegou – e nem se chegará – a cogitar eventual ferimento à autonomia federativa em vista de tais preceitos.

É a partir de tal sorte de competência para enfrentamento de normas gerais que entendemos razoável, viável e escorreita a elaboração do Anteprojeto de Lei Orgânica da Administração Pública Federal e Entes de Colaboração[487] já mencionado e dissecado no Capítulo anterior. Assim, além da fundamentação para a utilização da competência privativa nacional no manejo do direito civil pela União (art. 22, I, da CF/88) e das próprias normas gerais de licitações e contratos (art. 22, XXVII, da CF/88) – expressamente declinadas na exposição de motivos do Anteprojeto –, a questão da organização administrativa, por sua complexidade e por abranger tema inerente à própria forma de atuação estatal, advém de competência da União para edição de normas gerais no sentido aqui exposto.

Com efeito, a autonomia político-administrativa estampada no art. 18 da Constituição não tem o condão de habilitar os entes subnacionais a fugir de uma sistemática nacional na matéria, na mesma linha do que ocorrido em relação à processualidade, que se entrelaça com a própria organização administrativa de cunho nacional. É essa a expressão – com a qual concordamos – de Paulo Afonso Cavichioli Carmona, em estudo específico acerca do alcance e extensão das normas gerais:

> Assim, não há como os entes federados fugirem deste modelo de organização administrativa. E isso consiste, a nosso ver, em normas gerais. A admitir o contrário, estar-se-ia legitimando que uma autarquia federal tivesse conformação totalmente diferente de uma entidade autárquica municipal, ou que uma empresa pública distrital estivesse em regime jurídico totalmente diverso do modelo adotado pela União.
>
> Daí porque consideramos que, diante de uma análise sistemática da CF, a União possui competência legislativa concorrente em matéria de organização administrativa, para, dentro dos parâmetros das normas gerais possa trazer a moldura da Administração Pública brasileira [...].

Fixada a competência da União para editar normas gerais em matéria de organização administrativa e realizada a análise do Anteprojeto de Lei Orgânica da Administração Pública, entendemos que, a princípio, a Comissão de Juristas elaborou proposta

[487] Veja-se que a epígrafe do Anteprojeto é assim expressa: 'Estabelece normas gerais sobre a administração pública direta e indireta, as entidades paraestatais e as de colaboração'.

que se enquadra no conceito de normas gerais, respeitando o espaço legislativo dos demais entes federados.[488]

A processualidade administrativa, com efeito, restaria trilhada em termos legislativos a partir de tal sorte de normas gerais nacionais, de forma a expressar o já mencionado núcleo comum constitucional de realização da função administrativa.

Por derradeiro, importa aludir à inafastável unidade do devido processo administrativo, de modo a indicar um quadro normativo nacional de realização de atividade administrativa.

A questão é muito bem trabalhada no ambiente europeu – e, sobretudo, em função da dualidade entre os ordenamentos nacionais e o ordenamento supranacional comunitário –, com a possível aferição de um direito administrativo global a par dos Estados Nacionais, no qual se insere um poderoso instrumento de imposição de princípios procedimentais para a atuação administrativa.[489]

Ainda que sob a alcunha de procedimento[490] e com base no ambiente europeu acima aludido, Eurico Bitencourt Neto[491] e Luísa Cristina Pinto e Netto[492] evidenciam que esse instrumental de imposição de princípios procedimentais à atividade administrativa reside no chamado 'devido procedimento equitativo'. Entendemos, pois, que essa discussão pode ser tratada no âmbito de um devido processo administrativo unitariamente formulado, o qual, por ora, restaria bem representado pela processualidade ampla encartada na LPAF, com a possível incidência a todos os entes federados em sua inafastável processualização cotidiana.

Em específico – e conforme Eurico Bitencourt Neto, a evidenciar o que até aqui já tratado a respeito do quadro geral de processualidade administrativa informador da realização de função administrativa sob a égide da Constituição –,

> o princípio do devido procedimento equitativo recebe da Constituição de 1988 tratamento generoso, com múltiplas funções: garantir direitos e interesses individuais, coletivos ou difusos; assegurar uma atuação administrativa – leia-se exercício de função administrativa – correta, racional e de qualidade; propiciar a participação

[488] Carmona, 2010, p. 91-92.

[489] Bitencourt Neto, 2009, p. 58. Também sobre o tema, veja-se: Antunes, Luís Filipe Colaço. *O direito administrativo sem Estado*: crise ou fim de um paradigma? Coimbra: Coimbra Editora, 2008.

[490] E talvez, aqui, por influência de seus estudos no ambiente português a partir das lições de José Manuel Sérvulo Correia. Vide: Correia, José Manuel Sérvulo. *Direitos fundamentais*: sumários. Lisboa: Associação Acadêmica da Faculdade de Direito de Lisboa, 2002.

[491] Bitencourt Neto, 2009.

[492] Netto, Luísa Cristina Pinto e. *Participação administrativa procedimental*: natureza jurídica, garantias, riscos e disciplina adequada. Belo Horizonte: Fórum, 2009.

democrática dos cidadãos; legitimar o exercício da função administrativa; ampliar a possibilidade de controle da atuação administrativa; em última análise, buscar a promoção da justiça no âmbito da função administrativa.[493]

É nessa medida, bem de ver, que a adoção de uma lei geral de processo administrativo habilita o tratamento da função administrativa em conformidade com o escopo constitucional de unidade de um devido processo administrativo, induzindo a processualização da atividade administrativa em direção ao atingimento de atuações e decisões justas, legais, úteis e oportunas aos fins visados.[494]

Por fim, resta nítido, como visto anteriormente[495], que a LPAF reveste-se do possível caractere de norma geral aqui tratada, decorrente do núcleo comum constitucional de realização da função administrativa. É certa, pois, a possibilidade de que irradie sua normatividade para além da esfera federal, o que não compromete a autonomia local, que pode evidenciar sua própria processualidade desde que em atenção ao quadro geral nacional.

Assim é que, para os âmbitos locais, restariam moldadas juridicamente em patamar nacional, dentre outras, questões atinentes aos princípios e critérios da atuação administrativa, direitos e deveres básicos dos administrados em seu contato com a função administrativa, o início dos processos, a competência para atuação, os impedimentos e a suspeição de agentes, a comunicação, o tempo, o lugar e forma dos atos, o dever de decidir, a necessária motivação na atuação administrativa, as possibilidades de anulação, revogação e convalidação de atos, os recursos, a revisão e a contagem de prazos administrativos, à semelhança do que versado na própria LPAF. Tudo isso, frise-se, em consonância com a amplitude processual trabalhada nos Capítulos anteriores.

Enfim, ainda que não haja uma obrigatoriedade na efetiva utilização do próprio quadro normativo específico da LPAF pelos entes subnacionais para o trato de sua processualidade administrativa, tal atitude seria bastante recomendável e não necessitaria de qualquer providência local, eis que, como visto, à União é dada, com alcance nacional, a possibilidade de edição de normas gerais acerca da

[493] Bitencourt Neto, 2009, p. 88.

[494] Netto, 2009, p. 50. Ante tal cenário, interessante é a expressão de Luísa Cristina Pinto e Netto em consideração ao 'devido procedimento equitativo', indicando que "a própria adoção de leis gerais de procedimento administrativo demonstre em certa medida a indução do princípio de procedimento justo, equitativo ou devido. Esta adoção põe a lume o reconhecimento de que exigências pontuais disciplinadas em normas esparsas sobre procedimentos específicos são expressão de um princípio amplo que deve ter disciplina genérica, visto que aplicável à administração por força dos princípios estruturantes do Estado Social e Democrático de Direito, com destaque para os direitos fundamentais" (Netto, 2009, p. 50).

[495] Vide item 3.1.

processualidade administrativa. De qualquer sorte, tal ilação não afasta a capacidade de que cada ente federado, com força em sua autonomia, edite sua própria legislação geral acerca da realização de função administrativa, na medida em que não se desvie dos cânones nacionais de processualidade advindos da Constituição.

Diante do exposto, eis as conclusões em relação à extensão da LPAF aos entes subnacionais.

Os que não detenham regulamentação local geral acerca de sua processualidade administrativa estarão habilitados, como visto, a fazer uso do quadro geral de processualidade nacional trazido pela LPAF, enquanto fonte normativa, a despeito de quaisquer providências de ordem local.

Para os entes que detêm legislação local sobre o tema, o patamar nacional acima exposto há de ser levado em consideração. Há, pois, uma nítida exigência de compatibilidade e conformação material das legislações locais com o quadro geral nacional de processualidade e atuação administrativa, o que informa tanto a eventual atividade legislativa local como a aplicação das normas eventualmente já existentes.

É nesse ponto, então, que além da imprescindível conformação material da legislação futura, apresenta-se a necessidade de filtragem constitucional da legislação já existente. Em específico, a noção de filtragem constitucional traz consigo a ideia de que toda a ordem jurídica deve ser lida à luz da Constituição, passando por seu crivo, de modo que as normas que se não conformem com a sistematicidade orgânica constitucional sejam eliminadas para fins de aplicação.[496] Como resultado da eventual filtragem necessária, o arcabouço da LPAF há de ser novamente invocado na qualidade de representante do quadro geral constitucional de processualidade administrativa.

Nesse sentido, pois, cabível, ainda que sob fundamento diverso, a ilação de Maria Sylvia Zanella Di Pietro, segundo a qual "com relação às leis estaduais e municipais validamente promulgadas, a Lei federal terá aplicação subsidiária, da mesma forma que ocorre com relação às leis federais sobre procedimentos específicos".[497] É que, no caso, não se estará diante de subsidiariedade propriamente dita (normas gerais *x* normas especiais), mas sim de incidência direta do

[496] SCHIER, Paulo Ricardo. Filtragem Constitucional: construindo uma nova dogmática jurídica. Porto Alegre: Sérgio Antonio Fabris Editor, 1999. p. 104. Segundo Paulo Ricardo Schier, o conceito de filtragem constitucional "denota a idéia de um processo em que toda a ordem jurídica, sob a perspectiva material e formal e assim os seus procedimentos e valores, devem passar sempre e necessariamente pelo filtro axiológico da Constituição Federal, impondo a cada momento da aplicação do direito, uma releitura e atualização de suas normas" (SCHIER, 1999, p. 104).
[497] DI PIETRO, 2011a, p. 191.

quadro normativo da LPAF a partir de sua possível configuração como expressão do patamar constitucional e nacional de processualidade administrativa.

Por derradeiro – e havendo ou não legislação local sobre a processualidade administrativa em termos amplos –, remanesce, pois, o possível tratamento subnacional da matéria, respeitado o quadro geral conforme visto acima.[498] Ademais, é sempre possível o manejo da competência local para estipulação de processos específicos e de particularidades inerentes à atuação administrativa local, na medida em que não descurem do traço comum relativo ao patamar constitucional e nacional de processualidade.

3.6. A utilização da LPAF por entes subnacionais e o cabimento de Recurso Especial ao Superior Tribunal de Justiça

Dentre as inúmeras decorrências da nacionalização da LPAF, questão interessante que se apresenta diz respeito ao cabimento de Recurso Especial quando da utilização de sua fonte normativa por entes subnacionais.

Nesse quadro – e a partir do debate jurisprudencial sobre do âmbito geopolítico de aplicação do processo administrativo e da Lei Federal nº 9.784/99[499] –, abriu-se campo para mais uma discussão no âmbito do STJ: quando da aplicação da LPAF a entes subnacionais, resta evidenciada a afronta à lei federal capaz de ensejar a interposição de Recurso Especial, nos termos do art. 105, III, *a*, da Constituição Federal de 1988?[500]

O cerne da questão – em uma leitura mais aprofundada do que a dada pelo próprio STJ – está em se definir se o fundamento da aplicação das regras e princípios da Lei nº 9.784/99 a entes subnacionais se dá em virtude de uma

[498] Caso interessante da convergência interfederativa na matéria administrativa – e de conformação e compatibilidade ao patamar constitucional e nacional de processualidade e atividade administrativa – reside no já aludido instituto da decadência para revisão da atuação administrativa. De fato, enquanto a União trabalha o instituto no art. 54 da LPAF (com prazo de cinco anos para sua ocorrência), o Estado de São Paulo, por exemplo, o faz no art. 10, I, da Lei Estadual nº 10.177/98 (com prazo de dez anos para tal). Inexiste, no ponto, qualquer assimetria ou incongruência diante da estipulação distinta em termos temporais. É que o reconhecimento da necessidade de fixação de prazos decadenciais para o exercício do poder-dever de autotutela é imperativo lógico do sistema, sendo a estabilização das relações jurídicas pelo decurso do tempo uma consequência necessária do princípio da segurança jurídica. Assim, importa que haja a definição subnacional do instituto; não havendo, a absorção direta do padrão nacional resta premente.

[499] Vide item 3.3.

[500] CF/88 – Art. 105. Compete ao Superior Tribunal de Justiça: III – julgar, em recurso especial, as causas decididas, em única ou última instância, pelos Tribunais Regionais Federais ou pelos tribunais dos Estados, do Distrito Federal e Territórios, quando a decisão recorrida: a) contrariar tratado ou lei federal, ou negar-lhes vigência.

nacionalização de seu âmbito de aplicação ou a partir de verdadeira aplicação analógica.

A discussão seria possível apenas a partir da aplicação analógica vislumbrada pelo STJ em grande parte de seus julgados, a par de uma nacionalização da norma então tida como exclusivamente federal. É que, na ausência de lei local disciplinadora e presente a aplicabilidade analógica da LPAF para sua internalização aos entes subnacionais, não haveria de se falar em afronta direta ao mencionado diploma legal, obstando o acesso do Recurso Especial.

Conforme bem tratado por Fernando Dias Menezes de Almeida, a utilização do arcabouço normativo da LPAF pela via analógica acaba por definir a aplicação de uma norma que não a federal/nacional no ordenamento jurídico parcial. É que a decisão pela aplicação analógica traz para o ordenamento local uma norma nova: uma norma local, criada por analogia a partir da LPAF.[501] Essa operação, por si, não daria azo ao escopo substancial do Recurso Especial: a unidade e integridade na interpretação da legislação federal.

No entanto – e conforme ora se defende –, uma vez caracterizada a possível nacionalidade da LPAF, com seu manejo de forma direta por parte de Estados e Municípios que não detenham regulamentação geral sobre o tema, não restaria, em casos tais, quaisquer dúvidas quanto ao cabimento do Recurso Especial, já que a lei federal é que seria efetivamente aplicada pelo ente subnacional.

Nessa linha, existindo regulamentação legal em sede local, o STJ aponta no sentido do não cabimento do Recurso Especial, eis que o fato de o ente subnacional apresentar lei local sobre o tema afasta a afronta à LPAF apta a ensejar o manejo de tal espécie recursal.

Como exemplo – e ainda que baseada na concepção do STJ acerca da aplicação analógica da LPAF aos demais entes federados para além da União –, veja-se trecho de ementa de julgado do próprio Superior Tribunal de Justiça, quando se discutia, em Agravo Regimental no Agravo de Instrumento, justamente a questão de acesso à instância especial a partir de afronta à lei geral de processo administrativo de um ente local, que disciplinava a matéria litigiosa de forma similar à LPAF:

> A eventual aplicação das regras e princípios elencados na Lei Federal 9.784/99 no âmbito dos demais entes federados somente é possível de forma analógica, quando ausente lei local específica, não havendo falar, portanto, em afronta direta ao mencionado diploma legal.
>
> Outrossim, a existência da Lei Estadual Paulista 10.177, de 30/12/98, destinada a reger o processo administrativo no âmbito das respectivas competências do Estado

[501] Menezes de Almeida, 2007, p. 363-364.

de São Paulo, afasta a pretensão de que fosse aplicada a Lei Federal 9.784/99 ao caso concreto.

Agravo regimental não provido.[502]

Por derradeiro, merece abordagem apartada uma questão final que bem evidencia a realização da função administrativa a partir de um patamar constitucional e nacional de processualidade administrativa (representado, no caso, pela LPAF). Assim é que, em breve síntese, há de se expor a temática da realização de função administrativa pelos consórcios públicos enquanto entidades multifederativas.

3.7. Consórcios públicos e a LPAF

Analisar a incidência da processualidade administrativa nos consórcios públicos implica examinar e definir, de antemão, os caracteres relativos à natureza e ao regime jurídico inerente ao referido instituto no direito brasileiro. Realizada tal digressão, resta possível a aferição ora pretendida.

De plano – e em rápida síntese –, a discussão que se instaura parte de patamares federativos, uma vez que o escopo maior da regulamentação atual dos consórcios públicos diz respeito a uma verdadeira conexão cooperativa entre entes federados, tendo-se no instituto uma clara manifestação do chamado federalismo cooperativo. Assim é que o objetivo último da instituição dos consórcios é o de consolidar e viabilizar, entre os entes federados, a gestão associada de serviços públicos, com a consecução de fins de interesse comum.[503]

Por certo, não é novo o reconhecimento da existência de competências integradas e inter-relacionadas entre os distintos entes federados, sendo notório que a própria existência de uma federação revela a ocorrência de interesses comuns e indissociáveis.[504]

Historicamente, o que se vê é que a conjugação de esforços para a promoção dos interesses comuns entre entes teve assento constitucional pelo menos desde a Constituição de 1937, que previa a instituição de agrupamentos de municípios de uma mesma região para a prestação de serviços públicos comuns, com a

[502] STJ – AgRg no Ag 1375802/SP, Relator Ministro Arnaldo Esteves Lima, Primeira Turma julgado em 17/3/2011, publicação em 24/3/2011.

[503] Di Pietro, Maria Sylvia Zanella. O consórcio público. In: Cardozo, José Eduardo Martins; Queiroz, João Eduardo Lopes; Santos, Márcia Walquíria Batista dos (Orgs.). *Curso de direito administrativo econômico*. v. I. São Paulo: Malheiros, 2006. p. 773.

[504] Justen Filho, Marçal. Novos sujeitos na administração pública: os consórcios públicos criados pela lei federal nº 11.107. In: Osório, Fábio Medina; Souto, Marcos Juruena Villela (Coords.). *Direito administrativo*: estudos em homenagem a Diogo de Figueiredo Moreira Neto. Rio de Janeiro: Lumen Juris, 2006. p. 675-676.

explícita previsão de que o agrupamento seria dotado de personalidade jurídica autônoma limitada a seus fins.[505]

Mais tarde, nas Constituições de 1967 e 1969[506], o que se viu foi a autorização para a celebração de convênios entre os entes a fim de disciplinar a necessária institucionalização da atuação conjunta e coordenada, de modo a produzir soluções dotadas de maior estabilidade.[507]

No patamar atual – e em termos jurídico-normativos –, tal sorte de conjugação de ações em torno de interesse comum abarcou as duas opções anteriormente manejadas: a constituição de pessoa jurídica distinta dos entes (consórcios públicos) e a celebração de convênios de cooperação. É o que vem estampado no art. 241 da Constituição Federal de 1988, com a redação que lhe foi dada a partir da Emenda Constitucional nº 19/1998:

> CF/88 – Art. 241. A União, os Estados, o Distrito Federal e os Municípios disciplinarão por meio de lei os consórcios públicos e os convênios de cooperação entre os entes federados, autorizando a gestão associada de serviços públicos, bem como a transferência total ou parcial de encargos, serviços, pessoal e bens essenciais à continuidade dos serviços transferidos.

Diante de tal quadro, a Lei Federal nº 11.107/05 houve por regulamentar a figura dos consórcios públicos, dispondo sobre as normas gerais para sua contratação.[508] Nesse sentido, criou a possibilidade de instituição, a partir da conjugação

[505] Justen Filho, 2006, p. 676-677. Eis o texto do dispositivo da Constituição de 1937: Art. 29 – Os Municípios da mesma região podem agrupar-se para a instalação, exploração e administração de serviços públicos comuns. O agrupamento, assim constituído, será dotado de personalidade jurídica limitada a seus fins.
Parágrafo único – Caberá aos Estados regular as condições em que tais agrupamentos poderão constituir-se, bem como a forma, de sua administração.

[506] Conforme já explicitado, adota-se aqui, como Constituição anterior à de 1988, o quadro jurídico-normativo fundado a partir da edição da Emenda Constitucional nº 1, de 17/10/1969, sobre a então Constituição de 1967.

[507] Justen Filho, 2006, p. 677. Os dispositivos das duas constituições (ambos estampados no art. 13, §3º) têm redação bastante assemelhada. Eis a redação na Constituição de 1969: Art. 13, §3º A União, os Estados e Municípios poderão celebrar convênios para execução de suas leis, serviços ou decisões, por intermédio de funcionários federais, estaduais ou municipais.

[508] Ainda que não se adentre em tal discussão, importa ressaltar o intenso debate acerca da natureza e do caráter contratual dos consórcios públicos. No ponto, Marcelo Harger aponta que "a nova figura, embora seja instituída por intermédio de um procedimento que culmina com a celebração de um instrumento contratual, tem identidade diversa da desse instrumento. Não se trata de um contrato destinado a regulamentar relações jurídicas entre dois sujeitos de direitos que se mantêm autônomos enquanto partes signatárias do contrato. Trata-se de um instrumento contratual que objetiva criar uma nova pessoa jurídica, um novo sujeito de direitos e deveres, por intermédio da

dos entes federados, de duas novas classes de pessoas jurídicas no ordenamento jurídico nacional. De fato – e a teor dos artigos 1º, § 1º, 6º e 16, da Lei Federal nº 11.107/05 –, uma vez devidamente trilhado o processo instaurado pela referida Lei para sua criação, resta possível a criação de consórcios públicos com personalidade jurídica de direito público (legalmente designados de associações públicas) e de consórcios públicos com natureza de direito privado.

Regulamentando a citada Lei Federal nº 11.107/05, eis a expressão conceitual do Decreto Federal nº 6.017/07 acerca dos consórcios públicos, já indicando o regime a que submetidas cada uma das espécies consorciais:

> Decreto Federal nº 6.017/07 – Art. 1º Este Decreto estabelece normas para a execução da Lei no 11.107, de 6 de abril de 2005.
>
> Art. 2º Para os fins deste Decreto, consideram-se:
>
> I – consórcio público: pessoa jurídica formada exclusivamente por entes da Federação, na forma da Lei no 11.107, de 2005, para estabelecer relações de cooperação federativa, inclusive a realização de objetivos de interesse comum, constituída como associação pública, com personalidade jurídica de direito público e natureza autárquica, ou como pessoa jurídica de direito privado sem fins econômicos;

De tal afirmação decorre a necessidade de apreciação do lócus ocupado por tais entidades, sendo possível extrair da própria Lei de regência que, acaso constituídos como associação pública (consórcio público de direito público), os consórcios expressamente integrarão a administração indireta de todos os entes da Federação consorciados (art. 6º, § 1º).

Por outro lado, no caso de se revestirem de personalidade jurídica de direito privado, observarão as normas de direito público no que concerne à realização de licitação, celebração de contratos, prestação de contas e admissão de pessoal, que será regido pela Consolidação das Leis do Trabalho – CLT (art. 6º, § 2º), inexistindo menção legal direta quanto ao seu lócus na estrutura administrativa do Estado.

Sobre o tema – e sintetizando a posição prevalecente acerca da matéria –, válidas as palavras de Maria Sylvia Zanella Di Pietro:

> Do exposto decorre que o chamado consórcio público passa a constituir-se em nova espécie de entidade da Administração Indireta de todos os entes federados que dele participarem. Embora o art. 6º só faça essa previsão com relação aos consórcios constituídos como pessoas jurídicas de direito público, é evidente que o mesmo ocorrerá com os que tenham personalidade de direito privado. Não há como uma pes-

cooperação entre os contratantes (consorciados)". Vide: HARGER, Marcelo. *Consórcios públicos na lei 11.107/05*. Belo Horizonte: Fórum, 2007. p. 69-70.

> soa jurídica política (União, Estados, Distrito Federal e Municípios) instituir pessoa jurídica para desempenhar atividades próprias do ente instituidor e deixá-la fora do âmbito de atuação do Estado, como se tivesse sido instituída pela iniciativa privada. Todos os entes criados pelo Poder Público para o desempenho de funções administrativas do Estado têm que integrar a Administração Pública direta (se o ente for instituído como órgão sem personalidade jurídica) ou indireta (se for instituído com personalidade jurídica própria). Até porque o desempenho dessas atividades dar-se-á por meio de descentralização de atividades administrativas, inserida na modalidade de descentralização por serviços.[509]

A partir de tal acepção – e apontada a integração orgânica de ambas as espécies de consórcios à estrutura estatal, na qualidade de entidades criadas a partir de descentralização (Administração Indireta) –, a discussão na matéria traz como foco, adiante, as especificidades de atuação de cada uma das modalidades de consórcio público (público ou privado).

Prevalece a noção de que ao consórcio público de direito público (associação pública) são dadas prerrogativas e competências equivalentes ao Estado, ao passo que aos consórcios criados sob roupagem de direito privado não poderão ser atribuídas manifestações próprias de império inerente aos órgãos estatais.[510] Em outras palavras, o primeiro restaria apto a titularizar e regular o serviço público a cargo do Estado, com regime autárquico, enquanto o segundo seria caracterizado como prestador de tais serviços, com regime assemelhado às empresas estatais.[511]

De qualquer sorte, é inegável a existência de um regime comum a ambas as espécies de consórcios públicos, o que denota sua evidente integração e regulamentação enquanto entidades subjetivamente componentes da Administração Pública, independentemente das especificidades de sua atuação em concreto.[512]

[509] DI PIETRO, 2006, p. 775-776. Contemporizando a afirmação de Maria Sylvia Zanella Di Pietro, importa mencionar a possível criação de entidades pelo Poder Público que, ainda assim, não integram organicamente a Administração Pública. É o que se dá, pois, com o chamado lócus público não estatal, exemplificado pelas corporações profissionais tratadas no item 2.7.1 acima.

[510] HARGER, 2007, p. 89-90.

[511] Sobre os consórcios públicos de direito privado, Marcelo Harger aponta que "podem ser atribuídas a esse ente competências prestacionais, mas não regulatórias" (HARGER, 2007, p. 89-90).

[512] Como base para tal afirmação, basta aludir ao processo similar de sua criação a partir da vontade funcional administrativa dos entes primaciais e, ademais, a submissão das duas espécies de consórcio ao regime de compras, de prestação de contas e de admissão de pessoal inerente à Administração Pública.

Diante desse regime comum, interessa demarcar a existência de um lócus notadamente público no que tange às associações públicas, as quais, indiscutivelmente, sofrerão incidência integral da processualidade administrativa em sua atuação. De fato, é certo que o regime autárquico a que se submetem e o manejo de função administrativa não deixam dúvidas sobre a conexão material com a processualidade administrativa para as chamadas associações públicas.

No que concerne aos consórcios de direito privado, ressalta-se a existência de um regime jurídico de direito público derrogatório do direito privado aplicável a essas pessoas, sendo que tal regime nada mais é do que aquele aplicável às entidades de Direito Privado integrantes da Administração Indireta (especialmente o regime das empresas estatais prestadores de serviços públicos).[513] Resta possível afirmar, pois, a incidência da processualidade administrativa, em sentido amplo, aos consórcios de direito privado, na medida em que o controle estatal e o arcabouço de princípios gerais da Administração Pública e de direito público assim os direciona.

Vistas em linhas gerais as características dos consórcios públicos, com suas distintas vertentes, a questão que salta aos olhos é a seguinte: no manejo de suas atribuições, independentemente de quais sejam, a processualidade administrativa operada por tais entidades será regulada por quais normas? Emanadas por quais dos entes consorciados?

A situação que se apresenta demonstra a complexidade da questão. Para tal, basta que se imagine um consórcio público composto pela União, um Estado e um Município: sob qual ordenamento processual administrativo seriam manejadas as atuações do consórcio? Como seria definido seu regime jurídico em termos federativos? É certo, assim, que a eventual pluralidade de normativos inerentes à atuação administrativa dos entes criadores do consórcio entraria em choque no momento da efetiva realização de atividades pelo consórcio, o que geraria enorme insegurança em sua atuação.

No que diz respeito ao controle externo – o que denota, pois, apenas uma parcela de seu regime jurídico –, vê-se que a Lei Federal nº 11.107/05 preocupa-se em definir, em seu art. 9º, parágrafo único, que os consórcios públicos estarão sujeitos à fiscalização contábil, operacional e patrimonial pelo Tribunal de Contas competente para apreciar as contas do Chefe do Poder Executivo representante legal do consórcio, sendo que tal representante legal será eleito entre os

[513] Harger, 2007, p. 96. Na linha do que ocorrido com as entidades privadas componentes da Administração Indireta tratadas no Capítulo anterior, chega-se a um verdadeiro regime híbrido que, a par de sua criação a partir de entidades com personalidade jurídica de direito privado, sofre notável influxo de normas de direito público (em especial, de direito administrativo).

Chefes do Poder Executivo dos entes consorciados e terá seu mandato de acordo com o que dispuser o protocolo de intenções ratificado em lei (art. 4º, VIII).

Nesse quadro, indica Marcelo Harger que a fiscalização deve ser realizada por todos os Poderes Legislativos e Tribunais de Contas cujos entes estejam envolvidos no contrato de consórcio público.[514] É que, como ensina Maria Sylvia Zanella Di Pietro, a definição do controle externo a partir do representante legal do consórcio, como induz a lei (art. 9º, parágrafo único),

> não tem e não pode ter o condão de afastar o controle efetuado pelo Tribunal de Contas competente para apreciar as contas dos demais entes federativos partícipes do consórcio, sob pena de infringência às normas constitucionais sobre fiscalização pelo Poder Legislativo, com o auxílio do Tribunal de Contas.[515]

Afora a questão do controle – que, por si, já traz inúmeros questionamentos, como visto –, a regulamentação da atividade administrativa realizada pelos consórcios merece análise peculiar.

Muito embora os instrumentos instituidores do consórcio possam prever algum regramento específico para sua atuação, é certo que a atividade cotidiana de tais entidades não encontrará regulamentação integral nesses documentos.[516] Assim, o que comumente ocorre nas leis ratificadoras dos protocolos de intenções que subsidiam a formação dos consórcios é a menção à LPAF como ordenadora de preceitos específicos relativos à atuação da entidade multifederativa.

Partindo-se para casos concretos, interessa notar o que ocorrido com a Autoridade Pública Olímpica (APO), consórcio público formado entre a União Federal, o Estado do Rio de Janeiro e o Município do Rio de Janeiro com o escopo de coordenar a atuação de tais entes na preparação e realização dos Jogos Olímpicos e Paraolímpicos de 2016.

Nessa situação específica, o protocolo de intenções ratificado pelos entes políticos indica que os estatutos da APO estabelecerão o procedimento administrativo para a aplicação da pena de exclusão de consorciado, respeitando o direito à ampla defesa e ao contraditório. Para além disso, informa expressamente que,

[514] Harger, 2007, p. 129.

[515] di Pietro, 2012, p. 248.

[516] Nada impede, todavia, a criação específica, via leis ratificadoras, protocolos de intenções ou estatutos, de todo um quadro geral de processualidade para os consórcios. De qualquer sorte, no mais das vezes essa situação não é encontrada no cenário prático de criação dos consórcios públicos.

em casos tais, o procedimento previsto na Lei Federal nº 9.784/99 será aplicado subsidiariamente.[517]

Por fim, a solução que se apresenta para um eventual vácuo normativo que regulamente a atuação administrativa cotidiana dos consórcios públicos reside na LPAF, com sua incidência direta ou mesmo subsidiária, na medida em que criadas normas específicas pelo consórcio. É que a atuação dos consórcios públicos pode e deve ser informada, assim, pelo quadro normativo da LPAF, na medida em que a mesma se reveste do possível caractere de norma geral nacional decorrente do núcleo comum constitucional de realização da função administrativa. E frise-se, como já dito, a desnecessidade de qualquer providência específica dos entes consorciados para que se opere tal incidência.

Invariavelmente, é no quadro da LPAF que as entidades multifederativas hão de buscar a regulamentação de sua atividade administrativa, já que virtualmente impossível uma coordenação legislativa entre seus entes políticos criadores. O que se extrai da LPAF, pois, é um quadro normativo geral capaz de emprestar segurança jurídica à atuação dos consórcios públicos, especialmente diante da pluralidade de fontes normativas a que poderiam restar submetidos em sua atuação.

3.8. Sinopse conclusiva do Capítulo

1. Várias das temáticas tratadas nos dois Capítulos anteriores acabam por remeter as questões inerentes à processualidade administrativa a um patamar federativo, chegando-se ao ponto do trabalho em que uma virtual aplicabilidade nacional da LPAF há de ser discutida. Pretende-se investigar, a partir de então, o alcance geopolítico da processualidade administrativa instaurada pela Lei Federal nº 9.784/99, com foco em uma virtual nacionalização processual administrativa, suas premissas, consequências e repercussões.

2. Discute-se, assim, a possível formatação de um corpo normativo unitário capaz de representar e regulamentar as possíveis formas de atuação administrativa, levando em conta notadamente os direitos do cidadão-administrado na

[517] Vide Protocolo de Intenções relativo à formação da Autoridade Pública Olímpica (no âmbito federal, ratificado pela Lei Federal nº 12.396/2011). Situações semelhantes de referência expressa à LPAF em seus documentos constitutivos são encontradas na formação de vários consórcios públicos. Apenas como exemplo, é o que ocorre, também, no Estatuto do Consórcio Intermunicipal Grande ABC, cujo objeto é o desenvolvimento da região a partir do planejamento, da articulação e da definição de ações de caráter integrado. Frise-se que o referido consórcio abrange apenas municípios. Vide documentação constante do sítio oficial do consórcio na Internet (http://www.consorcioabc.sp.gov.br).

relação com o ente estatal e o próprio desenvolvimento regular e conveniente das atividades administrativas.

3. Respeitada a organicidade do direito administrativo, conclui-se pela possibilidade de estabelecimento, em legislação única, das decorrências da relação jurídica havida entre Administração e administrados, a representar a mecânica processual tendente a garantir o exercício pleno dos direitos em uma ordem jurídica notadamente democrática e justa.

4. A própria ordenação da atuação administrativa seria trilhada e regulamentada por esse corpo normativo. É que ao processo administrativo cabe, em última análise: 1) dar aos litigantes, além de ampla defesa, instrumental para a solução das contendas que surjam; 2) dar à Administração instrumentos efetivos para a realização dos serviços e tarefas públicas, essenciais ou não; 3) dar aos administrados segurança nos seus direitos e à Administração segurança para que o Estado atinja seus fins, com a realização profícua da função administrativa.

5. Em outras palavras, tal corpo teria como escopo último organizar a Administração, fazendo-a segura naquilo que concernente ao resguardo do interesse público que lhe compete perseguir e tutelar: seja mediante a justa aplicação do direito objetivo, seja quanto ao respeito dos interesses dos administrados, pelo correto atendimento de seus direitos subjetivos.

6. Três considerações preliminares são necessárias para se afirmar a possibilidade de utilização da LPAF, em seus termos, como lei geral sobre o processo administrativo: 1) o tratamento da processualidade de forma ampla; 2) a normatização do processo administrativo em caracteres eminentemente principiológicos, mormente a partir da base constitucional do devido processo legal administrativo; 3) o tratamento do processo administrativo a partir de normas básicas e com o instrumental da subsidiariedade, com a possível interpenetração de normas referentes a específicas modalidades processuais.

7. É que, em suma, uma atomização dos princípios e das normas básicas do processo administrativo nas três ordens federativas seria apta a causar tumultos e indefinições que a ninguém aproveitam, dificultando a plena observância da garantia constitucional do devido processo legal administrativo.

8. Grande parte das manifestações doutrinárias de apoio à extensão do alcance da LPAF para os chamados entes subnacionais adota como ponto de partida o seu caractere principiológico e explicitador de uma pauta constitucional de atuação

administrativa. De outro lado, o aspecto fulcral dos posicionamentos que negam a possibilidade da extensão nacional da LPAF reside em uma perspectiva de autonomia e auto-organização administrativa dos entes federados, o que implicaria, diante da estrutura constitucional brasileira, a impossibilidade de uma lei de processo administrativo aplicável a todos os entes da federação.

9. Ainda na linha das expressões doutrinárias, a temática ganha nítidos contornos constitucionais na medida em que se põem em jogo as alegações acerca da competência para tratamento da matéria processual. Ressurgem, pois, os embates entre processo e procedimento e, bem assim, as controvérsias acerca da competência legislativa para a matéria processual (art. 22, I, da CF/88), para os procedimentos em matéria processual (art. 24, XI, da CF/88) e sobre o encaixe do processo administrativo dentro de uma noção e de uma teoria geral do processo, a culminar ou não em uma eventual e possível regulamentação do processo administrativo a partir de normas gerais nacionais.

10. Como primeiro posicionamento, é possível identificar na doutrina uma série de autores que apontam para uma extensão eminentemente principiológica da LPAF aos entes subnacionais. Em vistas disso, o quadro normativo da LPAF restaria aplicável aos entes subnacionais na medida em que representaria a conformação, em sede legal, de princípios gerais inerentes à atuação administrativa.

11. Em segundo, exalta-se a existência de um núcleo constitucional comum de processualidade administrativa que subsidia a extensão da LPAF. Há na Constituição, pois, uma ordem mínima que confere unidade à multiplicidade de possíveis expressões normativas sobre a processualidade administrativa. O fundamento da LPAF na Constituição dá vazão a uma possível acepção de processualidade ampla, instrumentalizando as garantias constitucionais em relação ao administrado e na busca dos fins da Administração (art. 1º da LPAF).

12. Como terceiro posicionamento, ressalta-se a possível subsidiariedade federativa da LPAF, com ocorrência na medida em que existentes lacunas normativas no âmbito do ente subnacional. Assim, tanto na ausência de elaboração normativa própria como em relação às leis estaduais e municipais validamente promulgadas, a LPAF teria aplicação subsidiária.

13. Um quarto conjunto de autores levanta a distinção processo *x* procedimento como fundamento para a extensão nacional da LPAF. A partir de então, expressam, com maior ou menor intensidade – e com linhas argumentativas distintas –, que a competência da União para legislar sobre o direito processual

administrativo (art. 22, I, da CF/88) acaba por induzir um patamar nacional na matéria, ao passo que questões meramente procedimentais são dispostas a partir da competência normativa de cada ente.

14. Para um quinto e último posicionamento, legislar sobre direito administrativo seria uma decorrência lógica da autonomia política de cada ente federativo, o que inclui o processo e o procedimento administrativo. Diante disso, a competência para legislar sobre processo e procedimento administrativo seria da respectiva entidade federativa que os exerce, o que indica a impossível extensão nacional da LPAF, salientando-se que a organização federativa brasileira não permite que haja lei nacional sobre o tema.

15. No âmbito jurisprudencial há dispersão de fundamentos sobre o alcance federativo da LPAF, similar ao ocorrido na doutrina. Em suma, os julgados do Superior Tribunal de Justiça não trazem uma definição plena e uniforme sobre a fundamentação da extensão da LPAF aos entes subnacionais (analogia, aplicação subsidiária ou principiológica), o que impossibilita conclusão sobre uma *ratio decidendi* uniformemente adotada. Prevalece, no entanto, a solução da analogia para identificar os casos de aplicação da LPAF aos entes subnacionais.

16. Em trabalho anterior sobre o tema, chegou-se a cogitar uma extensão da LPAF aos entes subnacionais a partir da conjugação das competências processuais e procedimentais elencadas nos artigos 22, I e 24, XI, da CF/88, com uma possível disciplina da matéria a partir das competências de âmbito nitidamente nacional.

17. Por ora, vislumbra-se que a regulamentação da atividade administrativa no Brasil e o próprio direito administrativo não se coadunam com a expressa repartição de competências legislativas estipulada no texto constitucional, na medida em que seus institutos encontram-se diluídos e espalhados ao longo da Constituição.

18. Essa aferição indica a verdadeira base constitucional ampliada que se tem na matéria. Assim – e em termos de técnica legislativa e federativa –, o direito administrativo escapa do arranjo e dos contornos comumente dados às demais disciplinas jurídicas.

19. A Constituição privilegia de forma espraiada os vários institutos administrativos, enfocando-os unitariamente em sua dupla face: material e processual. Em suma, isso indica que a processualidade administrativa e a regulamentação

da atividade funcional administrativa não podem ser extraídas a partir da competência legislativa que se desenha constitucionalmente para o processo e procedimento (arts. 22, I e 24, XI da CF/88).

20. Resta impossível dissociar o processo administrativo dos patamares de regulamentação da própria matéria administrativa em concreto (direito administrativo material), o que implica o fato de que todos os entes federados têm competência para legislar sobre processo administrativo, na medida em que titularizam competência para regulamentação do direito administrativo material.

21. A matéria administrativa, assim, repousa sobre uma pauta comum, havendo na Constituição um patamar mínimo indeclinável de regulamentação da atividade administrativa de obrigatória observância para União, Estados, Municípios e Distrito Federal. Tal qual no direito administrativo material, o núcleo duro de direito administrativo processual é de base constitucional.

22. O direito e o processo administrativos fundam-se na estruturação constitucional da Administração e da própria função administrativa, com a configuração, como imperativo constitucional, do devido processo legal administrativo, que se irradia por todas as manifestações do exercício de função administrativa.

23. Ainda que seja notória a possibilidade legislativa acerca da matéria processual administrativa por todos os entes federados, não é possível que se negue a existência de uma parametrização constitucional de tal competência. É necessário, assim, cotejar a pluralidade de fontes normativas e o próprio princípio federativo a fim de se chegar a um patamar constitucional de atividade administrativa aplicável a todos os entes da federação.

24. Discorda-se, assim, das construções que elevam, de maneira quase mítica, a forma federativa e suas decorrências como pedra angular intocável para que se examine a organização político-administrativa e as próprias matrizes e formulações gerais de atuação administrativa, em uma amplíssima deferência à autonomia das entidades federadas.

25. Na linha de Raul Machado Horta, indica-se a existência de verdadeiras normas centrais federais, projetando-se na modelagem federativa, que condicionam a atuação administrativa de forma indistinta a partir da Constituição.

26. Em tal contexto é que se vislumbra a possibilidade de a LPAF, enquanto fonte normativa, informar o quadro de normas gerais nacionais inerentes ao

núcleo comum constitucional de realização da função administrativa. As normas gerais ora tratadas são aquelas que se apresentam de forma cogente para as ordens subnacionais a partir de sua aferição em um contexto constitucional de necessária unidade no trato da matéria (evidenciadas em consonância com o já debatido núcleo comum constitucional de realização da função administrativa).

27. É nessa medida, bem de ver, que a adoção de uma lei geral de processo administrativo habilita o tratamento da função administrativa em conformidade com o escopo constitucional de unidade de um devido processo administrativo, induzindo a processualização da atividade administrativa em direção ao atingimento de atuações e decisões justas, legais, úteis e oportunas aos fins visados.

28. Ainda que não haja uma obrigatoriedade na efetiva utilização do próprio quadro normativo específico da LPAF pelos entes subnacionais para o trato de sua processualidade administrativa, tal atitude seria bastante recomendável e não necessitaria de qualquer providência local, eis que, como visto, à União é dada, com alcance nacional, a possibilidade de edição de normas gerais acerca da processualidade administrativa. De qualquer sorte, tal ilação não afasta a capacidade de que cada ente federado, com força em sua autonomia, edite sua própria legislação geral acerca da realização de função administrativa, na medida em que não se desvie dos cânones nacionais de processualidade advindos da Constituição. Esse tipo de construção não afronta, por certo, a autonomia de cada um dos entes.

29. Eis as conclusões em relação à extensão da LPAF aos entes subnacionais. Os entes que não detenham regulamentação local geral acerca de sua processualidade administrativa estarão habilitados a fazer uso do quadro geral de processualidade nacional trazido pela LPAF, enquanto fonte normativa, a despeito de quaisquer providências de ordem local.

30. No caso de existência de legislação local sobre o tema, o patamar nacional há de ser levado em consideração. Há, pois, uma nítida exigência de compatibilidade e conformação material das legislações locais com o quadro geral nacional de processualidade e atuação administrativa, o que informa tanto a eventual atividade legislativa local como a aplicação das normas eventualmente já existentes.

31. Havendo ou não legislação local sobre a processualidade administrativa em termos amplos, remanesce, pois, o possível tratamento subnacional da matéria, respeitado o quadro geral conforme visto acima. Ademais, é sempre possível o manejo da competência local para estipulação de processos específicos e de

particularidades inerentes à atuação administrativa local, na medida em que não descurem do traço comum relativo ao patamar constitucional e nacional de processualidade.

32. Uma vez caracterizada a possível nacionalidade da LPAF, com seu manejo de forma direta por parte de Estados e Municípios que não detenham regulamentação geral sobre o tema, não restaria, em casos tais, quaisquer dúvidas quanto ao cabimento do Recurso Especial (art. 105, III, *a*, da CF/88), já que a lei federal é que seria efetivamente aplicada pelo ente subnacional. Existindo regulamentação legal em sede local, o Superior Tribunal de Justiça aponta no sentido do não cabimento do Recurso Especial, eis que o fato de o ente subnacional apresentar lei local sobre o tema afasta a afronta à LPAF apta a ensejar o manejo de tal espécie recursal.

33. Invariavelmente, é no quadro da LPAF que as entidades multifederativas hão de buscar a regulamentação de sua atividade administrativa, já que virtualmente impossível uma coordenação legislativa entre seus entes políticos criadores. O que se extrai da LPAF, pois, é um quadro normativo geral capaz de emprestar segurança jurídica à atuação dos consórcios públicos, especialmente diante da pluralidade de fontes normativas a que poderiam restar submetidos em sua atuação.

CONCLUSÃO

Dentro do tradicional quadro tripartite de funções estatais, a função administrativa pode ser identificada como a mais próxima do cotidiano do cidadão, na medida em que engloba, sobremaneira, a execução e concretização ordinária das políticas públicas. Diante disso, ocupa lugar de destaque no cenário de atuações estatais quando comparada às atividades jurisdicionais e legislativas, eis que essas, com suas especificidades, acabam por ser absorvidas, de forma imediata, por menor contingente de destinatários.

De fato, ainda que a função administrativa configure o maior ponto de contato entre Estado (Administração Pública) e administrados – seja em termos de processualidade relacional ou funcional, conforme estabelecido no Capítulo inicial do presente trabalho –, a efetiva compreensão de seu *modus procedendi* representa tarefa complexa, sobretudo diante de um quadro de organização estatal em forma federativa tridimensional.

A dimensão continental do país e a vasta pluralidade de fontes normativas no âmbito do direito administrativo auxiliam na configuração de um ambiente invariavelmente complexo para a realização cotidiana de atividade administrativa. É sobretudo a partir dessa premissa, pois, que os estudos da função administrativa, com sua inerente processualidade – aqui vista de forma ampliada –, vêm merecendo atenção ao longo do tempo no cenário nacional.

Nesse sentido, já com Guimarães Menegale, em 1957, tinha-se premente que a devida e racional estruturação normativa dos preceitos inerentes ao atuar administrativo serviria como um mecanismo positivo a fim de arrebatar a administração e suas relações ao cambiante influxo da orientação política e às interferências do arbítrio dos administradores ocasionais. Mais do que isso – e pressupondo-se, como há de ser, a boa-fé e a atuação escorreita dos gestores e administradores públicos –, o próprio arcabouço normativo que subsidia a realização da função administrativa, em seus traços cotidianos, há de ser visto como um dos causadores da falta de racionalidade e de padrões comuns de atividade administrativa em termos federativos.

Assim é que, a partir do que exposto no presente trabalho, o que salta aos olhos é a possível aferição de um quadro constitucional nacionalizado de princípios e regras inerentes à realização de função administrativa, o qual há de se desdobrar na operação cotidiana de todos aqueles que manejarem função administrativa: sejam entes ou órgãos de quaisquer das esferas federativas, sejam os particulares que eventualmente estejam, a partir de cominação jurídico-legal, investidos de alguma forma na realização de tal função ou de tarefas assemelhadas.

Dentro desse panorama – e como fruto específico do trabalho de pesquisa –, interessa apresentar os resultados da investigação realizada, passando-se, mais uma vez, aos questionamentos inicialmente levantados sobre o tema da aplicabilidade da Lei Federal nº 9.784/99, quais sejam: a) como se dá a interação da lei com a processualidade administrativa; b) qual a fórmula ou regime geral de sua aplicabilidade e, bem assim, os critérios de incidência legalmente expostos; c) a possibilidade de aplicabilidade federativa da lei, com sua extensão, para além da União, aos entes subnacionais.

Em primeiro plano, a conclusão aponta no sentido de que a Lei Federal 9.784/99, enquanto fonte normativa a ser investigada, traz consigo não apenas normas técnica e estritamente processuais, mas sim um quadro amplo de ordenação da atuação administrativa com princípios e regras processuais e não processuais. Diante disso, mais do que a fixação de um regular transcurso da atuação administrativa decisória (processualidade funcional) ou da regulamentação da participação em contraditório na esfera administrativa (processualidade relacional), é certo que LPAF se presta à determinação e orientação de toda a conduta da Administração, ao passo que estipula e instrumentaliza, em caracteres gerais, os pressupostos da função e dos atos administrativos em seu sentido mais amplo, determinando patamares de instauração, instrução e decisão relativos à formação e posterior execução da vontade funcional da Administração Pública.

Como exposto no Capítulo I, é nesse sentido que a LPAF coaduna-se a um patamar de processualidade administrativa ampliado, que, dentre outras determinações: a) disciplina a organização e o funcionamento da Administração Pública, procurando racionalizar suas atividades; b) regula a formação de sua vontade, de forma que sejam tomadas decisões justas, legais, úteis e oportunas, legitimando o exercício de função administrativa; c) assegura a informação dos interessados e a sua participação na formação das decisões que lhes digam respeito; d) garante a transparência da ação administrativa e o respeito pelos direitos e interesses legítimos dos cidadãos; e) evita a burocratização e aproxima a Administração de seus destinatários; f) amplia a possibilidade e o espectro de controle da atuação administrativa, dando-lhe conformação constitucional adequada.

Em um segundo momento, a análise da normatividade da LPAF – especialmente em seus artigos 1º e 69 –, indica um regime geral de aplicabilidade a partir da conjugação de normas básicas e da subsidiariedade. Em outras palavras, o que se vê é que a lei enuncia critérios básicos a que se devem submeter os processos administrativos, de forma a atender à essencialidade na regulação dos pontos fundamentais da atuação administrativa e, bem assim, deixar margem para a criação e recepção de leis explicitadoras de processos próprios e específicos.

Da análise dos seus critérios legais de incidência dispostos no art. 1º, *caput*, § 1º e § 2º, o que se extrai da LPAF é uma concepção inicialmente subjetiva de sua extensão, alinhada à própria estruturação e organização tradicional da Administração Pública Federal Direta e Indireta. No entanto, uma primeira conotação objetiva de aplicabilidade da lei é dada no § 1º acima aludido, que indica sua incidência ao Legislativo e ao Judiciário da União na medida em que exercitem função administrativa. Aqui, então, a chave para sua matriz primária de incidência.

A partir disso, o que se conclui é que há um verdadeiro escalonamento (ordem de preferência) entre os critérios de alcance e incidência da LPAF, sendo certo que o desempenho de função administrativa é que indica, primordialmente, a real extensão da lei, com a preponderância do critério material, objetivo e funcional de incidência legal, eis que, sob essa ótica, o critério formal, subjetivo ou orgânico seria dado apenas como auxiliar e subsidiário. De fato, uma consideração subjetiva não poderia, de antemão, obstar a aplicabilidade da LPAF.

Abre-se espaço, via de consequência, para a investigação do alcance da lei desde órgãos e entes administrativos que em uma concepção subjetiva inicial já estariam albergados pela fonte normativa da LPAF (empresas estatais, Ministério Público e Tribunal de Contas, os dois últimos, em especial, no que diz respeito às suas funções administrativas de cunho finalístico), passando-se por situações consolidadas de exercício de função administrativa por particulares (concessionários e permissionários de serviço público e, de todo modo, delegatários de função pública), para, ao final, chegar-se ao exame da incidência da LPAF às entidades paraestatais e de colaboração com a Administração Pública (corporações profissionais, serviços sociais autônomos e Terceiro Setor em geral), seguindo-se o marco estruturador do Anteprojeto de Lei Orgânica da Administração Pública Federal e Entes de Colaboração.

O traço comum de tal investigação, ao final, aponta no sentido de que uma conformação formal e material da atuação administrativa em termos jurídicos há de ser dada com a aplicação da processualidade administrativa trazida pela LPAF, na medida em que o referido diploma normativo denota o sentimento e a necessidade de disciplinar e racionalizar a atividade administrativa para o atingimento de decisões justas, legais, úteis e oportunas aos fins visados. Assim é que se vislumbra, em verdade, a aplicabilidade da LPAF em função de um regime jurídico geral de atividade administrativa (a dita processualidade ampla importada do Capítulo I).

Em um terceiro momento, a aplicabilidade federativa da LPAF é estudada, com sua possível e consequente extensão para além da União. Para tal, as proposições apresentadas pela doutrina e pela jurisprudência são dissecadas, apontando-se, em suma, um leque de cinco teoremas aptos a explicar o alcance geopolítico e federativo da LPAF aos entes subnacionais, ainda que, no mais das vezes, sem se trabalhar com a integralidade da extensão da lei.

Afastando a viabilidade do alcance nacional (federativo) ora discutido, um primeiro posicionamento doutrinário funda-se na impossibilidade de extensão da LPAF a partir da competência legislativa para seu manejo e do princípio federativo, o que implicaria sua aplicação tão somente ao âmbito federal.

De outro lado – e a fim de assentar essa operação como possível e viabilizar a extensão da LPAF –, os seguintes argumentos são adotados: 1) a extensão da lei a partir de caracteres principiológicos, na medida em que representa a conformação legal de princípios gerais inerentes à atuação administrativa; 2) por intermédio de um núcleo comum de processualidade administrativa, sendo a LPAF o seu representante normativo; 3) em face de sua subsidiariedade federativa, uma vez que existentes lacunas normativas no âmbito do ente subnacional; 4) em função da competência da União para legislar sobre o direito processual administrativo (art. 22, I, da CF/88), o que acaba por induzir um patamar nacional na matéria.

Após tais explanações, o status constitucional do direito administrativo, da processualidade administrativa e da Administração Pública, de um lado, e a repartição de competências legislativas e o princípio federativo, de outro, são esmiuçados e entrelaçados, o que resulta na ilação de que o conjunto da matéria e função administrativas repousa sobre uma pauta comum, havendo na Constituição um patamar mínimo indeclinável de regulamentação da atividade administrativa de obrigatória observância para União, Estados, Municípios e Distrito Federal, o que não afronta a autonomia de cada um dos entes.

Alinhada a esse patamar mínimo – e como sedimentação teórica –, a existência de um devido processo legal administrativo de cunho nacional e de normas centrais federais projetáveis na modelagem federativa auxiliam no condicionamento da atuação administrativa de forma indistinta a partir da Constituição.

Em tal contexto, então, é que se vislumbra a possibilidade de a LPAF, enquanto fonte normativa, informar o quadro de normas gerais nacionais inerentes ao núcleo comum constitucional de realização da função administrativa. Como decorrências, sua possível absorção e utilização direta e imediata pelos entes subnacionais, a despeito de quaisquer providências de ordem local; além disso, a necessária exigência de compatibilidade e conformação material das legislações locais com o quadro geral nacional de processualidade e atuação administrativa, o que informa tanto a eventual atividade legislativa local como a aplicação das normas eventualmente já existentes. É que remanesce, pois, o possível tratamento subnacional da matéria, respeitado o quadro geral nacional conforme visto acima.

Ademais, é sempre possível o manejo da competência local para estipulação de processos específicos e de particularidades inerentes à atuação administrativa local, na medida em que não descurem do traço comum relativo ao patamar constitucional e nacional de processualidade.

Expostas essas considerações conclusivas, espera-se que o presente trabalho possa ser minimamente útil aos que se dedicam ao estudo da Administração Pública e do direito administrativo, em seu viés material e processual. Mais do que isso, o intento da pesquisa encontro seu fim último na medida em que possa colaborar para a tentativa de resolução de questões práticas e teóricas que acabam por afligir aqueles que, como o autor, trabalham diariamente com a operação da função administrativa.

REFERÊNCIAS

ABRUCIO, Fernando Luiz. Trajetória recente da gestão pública brasileira: um balanço crítico e a renovação da agenda de reformas. *Revista de administração pública – RAP*. Edição especial comemorativa 1967-2007. Rio de Janeiro, 2007.

ALMEIDA, Mário Aroso de. *Teoria geral do direito administrativo:* temas nucleares. Coimbra: Almedina, 2012.

ALMEIDA, Mário Aroso de; AMARAL, Diogo Freitas de. *Grandes linhas de reforma do contencioso administrativo*. 3. ed. Coimbra: Almedina, 2004.

AMARAL, Diogo Freitas de. *Curso de direito administrativo*. 2. ed. vol. II. Coimbra: Almedina, 2011.

ANDRADE, José Carlos Vieira de. *A justiça administrativa*: lições. 11. ed. Coimbra: Almedina, 2011.

ANTUNES, Luís Filipe Colaço. *O direito administrativo sem Estado*: crise ou fim de um paradigma? Coimbra: Coimbra Editora, 2008.

ANTUNES, Luís Filipe Colaço. *Para um direito administrativo de garantia do cidadão e da administração*: tradição e reforma. Coimbra: Almedina, 2000.

ANTUNES, Paulo de Bessa. O inquérito civil: considerações críticas. In: MILARÉ, Édis (Coord.). *Ação civil pública*: Lei 7.347/1985 – 15 anos. 2. Ed. São Paulo: Revista dos Tribunais, 2002.

ARAÚJO, Edmir Netto de. *Administração indireta brasileira*. Rio de Janeiro: Forense Universitária, 1997.

ARAÚJO, Edmir Netto de. *Curso de direito administrativo*. 5. ed. São Paulo: Atlas, 2010.

ARRUDA NETO, Pedro Thomé de. Reforma do Estado e evolução dos modelos de gestão pública no Brasil: a democracia deliberativa como fundamento de uma nova administração pública constitucional. *Revista de direito administrativo*. Rio de Janeiro: Editora FGV, nº 253, p. 133-158, jan./abr. 2010.

ATALIBA, Geraldo. Regime constitucional e leis nacionais e federais. *Revista de Direito Público*. São Paulo: Revista dos Tribunais, nº 53, jan/jun 1980, p. 58-75.

BACELLAR FILHO, Romeu Felipe. *Processo administrativo disciplinar*. 3. ed. São Paulo: Saraiva, 2012.

BANDEIRA DE MELLO, Celso Antônio. *Curso de direito administrativo*. 18. ed. São Paulo: Malheiros, 2005.

BANDEIRA DE MELLO, Celso Antônio. Prefácio. In: MOREIRA, Egon Bockmann. *Processo Administrativo*: princípios constitucionais e a lei 9.784/99.

3. ed. São Paulo: Malheiros Editores, 2007.

Barros Júnior, Carlos S. de. *Compêndio de direito administrativo*. 2. ed. v. 1. São Paulo: Revista dos Tribunais, 1972.

Barros, Wellington Pacheco. *Curso de processo administrativo*. Porto Alegre: Livraria do Advogado, 2005.

Benvenuti, Feliciano. Funzione amministrativa, procedimento, processo. *Rivista trimestrale di diritto pubblico*. 1952.

Bernardo, Paulo. Apresentação. In: Modesto, Paulo (Coord.). *Nova organização administrativa brasileira*. 2. ed. Belo Horizonte: Fórum, 2010.

Binenbojm, Gustavo. O sentido da vinculação administrativa à juridicidade no direito brasileiro. In: Aragão, Alexandre Santos de; Marques Neto, Floriano Azevedo (Coords.). *Direito administrativo e seus novos paradigmas*. Belo Horizonte: Fórum, 2009, p. 163.

Binenbojm, Gustavo. *Uma teoria do direito administrativo*: direitos fundamentais, democracia e constitucionalização. Rio de Janeiro: Renovar, 2006.

Bitencourt Neto, Eurico. *Devido procedimento equitativo e vinculação de serviços públicos delegados no Brasil*. Belo Horizonte: Fórum, 2009.

Borges, Alice Gonzalez. *Normas gerais no estatuto de licitações e contratos administrativos*. São Paulo: Revista dos Tribunais, 1994.

Borges, Alice Gonzalez. Serviços sociais autônomos: natureza jurídica. In: Modesto, Paulo (Coord.). *Nova organização administrativa brasileira*. 2. ed. Belo Horizonte: Fórum, 2010.

Borges, José Souto Maior. *Ciência feliz*. 3. ed. São Paulo: Quartier Latin, 2007.

Brasil. Ministério da Administração Federal e Reforma do Estado. *A reforma do Estado no Brasil*. Brasília: MARE, 1998.

Britto, Carlos Ayres. O regime constitucional do tribunal de contas. In: Cardozo, José Eduardo Martins; Queiroz, João Eduardo Lopes; Santos, Márcia Walquíria Batista dos (Orgs.). *Curso de direito administrativo econômico*. v. II. São Paulo: Malheiros, 2006.

Caetano, Marcello. *Princípios fundamentais do direito administrativo*. Coimbra: Almedina, 1977.

Camarão, Tatiana Martins da Costa; Fortini, Cristiana; Pereira, Maria Fernanda Pires de Carvalho. *Processo administrativo*: comentários à lei nº 9.784/1999. 2. ed. Belo Horizonte: Fórum, 2011.

Carmona, Paulo Afonso Cavichioli. *Das normas gerais*: alcance e extensão da competência legislativa concorrente. Belo Horizonte: Fórum, 2010.

Carneiro Neto, Durval. Os conselhos de fiscalização profissional: uma trajetória em busca de sua identidade jurídica. In: Modesto, Paulo (Coord.). *Nova organização administrativa brasileira*. 2. ed. Belo Horizonte: Fórum, 2010.

Carvalho Filho, José dos Santos. *Ação civil pública*: comentários por artigo. 5. ed. Rio de Janeiro: Lumen Juris, 2007.

Carvalho Filho, José dos Santos. *Manual de direito administrativo*. 21. ed. Rio de Janeiro: Lumen Juris, 2009a.

Carvalho Filho, José dos Santos. *Processo administrativo federal*. 4. ed. Rio de Janeiro: Lumen Juris, 2009b.

Castro, Rodrigo Pironti Aguirre de. *Processo administrativo e controle da atividade regulatória*. Belo Horizonte: Fórum, 2005.

Cavalcanti, Themistocles Brandão. *Tratado de direito administrativo*. 4. ed.

v.2. Rio de Janeiro: Freitas Bastos, 1960.

CHEVALLIER, Jacques. A governança e o direito. *Revista de direito público da economia*. Belo Horizonte, ano 3, nº 12, p. 129-146, out./dez. 2005. Disponível em: <http://www.bidforum.com.br/bid/PDI0006.aspx?pdiCntd=33300>. Acesso em: 18 junho 2012.

CINTRA, Antonio Carlos de Araújo; DINAMARCO, Cândido Rangel; GRINOVER, Ada Pellegrini. *Teoria geral do processo*. 19. ed. São Paulo: Malheiros, 2003.

CORREIA, José Manuel Sérvulo. *Direitos fundamentais*: sumários. Lisboa: Associação Acadêmica da Faculdade de Direito de Lisboa, 2002.

CORREIA, Marcus Orione Gonçalves. *Direito processual constitucional*. 3. ed. São Paulo: Saraiva, 2007.

COTRIM NETO, Alberto Bittencourt. Código de processo administrativo: sua necessidade, no Brasil. *Revista de direito público*. São Paulo: Revista dos Tribunais, nº 80, p. 34-44, out./dez. 1986.

CRETELLA JÚNIOR, José. *Direito administrativo do Brasil*. v. 1. São Paulo: Revista dos Tribunais, 1956.

CRETELLA JÚNIOR, José. *Manual de direito administrativo*. Rio de Janeiro: Forense, 1975.

CRETELLA JÚNIOR, José. Natureza das decisões do tribunal de contas. Revista dos Tribunais. São Paulo: *Revista dos Tribunais*, nº 631, p. 14-23, mai./1988.

CRETELLA JÚNIOR, José. *Prática do processo administrativo*. 8. ed. São Paulo: Revista dos Tribunais, 2010.

CUNHA, Bruno Santos. Aplicação da lei federal de processo administrativo (Lei Federal nº 9.784/99) a entes subnacionais: uma codificação nacional às avessas? *A&C – Revista de direito administrativo e constitucional*. Belo Horizonte: Fórum, ano 11, nº 45, p. 213-228, jul./set. 2011.

CUNHA, Bruno Santos. O princípio da eficiência e o direito fundamental à boa administração. In: MARRARA, Thiago (Org.). *Princípios de direito administrativo*. São Paulo: Atlas, 2012.

CUNHA, Paulo Ferreira da. *O procedimento administrativo*. Coimbra: Almedina, 1987.

DALLARI, Adilson Abreu. Processo administrativo como instrumento de segurança jurídica. In: MENEZES DE ALMEIDA, Fernando Dias; MARQUES NETO, Floriano de Azevedo; MARRARA, Thiago; NOHARA, Irene Patrícia (Orgs.). *Direito e administração pública:* estudos em homenagem a Maria Sylvia Zanella Di Pietro. São Paulo: Atlas, 2013.

DALLARI, Adilson Abreu; FERRAZ, Sérgio. *Processo administrativo*. São Paulo: Malheiros, 2001.

DANTAS, Ivo. O direito processual constitucional. *Fórum administrativo*. Belo Horizonte: Fórum, Ano I, nº 7, p. 881, set./2001.

DI PIETRO, Maria Sylvia Zanella. 500 anos de direito administrativo brasileiro. *Revista eletrônica de direito do estado*. Salvador: Instituto de Direito Público da Bahia, nº 5, jan/fev/mar 2006. Disponível na internet: <www.direitodoestado.com.br>. Acesso em 20 de maio de 2012.

DI PIETRO, Maria Sylvia Zanella. A lei de processo administrativo: sua ideia motriz e âmbito de aplicação. In: MORAES FILHO, Marco Antonio Praxedes de; NOHARA, Irene Patrícia (Orgs.). *Processo administrativo*: temas polêmicos da Lei nº 9.784/99. São Paulo: Atlas, 2011a.

DI PIETRO, Maria Sylvia Zanella. *Direito administrativo*. 24. ed. São Paulo: Atlas, 2011b.

DI PIETRO, Maria Sylvia Zanella. O consórcio público. In: CARDOZO, José Eduardo Martins; QUEIROZ, João Eduardo Lopes; SANTOS, Márcia Walquíria Batista dos (Orgs.). *Curso de direito administrativo econômico*. v. I. São Paulo: Malheiros, 2006.

DI PIETRO, Maria Sylvia Zanella. *Parcerias na administração pública*: concessão, permissão, franquia, terceirização, parceria público-privada e outras formas. 9. ed. São Paulo: Atlas, 2012.

DI PIETRO, Maria Sylvia Zanella. Transformações da organização administrativa. Diretrizes, relevância e amplitude do anteprojeto. In: MODESTO, Paulo (Coord.). *Nova organização administrativa brasileira*. 2. ed. Belo Horizonte: Fórum, 2010.

DIDIER JÚNIOR, Fredie. *Curso de direito processual civil*. v. 1. 9. ed. Salvador: Juspodivm, 2008.

DIDIER JÚNIOR, Fredie. *Sobre a teoria geral do processo, essa desconhecida*. Salvador: Juspodivm, 2012.

DINAMARCO, Cândido Rangel. *A instrumentalidade do processo*. 5. ed. São Paulo: Malheiros, 1996.

ENTERRÍA, Eduardo García de. *As transformações da justiça administrativa:* da sindicabilidade restrita à plenitude jurisdicional. Uma mudança de paradigma? Belo Horizonte: Fórum, 2010.

ESTORNINHO, Maria João. *A fuga para o direito privado:* contributo para o estudo da actividade de direito privado pela administração pública. Coimbra: Almedina, 1995.

ESTORNINHO, Maria João. *Requiem pelo contrato administrativo*. Coimbra: Almedina, 1988.

FAGUNDES, Miguel Seabra. *O controle dos atos administrativos pelo Poder Judiciário*. 4. ed. Rio de janeiro: Forense, 1967.

FERNANDES, Jorge Ulisses Jacoby. Limites à revisibilidade judicial das decisões dos Tribunais de Contas. *Revista do Tribunal de Contas do Estado de Minas Gerais*. Belo Horizonte: TCE/MG, v. 27, nº 2, p. 69-89, abr./jun. 1998.

FERNANDES, Jorge Ulisses Jacoby. *Tribunais de contas do Brasil*: jurisdição e competência. 3. ed. Belo Horizonte: Fórum, 2012..

FERRAZ JÚNIOR, Tercio Sampaio. Normas gerais e competência concorrente: uma exegese do art. 24 da Constituição Federal. *Revista da Faculdade de Direito da Universidade de São Paulo*, v. 90, p. 245-251, 1995.

FERREIRA, Luiz Tarcísio Teixeira. Princípios do processo administrativo e a importância do processo administrativo no estado de direito (arts. 1º e 2º). In: FIGUEIREDO, Lúcia Valle (Org.). *Comentários à lei federal de processo administrativo*. 2. ed. Belo Horizonte: Fórum, 2009.

FIGUEIREDO, Lúcia Valle (Org.). *Comentários à lei federal de processo administrativo*. 2. ed. Belo Horizonte: Fórum, 2009.

FRANCO SOBRINHO, Manoel de Oliveira. *Introdução ao direito processual administrativo*. São Paulo: Revista dos Tribunais, 1971.

FRANCO SOBRINHO, Manoel de Oliveira. O processo administrativo nos pressupostos de positividade jurídica. *Arquivos do Ministério da Justiça*. Rio de Janeiro, nº 141, p. 22-42, jan./mar. 1977.

FRANCO, Fernão Borba. *Processo administrativo*. São Paulo: Atlas, 2008.

FRANZON FILHO, Mário. A lei geral do processo administrativo (Lei nº

9.784/99). Sua aplicação aos processos administrativos disciplinares desenvolvidos nas empresas públicas federais. *Jus Navigandi*, Teresina, ano 10, nº 794, 5 set. 2005. Disponível em: <http://jus.com.br/artigos/7238>. Acesso em: 5 out. 2013.

FREITAS, Juarez. *Discricionariedade administrativa e o direito fundamental à boa administração pública*. 2. ed. São Paulo: Malheiros, 2009.

GARCIA, Emerson. *Ministério público*: organização, atribuições e regime jurídico. 2. ed. Rio de Janeiro: Lumen Juris, 2005.

GOMES, Emerson Cesar da Silva. *Responsabilidade financeira*: uma teoria sobre a responsabilidade no âmbito dos tribunais de contas. Porto Alegre: Núria Fabris Editora, 2012.

GONÇALVES, Aroldo Plínio. *Técnica processual e teoria do processo*. Rio de Janeiro: AIDE Editora, 2001.

GONÇALVES, Pedro. *Entidades privadas com poderes públicos*: o exercício de poderes públicos de autoridade por entidades privadas com funções administrativas. Coimbra: Almedina, 2005.

GROTTI, Dinorá Adelaide Musetti. O regime jurídico das empresas estatais. In: WAGNER JÚNIOR, Luiz Guilherme da Costa (Coord.). *Direito público*: estudos em homenagem ao professor Adilson Abreu Dallari. Belo Horizonte: Del Rey, 2004.

GUALAZZI, Eduardo Lobo Botelho. *Regime jurídico dos tribunais de contas*. São Paulo: Revista dos Tribunais, 1992.

GUEDES, Demian. *Processo administrativo e democracia*: uma reavaliação da presunção de veracidade. Belo Horizonte: Fórum, 2007.

GUIMARÃES, Angélica. *Competência municipal em matéria de licitações e contratos administrativos*. Belo Horizonte: Fórum, 2003.

GUIMARÃES, Bernardo Strobel. Âmbito de validade da lei de processo administrativo (Lei nº 9.784/99): para além da administração federal, uma proposta de interpretação conforme a constituição de seu artigo 1º. *Revista de direito administrativo*. Rio de Janeiro: Renovar, nº 236, p. 283-305, abr./jun. 2004.

GUIMARÃES, Francisco Xavier da Silva. *Direito processual administrativo*. Belo Horizonte: Fórum, 2008.

HARGER, Marcelo. *Consórcios públicos na lei 11.107/05*. Belo Horizonte: Fórum, 2007.

HORTA, Raul Machado. *Direito constitucional*. 5. ed. Belo Horizonte: Del Rey, 2010.

JORGE, André Guilherme Lemos. *A efetividade dos princípios constitucionais do contraditório e da ampla defesa no inquérito civil*. 2007. 105 f. Dissertação (Mestrado em Direito) – Pontifícia Universidade Católica de São Paulo, São Paulo, 2007.

JUSTEN FILHO, Marçal. *Comentários à lei de licitações e contratos administrativos*. 13. ed. São Paulo: Dialética, 2009.

JUSTEN FILHO, Marçal. *Curso de direito administrativo*. 8. ed. Belo Horizonte: Fórum, 2012.

JUSTEN FILHO, Marçal. Novos sujeitos na administração pública: os consórcios públicos criados pela lei federal nº 11.107. In: OSÓRIO, Fábio Medina; SOUTO, Marcos Juruena Villela (Coords.). *Direito administrativo*: estudos em homenagem a Diogo de Figueiredo Moreira Neto. Rio de Janeiro: Lumen Juris, 2006.

LIMA, Arnaldo Esteves. *O processo administrativo no âmbito da administração pública federal*. Rio de Janeiro: Forense Universitária, 2005.

LIMA, Carolina Caiado. Por uma lei geral de processo administrativo. In: MEDAUAR, Odete; SCHIRATO, Vitor Rhein (Orgs.). *Atuais rumos do processo administrativo*. São Paulo: Revista dos Tribunais, 2010.

LIMA, Thiago Asfor Rocha; MAIA FILHO, Napoleão Nunes; ROCHA, Caio Cesar Vieira (Orgs.). *Comentários à nova lei do mandado de segurança*. São Paulo: Revista dos Tribunais, 2010.

MACÊDO, Marcus Paulo Queiroz. *O ministério público e o inquérito civil público: aspectos teóricos e práticos*. Belo Horizonte: Arraes Editores, 2012.

MACHETE, Pedro. *Estado de direito democrático e administração paritária*. Coimbra: Almedina, 2007.

MARQUES NETO, Floriano Peixoto de Azevedo. Normas gerais de licitação – doação e permuta de bens de Estados e de Municípios – Aplicabilidade de disposições da Lei Federal nº 8.666/93 aos entes federados (comentários ao acórdão do STF na ADI 927-3/RS). *Revista trimestral de direito público*, v. 12, p. 173-191, 1995.

MARRARA, Thiago (Org.). *Princípios de direito administrativo*. São Paulo: Atlas, 2012.

MARRARA, Thiago. As fontes do direito administrativo e o princípio da legalidade. In: DI PIETRO, Maria Sylvia Zanella; RIBEIRO, Carlos Vinícius Alves (Coords.). *Supremacia do interesse público e outros temas relevantes do direito administrativo*. São Paulo: Atlas, 2010.

MARRARA, Thiago; NOHARA, Irene Patrícia. *Processo administrativo*: lei nº 9.784/99 comentada. São Paulo: Atlas, 2009.

MARTINS, Ricardo Marcondes. O conceito científico de processo administrativo. *Revista de direito administrativo*. Rio de Janeiro: Renovar, nº 235, p. 321-381, jan./mar. 2004.

MASAGÃO, Mário. *Curso de direito administrativo*. 6. ed. São Paulo: Revista dos Tribunais, 1977.

MAURER, Hartmut. *Direito administrativo geral*. 14. ed. Barueri: Manole, 2006.

MAXIMILIANO, Carlos. *Hermenêutica e aplicação do direito*. 19. ed. Rio de Janeiro: Forense Universitária, 2003.

MAZZILLI, Hugo Nigro. *O Inquérito civil*. 2. Ed. São Paulo: Saraiva, 2000.

MAZZILLI, Hugo Nigro. Pontos controvertidos sobre o inquérito civil. In: MILARÉ, Édis (Coord.). *Ação civil pública*: Lei 7.347/1985 – 15 anos. 2. Ed. São Paulo: Revista dos Tribunais, 2002.

MAZZILLI, Hugo Nigro. *Regime jurídico do ministério público*. 5. ed. São Paulo: Saraiva, 2001.

MEDAUAR, Odete. *A processualidade no direito administrativo*. São Paulo: Revista dos Tribunais, 1993.

MEDAUAR, Odete. *A processualidade no direito administrativo*. 2. ed. São Paulo: Revista dos Tribunais, 2008.

MEDAUAR, Odete. Bases do processo administrativo. In: MEDAUAR, Odete (Org.). *Processo administrativo*: aspectos atuais. São Paulo: Cultural Paulista, 1998.

MEDAUAR, Odete. *O direito administrativo em evolução*. 2. ed. São Paulo: Revista dos Tribunais, 2003.

MEDAUAR, Odete; SCHIRATO, Vitor Rhein (Orgs.). *Atuais rumos do processo administrativo*. São Paulo: Revista dos Tribunais, 2010.

MENDES, Gilmar. Questões fundamentais de técnica legislativa. *Revista eletrônica sobre a reforma do Estado*. Salvador:

Instituto Brasileiro de Direito Público, nº 11, set./out./nov., 2007. Disponível em: <http://www.direitodoestado.com.br/rere.asp>. Acesso em: 11 de outubro de 2013.

MENEGALE, J. Guimarães. *Direito administrativo e ciência da administração*. 3. ed. Rio de Janeiro: Borsói, 1957.

MENEZES DE ALMEIDA, Fernando Dias. Competências legislativas e analogia – breve ensaio a partir de decisões judiciais sobre a aplicação do art. 54 da lei nº 9.784/99. *Revista da Faculdade de Direito da USP*. São Paulo: Universidade de São Paulo, nº 102, 2007. Disponível em: <http://www.revistas.usp.br/rfdusp/article/view/67759/70367>. Acesso em: 28 de dezembro de 2013.

MERKL, Adolf. *Teoría general del derecho administrativo*. México: Nacional, 1980.

MIRAGEM, Bruno. *A nova administração pública e o direito administrativo*. São Paulo: Revista dos Tribunais, 2011.

MIRANDA, Francisco Cavalcanti Pontes de. *Comentários à Constituição de 1946*. v. II. Rio de Janeiro: Henrique Cahen Editor, 1947.

MODESTO, Paulo. A nova lei do processo administrativo. *Revista pública e gerencial*. Salvador: Talentos, nº 2, p. 50, jun./jul. 1999.

MONCADA, Luís Solano Cabral de. *A relação jurídica administrativa:* para um novo paradigma de compreensão da atividade, da organização e do contencioso administrativos. Coimbra: Coimbra Editora, 2009.

MONTEBELLO, Marianna. Os tribunais de contas e a disregard doctrine. In: OSÓRIO, Fábio Medina; SOUTO, Marcos Juruena Villela (Coords.). *Direito administrativo*: estudos em homenagem a Diogo de Figueiredo Moreira Neto. Rio de Janeiro: Lumen Juris, 2006.

MONTEIRO, Vítor. Desafio à codificação do processo administrativo no ordenamento brasileiro: a forma federativa de Estado. *Revista Digital de Direito Público*, vol. 1, nº 1, 2012, p. 94-115. Disponível em: <www.direitorp.usp.br/periodicos>. Acesso em: 10 de agosto de 2013.

MORAES FILHO, Marco Antonio Praxedes de; NOHARA, Irene Patrícia (Orgs.). *Processo administrativo:* temas polêmicos da Lei nº 9.784/99. São Paulo: Atlas, 2011.

MORAES, Alexandre de. *Direito constitucional*. 21. ed. São Paulo: Atlas, 2006.

MOREIRA NETO, Diogo de Figueiredo. *Curso de direito administrativo*. 11. ed. Rio de Janeiro: Forense, 1999.

MOREIRA NETO, Diogo de Figueiredo. *Poder, direito e estado*: o direito administrativo em tempos de globalização. Belo Horizonte: Fórum, 2011.

MOREIRA NETO, Diogo de Figueiredo. *Quatro paradigmas do direito administrativo pós-moderno*: legitimidade, finalidade, eficiência, resultados. Belo Horizonte: Fórum, 2008.

MOREIRA, Egon Bockmann. *Processo Administrativo:* princípios constitucionais e a lei 9.784/99. 3. ed. São Paulo: Malheiros Editores, 2007.

MUKAI, Toshio. *O direito administrativo e os regimes jurídicos das empresas estatais*. 2. ed. Belo Horizonte: Fórum, 2004.

NERY JÚNIOR, Nelson; NERY, Rosa Maria de Andrade. *Código de processo civil comentado*. 7. ed. São Paulo: Revista dos Tribunais, 2002. p. 1437.

NETTO, Luísa Cristina Pinto e. *A contratualização da função pública*. Belo Horizonte: Del Rey, 2005.

NETTO, Luísa Cristina Pinto e. *Participação administrativa procedimental*: natureza jurídica, garantias, riscos e disciplina adequada. Belo Horizonte: Fórum, 2009.

NIEBUHR, Joel de Menezes. *Licitação pública e contrato administrativo*. 2. ed. Belo Horizonte: Fórum, 2011.

OLIVEIRA, Gustavo Justino de (Coord.). *Direito do terceiro setor*. Belo Horizonte: Fórum, 2008b.

OLIVEIRA, Gustavo Justino de. *Contrato de gestão*. São Paulo: Revista dos Tribunais, 2008a.

OLIVEIRA, Gustavo Justino de. *Direito administrativo democrático*. Belo Horizonte: Fórum, 2010.

OTERO, Paulo. *Legalidade e administração pública:* o sentido da vinculação administrativa à juridicidade. Coimbra: Almedina, 2003.

PAES, José Eduardo Sabo. Terceiro setor: conceituação e observância dos princípios constitucionais aplicáveis à Administração Pública. In: PEREIRA, Cláudia Fernanda de Oliveira (Org.). *O novo direito administrativo brasileiro*: o Estado, as agências e o terceiro setor. Belo Horizonte: Fórum, 2003.

PEREIRA, Luiz Carlos Bresser; SPINK, Peter (Orgs.). *Reforma do estado e administração pública gerencial*. 7. ed. Rio de Janeiro: Fundação Getúlio Vargas, 2006.

PEREZ, Marcos Augusto. *A administração pública democrática*: institutos de participação popular na administração pública. Belo Horizonte: Fórum, 2009.

PESSOA, Robertônio. Administração pública indireta. In: CARDOZO, José Eduardo Martins; QUEIROZ, João Eduardo Lopes; SANTOS, Márcia Walquíria Batista dos (Orgs.). *Curso de direito administrativo econômico*. v. I. São Paulo: Malheiros, 2006.

PONTONI, Maria José Reis. A formalização jurídica das OSCIPs. In: OLIVEIRA, Gustavo Justino de (Coord.). *Direito do terceiro setor*. Belo Horizonte: Fórum, 2008.

REVISTA DO TRIBUNAL DE CONTAS DA UNIÃO. Brasília: Tribunal de Contas da União, ano 30, nº 82, out./dez. 1999.

RIBEIRO, Carlos Vinícius Alves. *As funções extrajudiciais do Ministério Público*: natureza jurídica, discricionariedade e limites. 2011. 193 f. Dissertação (Mestrado em Direito do Estado) – Universidade de São Paulo, São Paulo, 2011.

RIVERO, Jean. *Curso de direito administrativo comparado*. 2. ed. São Paulo: Revista dos Tribunais, 2004.

ROCHA, Cármen Lúcia Antunes. Princípios constitucionais do processo administrativo no direito brasileiro. *Revista de direito administrativo*. Rio de Janeiro: Renovar, nº 209, p. 189-222, jul./set. 1997.

ROSA, Ruben. *As contas do Brasil*: cinquentenário da instalação do Tribunal de Contas. Rio de Janeiro: Imprensa Nacional, 1943.

SAMPAIO, Luiz Augusto Paranhos. *Processo administrativo*. Goiânia: AB, 2000.

SANTOS, Boaventura de Souza. Para uma reinvenção solidária e participativa do Estado. In: PEREIRA, Luiz Carlos Bresser; SOLA, Lourdes; WILHEIM, Jorge (Orgs.). *Sociedade e Estado em transformação*. São Paulo: UNESP, Brasília: ENAP, 1999.

SARAIVA, Márcia Maria Tamburini Porto. *A lei federal nº 9.784/99*: base para uma codificação nacional de um direito processual administrativo? Rio de Janeiro: Lumen Juris, 2005.

SCHIER, Paulo Ricardo. *Filtragem Constitucional*: construindo uma nova dogmática jurídica. Porto Alegre: Sérgio Antonio Fabris Editor, 1999.

SILVA, José Afonso da. *Curso de direito constitucional positivo*. 22. ed. São Paulo: Malheiros, 2003.

SILVA, Vasco Pereira da. *Em busca do acto administrativo perdido*. Coimbra: Almedina, 1995.

SILVA, Vasco Pereira da. *O contencioso administrativo como direito constitucional concretizado ou ainda por concretizar?*. Coimbra: Almedina, 1999.

SILVA, Vasco Pereira da. *Para um contencioso administrativo dos particulares*: esboço de uma teoria subjectivista do recurso direto de anulação. Coimbra: Almedina, 1997.

SILVA, Vasco Pereira da. *Ventos de mudança no contencioso administrativo*. Coimbra: Almedina, 2000.

SOUZA, Rodrigo Pagani de. As várias faces do princípio do contraditório no processo administrativo. In: MEDAUAR, Odete; SCHIRATO, Vitor Rhein (Orgs.). *Atuais rumos do processo administrativo*. São Paulo: Revista dos Tribunais, 2010.

SUNDFELD, Carlos Ari. Processo e procedimento administrativo no Brasil. In: SUNDFELD, Carlos Ari; MUÑOZ, Guillermo Andrés (Coord.). *As leis de processo administrativo*: lei federal 9.784/99 e lei paulista 10.177/98. São Paulo: Malheiros, 2006.

SUNDFELD, Carlos Ari. Uma lei de normas gerais para a organização administrativa brasileira: o regime jurídico comum das entidades estatais de direito privado e as empresas estatais. In: MODESTO, Paulo (Coord.). *Nova organização administrativa brasileira*. 2. ed. Belo Horizonte: Fórum, 2010.

TÁCITO, Caio. Notas e comentários. *Revista de direito administrativo*. Rio de Janeiro: Renovar, nº 205, p. 349-357, jul./set. 1996.

TEMER, Michel. *Elementos de direito constitucional*. 18. ed. São Paulo: Malheiros, 2002.

WEIL, Prosper. *O direito administrativo*. Coimbra: Almedina, 1977.

XAVIER, Alberto. *Do procedimento administrativo*. São Paulo: Bushatsky, 1976.

XAVIER, Bianca Ramos. *A duração razoável do processo administrativo fiscal*. 2009. 134 f. Dissertação (Mestrado em Direito) – Universidade Candido Mendes, Rio de Janeiro. 2009.

ÍNDICE